财务典型问题100例

水利部财务司
黄河水利委员会会计学会 编著

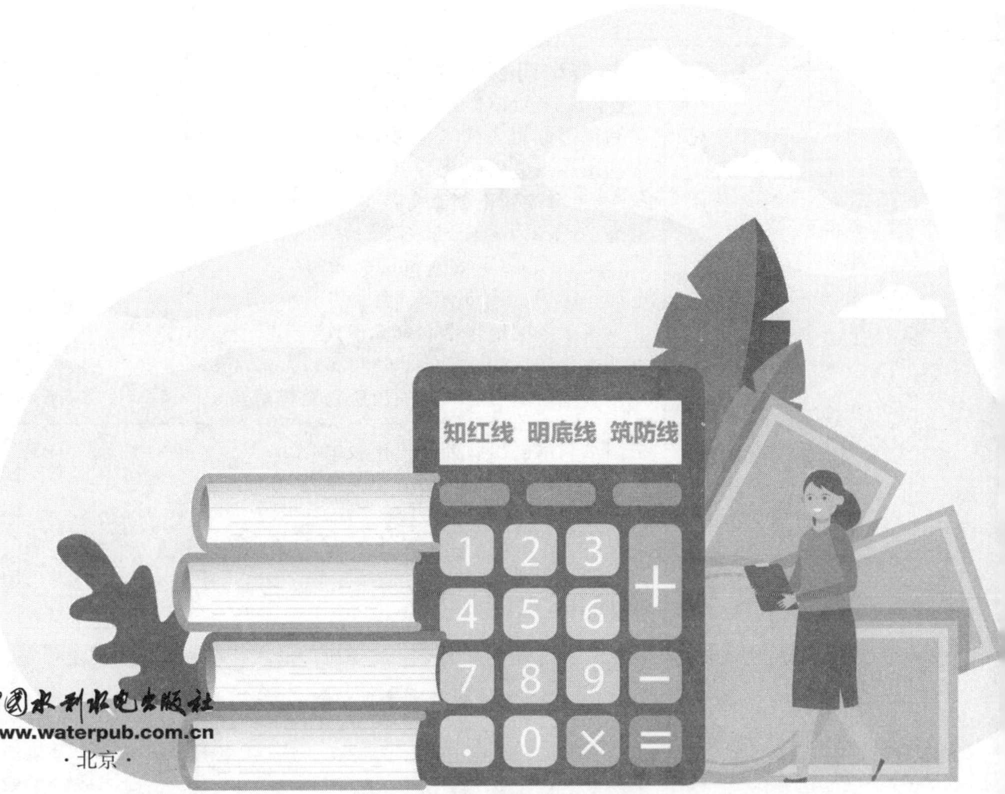

中国水利水电出版社
www.waterpub.com.cn
·北京·

内 容 提 要

本书由典型案例及分析和相关法规制度两部分组成。第一部分典型案例及分析列举100个案例，选取了行政事业单位财务管理工作中较为典型的案例，包含预算管理、收入收费管理、费用支出管理、政府采购、国有资产管理、基建财务管理、合同管理和会计基础工作8个方面。第二部分相关法规制度，重点将制度运用与100个案例一一对应，便于读者准确掌握政策规定并解决实际问题。

本书可作为财务监管实务工具用书或财经法规培训教材。

图书在版编目（CIP）数据

财务典型问题100例 / 水利部财务司，黄河水利委员会会计学会编著. -- 北京：中国水利水电出版社，2021.12
　ISBN 978-7-5226-0291-2

Ⅰ. ①财… Ⅱ. ①水… ②黄… Ⅲ. ①行政事业单位－财务管理－案例－中国 Ⅳ. ①F812.2

中国版本图书馆CIP数据核字(2021)第254165号

书　名	财务典型问题100例 CAIWU DIANXING WENTI 100 LI
作　者	水利部财务司　黄河水利委员会会计学会　编著
出版发行	中国水利水电出版社 （北京市海淀区玉渊潭南路1号D座　100038） 网址：www.waterpub.com.cn E-mail: sales@waterpub.com.cn 电话：(010) 68367658（营销中心）
经　售	北京科水图书销售中心（零售） 电话：(010) 88383994、63202643、68545874 全国各地新华书店和相关出版物销售网点
排　版	中国水利水电出版社微机排版中心
印　刷	天津嘉恒印务有限公司
规　格	170mm×240mm　16开本　15.25印张　234千字
版　次	2021年12月第1版　2021年12月第1次印刷
印　数	0001—5000册
定　价	60.00元

凡购买我社图书，如有缺页、倒页、脱页的，本社营销中心负责调换

版权所有·侵权必究

编 委 会

总策划 杨昕宇
主　编 牛志奇　蒋昕晖　聂　勇
副主编 乔淙溪　孙颖倩　宋秋龄
编　委 唐　浩　刘清辉　赵丹丹　杨惠杰
　　　　　何劲草　王　虎　彭　强　刘　晶
　　　　　卢　伟　赵　宁

前言

党的十八大以来，以习近平同志为核心的党中央推动全面从严治党向纵深发展，以永远在路上的执着和刀刃向内的自我革命精神，对腐败始终保持高压态势。党的十九届五中全会提出，我国进入全面建设社会主义现代化国家、向第二个百年奋斗目标进军的新发展阶段。立足新发展阶段、贯彻新发展理念、构建新发展格局、推动经济高质量发展，推进国家治理体系和治理能力现代化，对进一步完善预算管理制度、强化财务监管、更好地发挥财政在国家治理中的基础和重要支柱作用提出新的要求。2021年4月，国务院印发《关于进一步深化预算管理制度改革的意见》，要求行政事业单位进一步深化预算管理制度改革，强化预算约束，规范预算执行，严肃财经纪律，确保资金安全。

为积极适应财政体制改革的需要，指导帮助各级行政事业单位干部职工知红线、明底线、筑防线，时刻敲响财经纪律警钟，我们汇总整理了各类巡视巡察、审计、财务检查发现的违规违纪问题，搜集了大量典型案例，经分析、归纳、提炼、总结，完成了《财务典型问题100例》。

本书由典型案例及分析和相关法规制度两部分组成。第一部分典型案例及分析列举100个案例，选取了行政事业单位财务管理工作中较为典型的案例，包含预算管理、收入收费管理、费用支出管理、政府采购、国有资产管理、基建财务管理、合同管理和会计基础工作8个方面，在详细描述每个案例问题的基础上，具体指出案例所违反的法律法规名称和条款，明确提出规范处理的针对性措施。第二部分相关法规制度，重点将制度运用与100个案例一一对应，便于读者准确掌握政策规定并解决实际问题，同时，对案例涉及的相关法律法规进行梳理，方便读者查阅学习。

本书力求形式简洁，将财务管理核心内容简洁地呈现在读者面前，以通俗易懂的语言解析财务管理的重点难点，让专业的财务理论和管理方法变得通俗易懂；力求内容典型，案例选材侧重于财务实际工作中容易出现的典型问题，具有较强的针对性，选材范围较为广泛，纵向涵盖各级单位，横向涉及多个行业，具有一定的代表性；力求处理实用，采取"摆事实""讲道理""提措施"的方式，深入剖析每个案例，对于坚持问题导向、补齐财务管理短板、有效规避财务风险具有较强的现实指导意义。

本书可作为财务监管实务工具用书或财经法规培训教材，用于提升财务、审计人员的业务管理水平，起到以案促教、以案促管、以案促进的作用。可进一步强化党员领导干部廉洁从政从业、严格执行财经纪律的意识，达到廉政警示教育的效果。同时，还可帮助行政事业单位举一反三，跳出"屡查屡犯""边改边犯"的怪圈，加强内部控制建设，堵塞财务监管漏洞，构建长效机制，做到"治已病，防未病"。

需要说明的是，本书所提供的案例解析和建议，是基于案例的特定背景信息，并非适用所有情形的一般性指引，仅供作为实务管理工作的参考，在实际运用时要注意结合具体情况进行全面分析和判断。另外，本书"违反规定"部分所引用的制度适用于案例发生当时的规定，其中部分制度规定已经作废、修订或重新颁发，但是在"规范处理"部分均按最新的制度规定表述。同时，在收集、整理和出版过程中需要一定时间，在此期间，书中引用的制度规定可能有所变化，在实际运用时要注意以更新后的制度规定为准。

感谢为本书提供素材的所有同志，在此不一一列示。尽管我们为本书付出了不懈的努力，但是缺点和不足仍在所难免，恳请读者批评、指正，以便再版时修订。

编委会

2021年9月

目录

前言
第一章　典型案例及分析 …………………………………………… 1
　第一节　预算管理 ………………………………………………… 1
　　1. 虚报虚列项目套取预算资金 ………………………………… 1
　　2. 重复申报项目套取预算资金 ………………………………… 2
　　3. 擅自扩大预算项目编制范围 ………………………………… 2
　　4. 虚报基础数据冒领预算资金 ………………………………… 3
　　5. 变相转移套取预算资金 ……………………………………… 4
　　6. 代非预算单位编报项目预算 ………………………………… 5
　　7. 将项目预算编列在所属单位 ………………………………… 5
　　8. 预算调剂环节漏编政府采购预算 …………………………… 6
　　9. 绩效指标设定不完整、不合理 ……………………………… 7
　　10. 项目绩效自评不客观、不真实 ……………………………… 8
　　11. 绩效评价结果未与预算安排挂钩 …………………………… 8
　第二节　收入收费管理 …………………………………………… 9
　　12. 隐匿收入不入账 ……………………………………………… 9
　　13. 收入转移其他单位 …………………………………………… 10
　　14. 非税收入未及时上缴国库 …………………………………… 11
　　15. 已取消收费项目仍违规收费 ………………………………… 12
　　16. 往来账款列收列支 …………………………………………… 12
　第三节　费用支出管理 …………………………………………… 13
　　一、出国经费 ……………………………………………………… 13

17. 隐匿出国费 …………………………………………… 13
18. 转嫁出国费 …………………………………………… 14
19. 承担非本单位出国费 ………………………………… 14
20. 重复列支出国费 ……………………………………… 15
21. 报销出国费未附原始票据 …………………………… 16

二、公务用车运行维护费 …………………………………… 17
22. 私车公养 ……………………………………………… 17
23. 超标准配备公务用车 ………………………………… 18
24. 承担非本单位车辆费用 ……………………………… 18
25. 借用其他单位车辆 …………………………………… 19
26. 报销加油卡、ETC 费用未附使用明细 ……………… 20

三、公务接待 ………………………………………………… 20
27. 隐匿公务接待费 ……………………………………… 20
28. 转嫁公务接待费 ……………………………………… 21
29. 超预算列支公务接待费 ……………………………… 22
30. 超标准列支公务接待费 ……………………………… 22
31. 公务接待费中列支其他费用 ………………………… 23

四、会议（培训）费 ………………………………………… 24
32. 虚报人数、天数套取会议（培训）费 ……………… 24
33. 到禁止召开会议的风景名胜区开会 ………………… 25
34. 转嫁、摊派会议（培训）费 ………………………… 26
35. 超标准列支会议费 …………………………………… 27
36. 报销会议（培训）费手续不完整 …………………… 27

五、差旅费 …………………………………………………… 28
37. 虚列差旅费套取资金 ………………………………… 28
38. 借出差之机公款旅游 ………………………………… 29
39. 超标准报销城市间交通费 …………………………… 30
40. 超标准报销住宿费 …………………………………… 30
41. 擅自改变出差行程 …………………………………… 31
42. 转嫁差旅费 …………………………………………… 32

43. 未按规定缴纳伙食费 …… 32

44. 未按规定缴纳市内交通费 …… 33

45. 报销从驻地到机场交通费 …… 33

六、其他 …… 34

46. 以劳务费名义套取资金 …… 34

47. 超标准发放咨询费 …… 35

48. 拖欠中小企业工程物资款 …… 35

49. 人员经费挤占公用经费 …… 36

50. 公用经费挤占项目经费 …… 36

51. 工会经费挤占公用经费 …… 37

52. 大额资金使用未履行集体决策程序 …… 38

53. 大额使用现金 …… 38

54. 定期存款超期存放 …… 39

55. 将职责范围内财政拨款项目对外委托 …… 39

第四节　政府采购 …… 40

56. 漏编政府采购预算 …… 40

57. 采购进口产品未履行审批手续 …… 41

58. 达到限额标准未履行政府采购程序 …… 42

59. 集中采购目录内的项目未集中采购 …… 42

60. 应公开招标而未进行公开招标 …… 43

61. 拆分项目规避公开招标 …… 44

62. 公车维修未实行定点采购 …… 45

63. 购买公务机票未执行政府采购 …… 45

64. 以不合理的条件对供应商实行差别待遇 …… 46

65. 先施工后补政府采购手续 …… 47

66. 发布采购信息媒体不规范 …… 47

第五节　国有资产管理 …… 48

67. 超预算配置资产 …… 48

68. 超标准配置资产 …… 49

69. 应计未计固定资产 …… 49

70. 办公用房长期闲置 …………………………………………… 50

71. 未及时收回资产 ……………………………………………… 50

72. 未经审批出租资产 …………………………………………… 51

73. 长期、低价出租资产 ………………………………………… 51

74. 未经审批处置资产 …………………………………………… 52

75. 未及时办理产权变更 ………………………………………… 52

76. 未定期盘点资产 ……………………………………………… 53

77. 未及时履行资产报废程序 …………………………………… 54

第六节　基建财务管理 ………………………………………… 54

78. 虚列建设成本套取资金 ……………………………………… 54

79. 未经批准变更建设内容 ……………………………………… 55

80. 超进度支付工程款 …………………………………………… 56

81. 基本支出挤占基建项目支出 ………………………………… 57

82. 未及时编制竣工财务决算 …………………………………… 57

83. 未经批准超支建设管理费 …………………………………… 58

84. 未及时交付使用资产 ………………………………………… 59

85. 未及时处置项目结余资金 …………………………………… 59

第七节　合同管理 ……………………………………………… 60

86. 未经授权签订合同 …………………………………………… 60

87. 合同签订主体资格无效 ……………………………………… 61

88. 先实施后签订合同 …………………………………………… 61

89. 合同内容约定不明确 ………………………………………… 62

90. 未按合同约定预留质量保证金 ……………………………… 62

91. 重复收取保证金 ……………………………………………… 63

92. 变更合同未履行相关手续 …………………………………… 63

93. 未实行合同归口管理 ………………………………………… 64

第八节　会计基础工作 ………………………………………… 65

94. 不相容岗位未分离 …………………………………………… 65

95. 会计科目使用错误 …………………………………………… 65

96. 应使用未使用公务卡结算 …………………………………… 66

97. 违规从零余额账户向实有资金账户划转资金 ································ 66
98. 未及时清理往来账款 ·· 67
99. 未代扣代缴个人所得税 ·· 68
100. 跨期报销费用 ·· 68

第二章 相关法规制度 ·· 70
第一节 案例适用法规索引 ·· 70

1. 《中华人民共和国预算法》（中华人民共和国主席令 第12号）
   ··· 70
2. 《中华人民共和国会计法》（中华人民共和国主席令 第24号）
   ··· 71
3. 《中华人民共和国政府采购法》（中华人民共和国主席令 第68号）
   ··· 73
4. 《中华人民共和国合同法》（中华人民共和国主席令 第15号）
   ··· 74
5. 《中华人民共和国预算法实施条例》（中华人民共和国国务院令 第729号）··· 75
6. 《中华人民共和国政府采购法实施条例》（中华人民共和国国务院令 第658号）··· 75
7. 《中华人民共和国个人所得税法实施条例》（中华人民共和国国务院令 第707号）··· 76
8. 《现金管理暂行条例》（中华人民共和国国务院令 第588号）
   ··· 76
9. 《保障中小企业款项支付条例》（中华人民共和国国务院令 第728号）··· 76
10. 《党政机关厉行节约反对浪费条例》（中发〔2013〕13号） ··· 77
11. 《党政机关国内公务接待管理规定》（中办发〔2013〕22号） ··· 78
12. 《建立健全教育、制度、监督并重的惩治和预防腐败体系实施纲要》（中发〔2005〕3号）··························· 79
13. 《党政机关公务用车管理办法》（中办发〔2017〕71号） ········ 79

14. 《关于严禁党政机关到风景名胜区开会的通知》（中共中央办公厅、国务院办公厅 2014年9月28日） …………… 81
15. 《国务院办公厅关于印发中央预算单位2017—2018年政府集中采购目录及标准的通知》（国办发〔2016〕96号） ……… 81
16. 《中共中央 国务院关于全面实施预算绩效管理的意见》（中发〔2018〕34号） …………… 81
17. 《党政机关办公用房管理办法》（中办发〔2017〕70号） ……… 82
18. 《关于在党政机关和事业单位开展"小金库"专项治理工作的实施办法》（中纪发〔2009〕7号） …………… 82
19. 《政府会计准则——基本准则》（财政部令 第78号） ………… 83
20. 《事业单位会计准则》（财政部令 第72号） …………… 83
21. 《事业单位财务规则》（财政部令 第68号） …………… 83
22. 《基本建设财务规则》（财政部令 第81号） …………… 84
23. 《事业单位国有资产管理暂行办法》（财政部令 第36号） ……… 85
24. 《中央预算内直接投资项目管理办法》（国家发展和改革委员会令 第7号） …………… 85
25. 《行政事业单位内部控制规范（试行）》（财会〔2012〕21号） …………………………………………………… 85
26. 《中央部门预算绩效目标管理办法》（财预〔2015〕88号） …… 90
27. 《项目支出绩效评价管理办法》（财预〔2020〕10号） ………… 91
28. 《政府非税收入管理办法》（财税〔2016〕33号） …………… 91
29. 《中央和国家机关会议费管理办法》（财行〔2016〕214号） … 91
30. 《中央和国家机关差旅费管理办法》（财行〔2013〕531号） … 92
31. 《中央和国家机关培训费管理办法》（财行〔2016〕540号） … 93
32. 《因公临时出国经费管理办法》（财行〔2013〕516号） ……… 94
33. 《中央预算单位变更政府采购方式审批管理办法》（财库〔2015〕36号） …………… 95
34. 《关于规范差旅伙食费和市内交通费收交管理有关事项的通知》（财办行〔2019〕104号） …………… 96

35. 《中央和国家机关差旅费管理办法有关问题的解答》(财办行〔2014〕90号) …… 96
36. 《中央级事业单位国有资产使用管理暂行办法》(财教〔2009〕192号) …… 96
37. 《中央级事业单位国有资产处置管理暂行办法》(财教〔2008〕495号) …… 97
38. 《政府采购进口产品管理办法》(财库〔2007〕119号) …… 97
39. 《中央财政科研项目专家咨询费管理办法》(财科教〔2017〕128号) …… 98
40. 《中央预算单位公务卡管理暂行办法》(财库〔2007〕63号) … 98
41. 《建设工程价款结算暂行办法》(财建〔2004〕369号) …… 98
42. 《基本建设项目竣工财务决算管理暂行办法》(财建〔2016〕503号) …… 99
43. 《建设工程质量保证金管理办法》(建质〔2017〕138号) …… 99
44. 《政府会计制度——行政事业单位会计科目和报表》(财会〔2017〕25号) …… 100
45. 《政府会计准则第3号——固定资产》(财会〔2016〕12号) …… 100
46. 《中央行政单位通用办公设备家具配置标准》(财资〔2016〕27号) …… 101
47. 《中央行政事业单位国有资产配置管理办法》(财资〔2018〕98号) …… 101
48. 《中央预算单位资金存放管理实施办法》(财库〔2017〕176号) …… 102
49. 《关于实施中央预算单位公务卡强制结算目录的通知》(财库〔2011〕160号) …… 102
50. 《财政部 中国民用航空局关于加强公务机票购买管理有关事项的通知》(财库〔2014〕33号) …… 103
51. 《财政部 中国民用航空局关于加强公务机票购买管理有关事项的补充通知》(财库〔2014〕180号) …… 103

52. 《财政部关于做好政府采购信息公开工作的通知》(财库〔2015〕135号) ·· 103
53. 《关于清理规范一批行政事业性收费有关政策的通知》(财税〔2017〕20号) ·· 104
54. 《财政部关于进一步规范和加强行政事业单位国有资产管理的指导意见》(财资〔2015〕90号) ·················· 104
55. 《财政部关于中央预算单位2019年预算执行管理有关问题的通知》(财库〔2018〕95号) ························ 104
56. 《财政部关于进一步完善中央部门项目支出预算管理的通知》(财预〔2017〕96号) ·················· 105
57. 《财政部关于加强和改进中央部门项目支出预算管理的通知》(财预〔2015〕82号) ·················· 105
58. 《关于完善中央单位政府采购预算管理和中央高校、科研院所科研仪器设备采购管理有关事项的通知》(财库〔2016〕194号) ·· 105
59. 《关于政府采购进口产品管理有关问题的通知》(财办库〔2008〕248号) ·· 106
60. 《中央行政事业单位国有资产处置管理办法》(国管资〔2009〕168号) ·· 106
61. 《基层工会经费收支管理办法》(总工办发〔2017〕32号) ··· 107
62. 《政府购买服务管理办法》(财政部令 第102号) ············ 107
63. 《中央预算单位政府集中采购目录及标准（2020年版）》(国办发〔2019〕55号) ·· 107
64. 《基本建设项目建设成本管理规定》(财建〔2016〕504号) ·· 108
65. 《会计基础工作规范》(财政部令 第98号) ············ 108

第二节 常用法规制度 ·· 108
  1. 预算管理 ·· 108
  2. 收支管理 ·· 109
  3. 政府采购及招投标管理 ·················· 111

4. 国有资产管理 …………………………………………………… 113
　　5. 基建财务管理 …………………………………………………… 114
　　6. 合同管理 ………………………………………………………… 114
　　7. 会计基础工作 …………………………………………………… 115
　　8. 综合 ……………………………………………………………… 116

附录 ……………………………………………………………………… 117
　国务院关于进一步深化预算管理制度改革的意见 ………………… 117
　党政机关厉行节约反对浪费条例 …………………………………… 126
　行政事业性国有资产管理条例 ……………………………………… 139
　党政机关办公用房管理办法 ………………………………………… 147
　党政机关公务用车管理办法 ………………………………………… 157
　党政机关国内公务接待管理规定 …………………………………… 163
　基本建设财务规则 …………………………………………………… 167
　会计基础工作规范 …………………………………………………… 177
　中央和国家机关差旅费管理办法 …………………………………… 195
　关于印发《中央和国家机关差旅费管理办法有关问题的解答》
　　的通知 …………………………………………………………… 200
　中央和国家机关会议费管理办法 …………………………………… 202
　中央和国家机关培训费管理办法 …………………………………… 209
　因公临时出国经费管理办法 ………………………………………… 214
　中央财政科研项目专家咨询费管理办法 …………………………… 219
　财政部办公厅　国家机关事务管理局办公室　中共中央直属
　　机关事务管理局办公室关于规范差旅伙食费和市内交通费
　　收交管理有关事项的通知 ……………………………………… 221
　关于加强公务机票购买管理有关事项的通知 ……………………… 223
　财政部　中国民用航空局关于加强公务机票购买管理有关事项
　　的补充通知 ……………………………………………………… 225

参考文献 ………………………………………………………………… 227

第一章 典型案例及分析

第一节 预 算 管 理

1. 虚报虚列项目套取预算资金

××局为财政补助事业单位。2018年9月，××局以××房屋维修为由申请财政补助经费，2019年获上级批复110万元。2019年6月，共收到财政拨款110万元后，直接转给了其下属企业××工程有限责任公司，两者签订了相关维修协议。2019年年底，项目验收时发现工程现场无明显修复痕迹。经进一步核实，验收资料中的有关房屋维修照片、影像资料，有关材料、机械、人工费用等单据均系造假；经延伸至该公司发现并无相关房屋维修支出，财政补助经费转到该公司后，作为公司利润留存。

违反规定：上述事项不符合《中华人民共和国预算法》（中华人民共和国主席令 第12号）"第三十二条 各部门、各单位应当按照国务院财政部门制定的政府收支分类科目、预算支出标准和要求，以及绩效目标管理等预算编制规定，根据其依法履行职能和事业发展的需要以及存量资产情况，编制本部门、本单位预算草案。第九十五条 各级政府有关部门、单位及其工作人员有下列行为之一的，责令改正，追回骗取、使用的资金，有违法所得的没收违法所得，对单位给予警告或者通报批评；对负有直接责任的主管人员和其他直接责任人员依法给予处分：（二）以虚报、冒领等手段骗取预算资金的"规定。

规范处理：应建立健全预算编制、申报、审核、预算执行等业务流程管理和风险防控机制，如实申报和使用预算资金，不得以虚报、冒领等手段骗取。上级单位和部门应加强对下级单位预算编制的审核和预算执行的监督检查，对虚报虚列项目套取财政资金等行为，按照《财政违法行为处罚处分条例》（中华人民共和国国务院令 第427号）等规定追回相应财政资金并进行责任追究。

2. 重复申报项目套取预算资金

××单位为财政补助事业单位。2018年"二上"预算时，××单位在××监测项目和××维护项目等2个项目预算中均编列了××信息系统运行维护支出内容，存在部分重复，导致多申报财政资金7.25万元。预算批复后，该单位于2018年5月将上述2个项目的有关信息系统运行维护内容打包委托给××科技有限公司实施，双方签订了相关合同，合同总金额60万元（含重复申报的7.25万元），价款于2018年9月底支付完毕。

违反规定：上述事项不符合《中华人民共和国预算法》（中华人民共和国主席令 第12号）"第三十二条 各部门、各单位应当按照国务院财政部门制定的政府收支分类科目、预算支出标准和要求，以及绩效目标管理等预算编制规定，根据其依法履行职能和事业发展的需要以及存量资产情况，编制本部门、本单位预算草案。第九十五条 各级政府有关部门、单位及其工作人员有下列行为之一的，责令改正，追回骗取、使用的资金，有违法所得的没收违法所得，对单位给予警告或者通报批评；对负有直接责任的主管人员和其他直接责任人员依法给予处分：（二）以虚报、冒领等手段骗取预算资金的"规定。

上述事项不符合《行政事业单位内部控制规范（试行）》（财会〔2012〕21号）"第十一条 单位进行经济活动业务层面的风险评估时，应当重点关注以下方面：（一）预算管理情况。预算编制与资产配置是否相结合、与具体工作是否相对应；是否按照批复的额度和开支范围执行预算"的规定。

规范处理：应建立健全预算前置控制制度，细化预算编制，强化预算审核，提高预算编制科学性、合理性，避免重复多头申报预算资金。上级单位和部门应加强对下级单位预算编制的指导和监督检查，确保预算编制数据准确。对重复申报套取财政资金等行为，按照《财政违法行为处罚处分条例》（中华人民共和国国务院令 第427号）等规定追回相应财政资金并进行责任追究。

3. 擅自扩大预算项目编制范围

××单位为财政补助事业单位。该单位××信息系统运行维护项目用于××系统硬件、软件和基础环境运行维护等。但该单位在2019年××信息系统运行维护项目支出预算中编列该单位办公大楼物业费5.60万元，用于从××物业公司聘请2名办公大楼保洁人员支出，属于扩大项目预算编制范围。

违反规定：上述事项不符合《中华人民共和国预算法》（中华人民共和国主席令 第12号）"第三十二条 各部门、各单位应当按照国务院财政部门制定的政府收支分类科目、预算支出标准和要求，以及绩效目标管理等预算编制规定，根据其依法履行职能和事业发展的需要以及存量资产情况，编制本部门、本单位预算草案。第九十五条 各级政府有关部门、单位及其工作人员有下列行为之一的，责令改正，追回骗取、使用的资金，有违法所得的没收违法所得，对单位给予警告或者通报批评；对负有直接责任的主管人员和其他直接责任人员依法给予处分：（三）违反规定扩大开支范围、提高开支标准的"规定。

规范处理：应准确把握预算编制相关政策，严格按照项目开支范围和标准，编制项目支出预算，准确区分项目经费和公用经费，不得相互挤占。上级单位和部门应加强对下级单位预算编制的审核和预算执行的监督检查，确保预算编制质量。

4. 虚报基础数据冒领预算资金

××单位为财政补助事业单位。2016年至2017年，由于公用经费不足，经单位领导同意，该单位在编报预算时，通过多填报人数45人，多申领公用经费100.80万元。

违反规定：上述事项不符合《中华人民共和国预算法》（中华人民共和国主席令 第12号）"第三十二条 各部门、各单位应当按照国务院财政部门制定的政府收支分类科目、预算支出标准和要求，以及绩效目标管理等预算编制规定，根据其依法履行职能和事业发展的需要以及存量资产情况，编制本部门、本单位预算草案。第九十五条 各级政府有关部门、单位及其工作人员有下列行为之一的，责令改正，追回骗取、使用的资金，有违法所得的没收违法所得，对单位给予警告或者通报批评；对负有直接责任的主管人员和其他直接责任人员依法给予处分：（二）以虚报、冒领等手段骗取预算资金的"规定。

上述事项不符合《行政事业单位内部控制规范（试行）》（财会〔2012〕21号）"第二十条　单位的预算编制应当做到程序规范、方法科学、编制及时、内容完整、项目细化、数据准确"的规定。

规范处理：应据实填报预算基础信息数据，不得弄虚作假骗取预算资金。上级单位和部门应加强对下级单位基本支出预算编制的审核，认真核实人员、资产等基础数据，确保预算编制数据准确。对虚报冒领预算资金等行为，按照《财政违法行为处罚处分条例》（中华人民共和国国务院令　第427号）等规定追回相应财政资金并进行责任追究。

5. 变相转移套取预算资金

××研究院为财政补助事业单位。该院为更新维护其投资的3家企业的设施设备，在申报2019年部门预算时，以本单位科研设施设备更新维护的名义，申报预算项目373万元。预算批复以后，该院直接将373万元转给上述3家企业。

违反规定：上述事项不符合《中华人民共和国预算法》（中华人民共和国主席令　第12号）"第三十二条　各部门、各单位应当按照国务院财政部门制定的政府收支分类科目、预算支出标准和要求，以及绩效目标管理等预算编制规定，根据其依法履行职能和事业发展的需要以及存量资产情况，编制本部门、本单位预算草案。第九十五条　各级政府有关部门、单位及其工作人员有下列行为之一的，责令改正，追回骗取、使用的资金，有违法所得的没收违法所得，对单位给予警告或者通报批评；对负有直接责任的主管人员和其他直接责任人员依法给予处分：（二）以虚报、冒领等手段骗取预算资金的"规定。

上述事项不符合《行政事业单位内部控制规范（试行）》（财会〔2012〕21号）"第十一条　单位进行经济活动业务层面的风险评估时，应当重点关注以下方面：（一）预算管理情况。预算编制与资产配置是否相结合、与具体工作是否相对应；是否按照批复的额度和开支范围执行预算"的规定。

规范处理：项目支出预算是单位为完成其特定的工作任务或事业发展目标而编制的年度项目支出计划。单位应建立健全项目立项决策程序，项目预算编制应围绕本单位职能职责和事业发展任务据实编报，不得套取并转移预算资金。

6. 代非预算单位编报项目预算

××单位为财政补助事业单位,××研究会为挂靠在该单位的社团。2018年,在编报部门预算时,该单位代××研究会编报了××项目预算241.44万元,该项目实际由××研究会具体组织实施。

违反规定:上述事项不符合《中华人民共和国预算法》(中华人民共和国主席令 第12号)"第八条 各部门预算由本部门及其所属各单位预算组成。第二十六条 各部门编制本部门预算、决算草案;组织和监督本部门预算的执行;定期向本级政府财政部门报告预算的执行情况。各单位编制本单位预算、决算草案;按照国家规定上缴预算收入,安排预算支出,并接受国家有关部门的监督。第九十五条 各级政府有关部门、单位及其工作人员有下列行为之一的,责令改正,追回骗取、使用的资金,有违法所得的没收违法所得,对单位给予警告或者通报批评;对负有直接责任的主管人员和其他直接责任人员依法给予处分:(二)以虚报、冒领等手段骗取预算资金的"规定。

上述事项不符合《行政事业单位内部控制规范(试行)》(财会〔2012〕21号)"第十一条 单位进行经济活动业务层面的风险评估时,应当重点关注以下方面:(一)预算管理情况。预算编制与资产配置是否相结合、与具体工作是否相对应;是否按照批复的额度和开支范围执行预算"的规定。

规范处理:应准确把握财政资金保障范围,如实编报本单位预算,不得代非预算单位或下属单位编报预算。上级单位和部门应加强对下级单位预算编制的审核和预算执行的监督检查,确保预算编制真实可靠。

7. 将项目预算编列在所属单位

××单位为中央财政补助事业单位,××中心是其下属单位。××单位在申报2019年部门预算时,将应由本单位承担的××定额修编工作直接安排给××中心承担,相关支出以××定额修编项目的形式直接列入××中心2019年预算,涉及金额189万元。

违反规定:上述事项不符合《财政部关于进一步完善中央部门项目支出预算管理的通知》(财预〔2017〕96号)"四、规范委托事项管理除自身不具备实施条件外,机关不得将应由自身承担的工作任务或直接提供的服务委托给所属事业单位或本部门以外的其他单位承担,也不得将相关项目支出直接列入所属事业单位预算"的规定。

上述事项不符合财政部《关于加强和改进中央部门项目支出预算管理的通知》(财预〔2015〕82号)"附件:加强和改进中央部门项目支出预算管理工作实施方案 一、改进项目设置和管理方式 (一)关于项目设置规则 要按照'职责与经费相匹配'的原则确定部门内部项目实施主体,一般不得将应由本级承担的项目列入下级单位预算,或将应由下级单位承担的项目列入本级预算,也不得将应由行政单位承担的项目列入事业单位预算"的规定。

上述事项不符合《行政事业单位内部控制规范(试行)》(财会〔2012〕21号)"第二十条 单位的预算编制应当做到程序规范、方法科学、编制及时、内容完整、项目细化、数据准确"的规定。

规范处理:应进一步加强预算编报管理,根据自身承担的工作任务据实编报本单位预算,规范委托事项管理,不得将相关项目支出直接列入所属单位预算。

8. 预算调剂环节漏编政府采购预算

××科学研究院为中央预算单位。2019年5月,按照上级统一部署,该院组织开展了××科技攻关。8月,××科学研究院申请追加××项目预算2398.52万元,用于××实验室研究和产业化中间试制工作,获财政部批复。追加的2398.52万元项目预算涉及调整政府采购预算1200万元(其中货物900万元,服务300万元),未按规定一并报财政部审核批复。

违反规定:上述事项不符合财政部《关于完善中央单位政府采购预算管理和中央高校、科研院所科研仪器设备采购管理有关事项的通知》(财库〔2016〕194号)"预算执行中部门预算资金调剂(包括追加、追减或调整结构)需要明确政府采购预算的,应按部门预算调剂的有关程序和规定一并办理,由主管预算单位报财政部(部门预算管理司)审核批复"的规定。

上述事项不符合《行政事业单位内部控制规范(试行)》(财会

〔2012〕21号)"第二十一条 单位应当根据内设部门的职责和分工,对按照法定程序批复的预算在单位内部进行指标分解、审批下达,规范内部预算追加调整程序,发挥预算对经济活动的管控作用"的规定。

规范处理：在部门预算资金调剂时需要明确政府采购预算的,应按有关程序和规定一并报财政部审核批复。上级单位应加强对下级单位预算调剂的审核把关。

9. 绩效指标设定不完整、不合理

××单位为中央预算单位。2018年,该单位部分项目支出绩效指标设定不完整、不合理,其中：2个项目的个别绩效目标没有设定相关联的绩效指标,如××行政执法监督项目"完成年度××行政执法人员培训"的绩效目标没有设定培训班次、人次等绩效指标；××维修项目"完成××中心大楼屋顶漏雨维修"的绩效目标没有设定维修面积等绩效指标。另外有2个项目绩效指标设定不完整,均缺乏效益指标；30个项目绩效指标量化比例低、可衡量性不强,其中8个项目的绩效指标均为定性指标。

违反规定：上述事项不符合《中央部门预算绩效目标管理办法》(财预〔2015〕88号)"第十三条 设定的绩效目标应当符合以下要求：(一)指向明确。绩效目标要符合国民经济和社会发展规划、部门职能及事业发展规划等要求,并与相应的预算支出内容、范围、方向、效果等紧密相关。(二)细化量化。绩效目标应当从数量、质量、成本、时效以及经济效益、社会效益、生态效益、可持续影响、满意度等方面进行细化,尽量进行定量表述。不能以量化形式表述的,可采用定性表述,但应具有可衡量性。(三)合理可行。设定绩效目标时要经过调查研究和科学论证,符合客观实际,能够在一定期限内如期实现。(四)相应匹配。绩效目标要与计划期内的任务数或计划数相对应,与预算确定的投资额或资金量相匹配"的规定。

上述事项不符合《行政事业单位内部控制规范(试行)》(财会〔2012〕21号)"第二十四条 单位应当加强预算绩效管理,建立'预算编制有目标、预算执行有监控、预算完成有评价、评价结果有反馈、反馈结果有应用'的全过程预算绩效管理机制"的规定。

规范处理：应按照有关规定和项目实际设定绩效目标和绩效指标，设定的绩效目标和绩效指标要指向明确、细化量化，并经过调查研究和科学论证，切实做到合理可行。上级单位要加强对下级单位预算绩效目标和指标的审核。

10. 项目绩效自评不客观、不真实

××单位为财政补助事业单位。该单位2018年预算安排的××监测项目，其中一项绩效指标是年度内完成监测水质断面128处，实际当年完成117处，有11处断面没有完成监测。在该项目绩效指标未全部完成的情况下，该单位于2019年1月对该项目进行了绩效自评，自评满分。

违反规定：上述事项不符合《项目支出绩效评价管理办法》（财预〔2020〕10号）"第二条 项目支出绩效评价是指财政部门、预算部门和单位，依据设定的绩效目标，对项目支出的经济性、效率性、效益性和公平性进行客观、公正的测量、分析和评判"的规定。

上述事项不符合《行政事业单位内部控制规范（试行）》（财会〔2012〕21号）"第二十四条 单位应当加强预算绩效管理，建立'预算编制有目标、预算执行有监控、预算完成有评价、评价结果有反馈、反馈结果有应用'的全过程预算绩效管理机制"的规定。

规范处理：项目绩效自评是指预算部门组织部门本级和所属单位对预算批复的项目绩效目标完成情况进行自我评价。单位应按照相关法律法规，对所有项目支出客观公正地开展项目自评。上级单位应加强对下级单位绩效自评工作的指导和监督检查。

11. 绩效评价结果未与预算安排挂钩

××中心为××管理局所属财政补助事业单位。××项目为该中心2017年至2018年延续性项目。该中心2017年××项目预算为185万元，当年预算全部执行完毕。绩效评价时，该项目多项指标未达预期目标，项目效益不明显，绩效评价最终得分为46.32分，等次为不合格。2018年，××管理局在部门预算安排时未考虑绩效评价结果，继续安排该中心××项目预算200万元。

违反规定：上述事项不符合《中华人民共和国预算法》（中华人民共和国主席令 第12号）"第三十二条 各级预算应当根据年度经济社会发

展目标、国家宏观调控总体要求和跨年度预算平衡的需要，参考上一年预算执行情况、有关支出绩效评价结果和本年度收支预测，按照规定程序征求各方面意见后，进行编制"的规定。

上述事项不符合《中华人民共和国预算法实施条例》（中华人民共和国国务院令 第729号）"第二十条 绩效评价结果应当按照规定作为改进管理和编制以后年度预算的依据"的规定。

上述事项不符合《中共中央 国务院关于全面实施预算绩效管理的意见》（中发〔2018〕34号）"各级财政部门要抓紧建立绩效评价结果与预算安排和政策调整挂钩机制"的规定。

上述事项不符合《行政事业单位内部控制规范（试行）》（财会〔2012〕21号）"第二十四条 单位应当加强预算绩效管理，建立'预算编制有目标、预算执行有监控、预算完成有评价、评价结果有反馈、反馈结果有应用'的全过程预算绩效管理机制"的规定。

规范处理：应加快构建全方位、全过程、全覆盖的预算绩效管理体系，完善涵盖绩效目标管理、绩效运行监控、绩效评价管理、评价结果运用等各环节管理流程，实现预算和绩效管理一体化，建立健全绩效评价结果与预算安排和政策调整的挂钩机制，确保财政资源高效配置，提高资金使用效益。

第二节 收入收费管理

12. 隐匿收入不入账

××技术研究所为财政补助事业单位。尹××为研究所负责人。2018年4月，××科技有限公司为打开行业市场，在该研究所未支付相关货款的情况下，将4台新技术设备交由该研究所代销，设备出厂价为每台1.80万元。所长尹××安排研究所工程师卫××负责该项目。随后研究所以每台2.80万元的价格销售，卫××用个人账户收取货款11.20万元。2018年8月，卫××将货款7.20万元转账给供货单位后，研究所实际获利4万元。2018年9月，卫××在供货方提供的发票上标注"不入账"字样，并由尹××、卫××签名，收支未纳入单位账簿核算，盈利的 4 万元由卫××保管，用于招待等费用开支。

违反规定：上述事项不符合中共中央纪委、监察部、财政部、审计署《关于在党政机关和事业单位开展"小金库"专项治理工作的实施办法》（中纪发〔2009〕7 号）"（二）专项治理内容　违反法律法规及其他有关规定，应列入而未列入符合规定的单位账簿的各项资金（含有价证券）及其形成的资产，均纳入治理范围"的规定，上述事项属于"经营收入未纳入规定账簿核算设立'小金库'"。

上述事项不符合《行政事业单位内部控制规范（试行）》（财会〔2012〕21 号）"第二十六条　单位的各项收入应当由财会部门归口管理并进行会计核算，严禁设立账外账"的规定。

规范处理：应按照有关规定将本单位所有收入支出全部纳入预算管理和法定账簿核算，不得隐匿、不入账或转移账外。对设立"小金库"的，要对主要负责人、分管负责人和直接责任人进行严肃处理。

13. 收入转移其他单位

××设计院为财政补助事业单位。2017 年，由于事业收入同比增加幅度较大，为了规避收入增加带来的企业所得税，设计院主要领导研究决定将一些不需要投标的项目，在业务开展时由合作单位××事务所直接收取价款并开具发票。如 2017 年 8 月，该设计院取得××项目，合同额为 98 万元，款项由××事务所直接收取，在该事务所账户存放，用于该设计院部分开支。

违反规定：上述事项不符合《中华人民共和国会计法》（中华人民共和国主席令　第 24 号）"第十六条　各单位发生的各项经济业务事项应当在依法设置的会计账簿上统一登记、核算，不得违反本法和国家统一的会计制度的规定私设会计账簿登记、核算。第四十二条　违反本法规定，有下列行为之一的，由县级以上人民政府财政部门责令限期改正，可以对单位并处三千元以上五万元以下的罚款；对其直接负责的主管人员和其他直接责任人员，可以处二千元以上二万元以下的罚款；属于国家工作人员的，还应当由其所在单位或者有关单位依法给予行政处分：（一）不依法设置会计账簿的；（二）私设会计账簿的"规定。

上述事项不符合中共中央纪委、监察部、财政部、审计署《关于在党政机关和事业单位开展"小金库"专项治理工作的实施办法》(中纪发〔2009〕7号)"违反法律法规及其他有关规定,应列入而未列入符合规定的单位账簿的各项资金(含有价证券)及其形成的资产,均纳入治理范围"的规定,上述事项属于"经营收入未纳入规定账簿核算设立'小金库'的规定"。

上述事项不符合《行政事业单位内部控制规范(试行)》(财会〔2012〕21号)"第二十六条 单位的各项收入应当由财会部门归口管理并进行会计核算,严禁设立账外账"的规定。

规范处理:应建立健全收入内部管理制度,确保各项收入由财会部门统一管理并进行核算,不得隐匿、不入账或转移账外。对设立"小金库"的,要对主要负责人、分管负责人和直接责任人严肃处理。

14. 非税收入未及时上缴国库

××单位为财政补助事业单位。2019年,该单位应缴财政款期末余额为22.10万元,为2018年8月船舶报废的处置收入,至2019年年底仍未上缴国库。

违反规定:上述事项不符合《事业单位国有资产管理暂行办法》(财政部令 第36号)"第二十九条 事业单位国有资产处置收入属于国家所有,应当按照政府非税收入管理的规定,实行'收支两条线'管理"的规定。

上述事项不符合《政府非税收入管理办法》(财税〔2016〕33号)"第十二条 执收单位应当履行下列职责:(二)严格按照规定的非税收入项目、征收范围和征收标准进行征收,及时足额上缴非税收入,并对欠缴、少缴收入实施催缴。第十七条 非税收入应当全部上缴国库,任何部门、单位和个人不得截留、占用、挪用、坐支或者拖欠。第二十七条 非税收入应当依照法律、法规规定或者按照管理权限确定的收入归属和缴库要求,缴入相应级次国库"的规定。

规范处理:非税收入是指除税收以外,由各级国家机关、事业单位、代行政府职能的社会团体及其他组织依法利用国家权力、政府信誉、国有资源(资产)所有者权益等取得的各项收入。非税收入应当依照法律、法规规定或者按照管理权限确定的收入归属和缴库要求,及时缴入相应级次国库。

15. 已取消收费项目仍违规收费

××中心为财政补助事业单位。《关于清理规范一批行政事业性收费有关政策的通知》（财税〔2017〕20号）文件中已明确××检验费为取消的行政事业性收费项目，但该单位自2017年4月至2019年12月，仍收取××检验费509.08万元，用于弥补单位经费不足。

违反规定： 上述事项不符合财政部 国家发展改革委《关于清理规范一批行政事业性收费有关政策的通知》（财税〔2017〕20号）"一、自2017年4月1日起，取消或停征41项中央设立的行政事业性收费（具体项目见附件），将商标注册收费标准降低50％。六、各地区、有关部门和单位应当严格按照行政事业性收费管理规定，对须取消、停征或减免的行政事业性收费，不得以任何理由拖延或者拒绝执行。有关部门要加强政策落实情况的监督检查，对违反规定的，应当按照《预算法》《价格法》《财政违法行为处罚处分条例》等法律、行政法规规定予以处理"的规定。

上述事项不符合《行政事业单位内部控制规范（试行）》（财会〔2012〕21号）"第二十七条 有政府非税收入收缴职能的单位，应当按照规定项目和标准征收政府非税收入，按照规定开具财政票据，做到收缴分离、票款一致，并及时、足额上缴国库或财政专户，不得以任何形式截留、挪用或者私分"的规定。

规范处理： 应建立健全收入内部管理制度，严格按照规定的收费项目、标准、范围收费，不得依托自身管理职能或利用行业影响力违规收费。

16. 往来账款列收列支

××服务中心为财政补助事业单位。2019年，该中心将技术咨询服务收入、房屋出租收入等502.39万元计入"其他应付款"科目核算，并通过该科目支出298.11万元，用于购买办公用品、材料印刷、支付职工食堂伙食补助等。

违反规定： 上述事项不符合《政府会计准则——基本准则》（财政部令 第78号）"第十一条 政府会计主体应当以实际发生的经济业务或者

事项为依据进行会计核算,如实反映各项会计要素的情况和结果,保证会计信息真实可靠"的规定。

规范处理: 应严格按照政府会计制度规定的科目核算内容、性质进行会计核算,不得随意改变收入的确认标准或计量方法,虚列、少列或不列收入。建立健全往来账款定期清理制度,强化往来款项管理,定期检查核对往来款项,按规定程序及时清理。

第三节 费用支出管理

一、出国经费

17. 隐匿出国费

××工程管理局为财政补助事业单位。2018年7月,该局经研究决定,派遣王××、李××两人赴非洲肯尼亚进行工程检查,共计6天时间,实际支出差旅及补助费用9.76万元。但该局无出国计划和出国费预算,出国团组也未经外事部门批准。为隐匿上述出国费用,8月该局在"劳务费"科目下列支此费用。

违反规定: 上述事项不符合《因公临时出国经费管理办法》(财行〔2013〕516号)"第四条 因公临时出国经费应当全部纳入预算管理,并按照下列规定执行:(二)各地区各部门各单位应当加强预算硬约束,认真贯彻落实厉行节约的要求,在核定的年度因公临时出国经费预算内,务实高效、精简节约地安排因公临时出国活动,不得超预算或无预算安排出访团组。确有特殊需要的,按规定程序报批"的规定。

上述事项不符合《中华人民共和国会计法》(中华人民共和国主席令第24号)"第九条 各单位必须根据实际发生的经济业务事项进行会计核算,填制会计凭证,登记会计账簿,编制财务会计报告。任何单位不得以虚假的经济业务事项或者资料进行会计核算"的规定。

规范处理: 应务实高效、精简节约地安排因公临时出国活动,加强因公临时出国计划的审核审批管理,按规定报送出国团组计划和预算,对违反规定、不适合成行的团组予以调整或者取消。根据批复的预算和财务报销审批的具体规定，加强对因公临时出国团组的经费报销管理，对无预算安排出访团组的开支一律不予报销。

18. 转嫁出国费

××管理局为财政补助事业单位。按照上级单位授权，该局对所属××协会进行指导管理。2018年10月，该局安排李××等5人组成考察团，赴意大利进行商务考察，行程4天，出国费用共计33.12万元。因当年无出国预算，经该局领导班子研究决定，出国费用由其管理的××协会承担。2018年12月，××协会列支了该出国团组费用。

违反规定：上述事项不符合《因公临时出国经费管理办法》（财行〔2013〕516号）"第六条　各地区各部门各单位应当严格执行各项经费开支标准，不得擅自突破，严禁接受或变相接受企事业单位资助，严禁向同级机关、下级机关、下属单位、企业、驻外机构等摊派或转嫁出访费用"的规定。

规范处理：应加强因公临时出国计划的审核审批管理，按要求报送出国团组计划和经费预算，对违反规定、不适合成行的团组予以调整或者取消。加强因公临时出国经费预算总额控制，无出国经费预算安排的不予批准，不得擅自安排出国团组，不得接受或变相接受企事业单位资助，不得向同级机关、下级机关、下属单位、企业、驻外机构等摊派或转嫁出国费用。

19. 承担非本单位出国费

××中心为财政补助事业单位。该中心2018年因公出国费预算中包含荷兰出国团组5人，金额26万元。2018年9月，该中心派遣任××等6人赴荷兰阿姆斯特丹进行技术考察，其中任××等5人为本单位职工，另有一人张××为其关联单位负责人。2018年11月，该中心在出国费科目列支该出国团组6人、5天行程的费用，合计25.98万元。

违反规定：上述事项不符合《因公临时出国经费管理办法》（财行〔2013〕516号）"第四条　因公临时出国经费应当全部纳入预算管理，并按照下列规定执行：（二）各地区各部门各单位应当加强预算硬约束，认真贯彻落实厉行节约的要求，在核定的年度因公临时出国经费预算内，务实高效、精简节约地安排因公临时出国活动，不得超预算或无预算安

第三节 费用支出管理

排出访团组。确有特殊需要的，按规定程序报批"的规定。

上述事项不符合《行政事业单位内部控制规范（试行）》（财会〔2012〕21号）"第三十条 （二）加强支出审核控制。全面审核各类单据。重点审核单据来源是否合法，内容是否真实、完整，使用是否准确，是否符合预算，审批手续是否齐全。支出凭证应当附反映支出明细内容的原始单据，并由经办人员签字或盖章，超出规定标准的支出事项应由经办人员说明原因并附审批依据，确保与经济业务事项相符"的规定。

规范处理： 应按照出国费管理要求，报送出国团组计划和经费预算，严格控制因公临时出国团组人数、国家数和在外停留天数，正确执行限量管理规定。严格经费支出管理，根据批复的预算安排各项支出，确保预算严格有效执行，不得超预算或无预算安排出访团组，无出国计划和出国费预算的支出不得列支。

20. 重复列支出国费

××中心为财政补助事业单位。2018年10月，该中心列支张××等3人赴德国、法国等欧洲七国出国费用34万元，其中：报销伙食费、公杂费（含市内交通、邮电、办公用品、必要的小费等费用）包干补助计6.4万元，同时又报销租车费2.0万元、翻译费1.6万元。2018年11月，列支杨××等2人赴英国出国费用20.8万元，其中：报销伙食费、公杂费（含市内交通、邮电、办公用品、必要的小费等费用）包干补助4.1万元，同时又报销租车费2.5万元、翻译费2.8万元。出国人员领取伙食费和公杂费包干补助后，重复报销租车费等公杂费。

违反规定： 上述事项不符合《因公临时出国经费管理办法》（财行〔2013〕516号）"第八条 因公临时出国经费包括：国际旅费、国外城市间交通费、住宿费、伙食费、公杂费和其他费用。公杂费是指出国人员在国外期间的市内交通、邮电、办公用品、必要的小费等费用。第十二条 伙食费和公杂费按照下列规定执行：（一）出国人员伙食费、公杂费可以按规定的标准发给个人包干使用。包干天数按离、抵我国国境之日计算"的规定。

上述事项不符合《行政事业单位内部控制规范（试行）》（财会〔2012〕21号）"第三十条 （二）加强支出审核控制。全面审核各类单据。重点审核单据来源是否合法，内容是否真实、完整，使用是否准确，是否符合预算，审批手续是否齐全。支出凭证应当附反映支出明细内容的原始单据，并由经办人员签字或盖章，超出规定标准的支出事项应由经办人员说明原因并附审批依据，确保与经济业务事项相符"的规定。

规范处理： 应加强因公临时出国经费管理，严格支出审核控制，按照批准的出国团组人员、天数、路线、经费预算及开支标准报销费用，不得报销与出国任务无关的开支，发放的公杂费包干补助已包含的支出项目费用，不得再重复列支。

21. 报销出国费未附原始票据

××管理局为财政补助事业单位。2017年9月，该局派遣吴××等5人组成赴美国科技考察团，行程6天，发生国内差旅费1.35万元，国外住宿费9.36万元，国外交通费7.05万元，伙食费1.78万元，其他出国费用2.92万元，共计22.46万元。考察团回国报销时，未向财务部门提供国外行程的有效原始票据，而是提供了由承办此次赴美考察活动的××旅行社开具的22.46万元考察费发票。

违反规定： 上述事项不符合《因公临时出国经费管理办法》（财行〔2013〕516号）"第十条 出国人员根据出访任务需要在一个国家城市间往来，应当事先在出国计划中列明，并报本单位外事和财务部门批准。未列入出国计划、未经本单位外事和财务部门批准的，不得在国外城市间往来。出国人员的旅程必须按照批准的计划执行，其城市间交通费凭有效原始票据据实报销。第十六条 出国人员回国报销费用时，须凭有效票据填报有团组负责人审核签字的国外费用报销单（具体表格由各单位制定）。各种报销凭证须用中文注明开支内容、日期、数量、金额等，并由经办人签字。各单位财务部门应当根据本办法制定本单位财务报销审批的具体规定，加强对因公临时出国团组的经费核销管理。各单位财务部门应当对因公临时出国团组提交的出国任务批件、护照（包括签证和出入境记录）复印件及有效费用明细票据进行认真审核，严格按照批准的出国团组人员、天数、路线、经费预算及开支标准核销经费，不得核销与出访任务无关的开支"的规定。

上述事项不符合《行政事业单位内部控制规范（试行）》（财会〔2012〕

21号)"第三十条 (二)加强支出审核控制。全面审核各类单据。重点审核单据来源是否合法,内容是否真实、完整,使用是否准确,是否符合预算,审批手续是否齐全。支出凭证应当附反映支出明细内容的原始单据,并由经办人员签字或盖章,超出规定标准的支出事项应由经办人员说明原因并附审批依据,确保与经济业务事项相符"的规定。

规范处理:应加强出国费用报销审核,凭有效票据填报有团组负责人审核签字的国外费用报销单。各种报销凭证应用中文注明开支内容、日期、数量、金额等,并由经办人签字,不得用不符合规定的票据代替原始票据。出国人员的旅程必须按照批准的计划执行,确需在一个国家城市间往来的,其城市间交通费凭有效原始票据据实报销。

二、公务用车运行维护费

22. 私车公养

××科研院为在京财政补助事业单位。2016年1月至2018年12月,该院工勤人员王××负责管理单位车辆维修及加油。王××利用工作便利将其中1张办理为不记名加油卡,为自己及其亲属的私家车加油。2019年,该院核对出车台账发现,此不记名加油卡3年期间累计加油305次,涉及费用8.8万元。查询同期维修台账发现,王××个人私家车在该单位定点公务用车维修企业进行定期保养和维修,共产生费用1.3万元,由司机李××开具发票在该院公务用车运行维护费中列支。

违反规定:上述事项不符合《党政机关公务用车管理办法》(中办发〔2017〕71号)"第十六条 党政机关应当加强公务用车使用管理,严格按照规定使用公务用车,严禁公车私用、私车公养,不得既领取公务交通补贴又违规使用公务用车"的规定。

上述事项不符合《行政事业单位内部控制规范(试行)》(财会〔2012〕21号)"第十五条 单位应当建立健全内部控制关键岗位责任制,明确岗位职责及分工,确保不相容岗位相互分离、相互制约和相互监督。单位应当实行内部控制关键岗位工作人员的轮岗制度,明确轮岗周期。不具备轮岗条件的单位应当采取专项审计等控制措施"的规定。

规范处理:应建立和完善公务用车管理台账,详细记载公务用车派车时间、地点、事由、审批等情况，建立公务用车运行与维修、油耗、通行费等费用支出定期分析机制和公示制度，严格执行回单位或者其他指定地点停放制度，节假日期间除工作需要外应当封存停驶，杜绝公车私用、私车公养等情况的发生。

23. 超标准配备公务用车

××局为财政补助事业单位，核编公务用车2辆，但该局实际为5名局领导每人配备1辆公务用车，排气量均在2.0升、单价23万元以上。

违反规定：上述事项不符合《党政机关厉行节约反对浪费条例》（中发〔2013〕13号）"第二十六条　党政机关应当从严配备实行定向化保障的公务用车，不得以特殊用途等理由变相超编制、超标准配备公务用车，不得以任何方式换用、借用、占用下属单位或者其他单位和个人的车辆，不得接受企事业单位和个人赠送的车辆。严格按规定配备专车，不得擅自扩大专车配备范围或者变相配备专车"的规定。

上述事项不符合《党政机关公务用车管理办法》（中办发〔2017〕71号）"第七条　党政机关配备公务用车应当严格执行以下标准：（一）机要通信用车配备价格12万元以内、排气量1.6升（含）以下的轿车或者其他小型客车。（二）应急保障用车和其他按照规定配备的公务用车配备价格18万元以内、排气量1.8升（含）以下的轿车或者其他小型客车。确因情况特殊，可以适当配备价格25万元以内、排气量3.0升（含）以下的其他小型客车、中型客车或者价格45万元以内的大型客车。第十条　财政部门根据年度公务用车配备更新计划，按照预算管理有关规定统筹安排购置经费，列入公务用车主管部门预算"的规定。

规范处理：应加强公务用车管理，根据年度公务用车配备更新计划编制预算安排购置经费，由公务用车主管部门按照政府采购法律法规和国家有关政策规定，统一组织实施公务用车采购，且不得超编配备车辆。一般公务用车和执法执勤用车发动机排气量不超过1.8升、价格不超过18万元，其中机要通信用车发动机排气量不超过1.6升、价格不超过12万元。

24. 承担非本单位车辆费用

××研究所为财政补助事业单位。2018年6月，该所车辆管理班班长李××经手报销车牌号为××527、××582的两辆丰田普拉多越野车维修费、过路费、加油费等车辆运行维护费，共计18.12万元。上述两辆车产权归属××管理局所有并使用，但由××研究所定期结算车辆运行维护费用。

违反规定：上述事项不符合《中华人民共和国会计法》（中华人民共和国主席令 第24号）"第九条 各单位必须根据实际发生的经济业务事项进行会计核算，填制会计凭证，登记会计账簿，编制财务会计报告。任何单位不得以虚假的经济业务事项或者资料进行会计核算"的规定。

上述事项不符合《事业单位会计准则》（财政部令 第72号）"第十二条 事业单位应当以实际发生的经济业务或者事项为依据进行会计核算"的规定。

规范处理：应加强公务用车经费预算管理，根据履行职能及车辆存量情况，真实、准确编制公车运行维护费预算，预算一经批复需严格执行。加强公务用车运行维护费报销管理，强化审批流程，对非本单位的公务用车运行维护费，一律不予报销。

25. 借用其他单位车辆

××局为财政补助事业单位。2016年5月至2018年12月，该局领导班子研究决定借用其下属企业××设计院1辆尼桑天籁小轿车，以解决机关公务车辆不足的问题，车辆运行维护经费由该局支付。

违反规定：上述事项不符合《党政机关厉行节约反对浪费条例》（中发〔2013〕13号）"第二十六条 党政机关应当从严配备实行定向化保障的公务用车，不得以特殊用途等理由变相超编制、超标准配备公务用车，不得以任何方式换用、借用、占用下属单位或者其他单位和个人的车辆，不得接受企事业单位和个人赠送的车辆。严格按规定配备专车，不得擅自扩大专车配备范围或者变相配备专车"的规定。

上述事项不符合《党政机关公务用车管理办法》（中办发〔2017〕71号）"第二十六条 党政机关有下列情形之一的，依纪依法追究相关人员责任：（四）换用、借用、占用下属单位或者其他单位和个人的车辆，或者擅自接受企事业单位和个人赠送车辆的"规定。

规范处理：应根据公务用车配备更新标准和现状，编制年度公务用车配备更新计划。根据年度公务用车配备更新计划，按照预算管理有关规定统筹安排购置经费，列入本单位公务用车预算。加强公务用车使用管理，严格按照规定使用公务用车，严禁换用、借用、占用下属单位或者其他单位和个人的车辆，或者擅自接受企事业单位和个人赠送车辆。

26. 报销加油卡、ETC 费用未附使用明细

××单位为财政补助事业单位。2017 年 3 月，该单位车辆台账显示名下车辆 11 辆，均办理了加油 IC 卡和高速通行 ETC。但该单位对车辆费用管理未细化，2016 年 1 月至 2017 年 2 月，预付加油卡费用 20.5 万元、ETC 费用 6 万元，加油卡和 ETC 均未设置支出台账，财务报销仅显示预付加油 IC 充值款和 ETC 充值款，未附相关加油和过路过桥明细。

违反规定：上述事项不符合《党政机关公务用车管理办法》（中办发〔2017〕71 号）"第二十条　党政机关应当建立健全公务用车使用管理制度，严格执行，加强监督，降低运行成本。严格公务用车使用时间、事由、地点、里程、油耗、费用等信息登记和公示制度。严格执行回单位或者其他指定地点停放制度，节假日期间除工作需要外应当封存停驶。实行公务用车保险、维修、加油政府集中采购和定点保险、定点维修、定点加油制度，健全公务用车油耗、运行费用单车核算和年度绩效评价制度"的规定。

上述事项不符合《行政事业单位内部控制规范（试行）》（财会〔2012〕21 号）"第四十四条　（三）单位应当定期清查盘点资产，确保账实相符。财会、资产管理、资产使用等部门或岗位应当定期对账，发现不符的，应当及时查明原因，并按照相关规定处理"的规定。

规范处理：应建立和完善公务用车管理台账，详细记载公务用车派车时间、地点、事由、审批等情况，实行运行费用单车核算，准确反映公车运行维护费明细。建立公务车运行与维修、油耗、通行费等费用支出定期分析机制和公示制度，规范公务用车管理。

三、公务接待

27. 隐匿公务接待费

××管理局为财政补助事业单位。2018 年 1 月至 4 月，该局采取签单挂账的方式,在××宾馆安排公务接待用餐,签单次数13次,合计金额7.53万元。2018年5月,按照单位领导要求,经办人员王××编造了××业务技术交流会的会议通知、会议签到表、会议消费明细等会议资料,由宾馆开具7.53万元的会议费发票后,在单位财务报销,用于结算上述用餐费用。

违反规定:上述事项不符合《党政机关国内公务接待管理规定》(中办发〔2013〕22号)"第十二条 各级党政机关应当加强对国内公务接待经费的预算管理,合理限定接待费预算总额。公务接待费用应当全部纳入预算管理,单独列示。禁止在接待费中列支应当由接待对象承担的差旅、会议、培训等费用,禁止以举办会议、培训为名列支、转移、隐匿接待费开支;禁止向下级单位及其他单位、企业、个人转嫁接待费用,禁止在非税收入中坐支接待费用;禁止借公务接待名义列支其他支出"的规定。

上述事项不符合《中央和国家机关会议费管理办法》(财行〔2016〕214号)"第二十七条 严禁各单位借会议名义组织会餐或安排宴请;严禁套取会议费设立'小金库';严禁在会议费中列支公务接待费"的规定。

规范处理:应建立健全公务接待制度,对于属于公务接待范围的,严格执行公务接待审批控制,不得以举办会议之名隐匿接待费。严格会议计划、预算的编报和审批,完善会议费报销程序,未经批准以及超范围、超标准开支的会议费用,一律不予报销。

28. 转嫁公务接待费

××科研所为财政补助事业单位。2018年,该所安排其管理对象××公司解决接待费问题,在每次接待后,由该所经办人员开具抬头为××公司的餐饮费发票,到××公司报销。2018年1月至12月,该所分别在××海鲜酒楼、××大酒店、××饭店等餐饮场所,共消费8.13万元,均在××公司列支。

违反规定:上述事项不符合《党政机关国内公务接待管理规定》(中办发〔2013〕22号)"第十二条 各级党政机关应当加强对国内公务接待经费的预算管理,合理限定接待费预算总额。公务接待费用应当全部纳入

第一章 典型案例及分析

入预算管理，单独列示。禁止在接待费中列支应当由接待对象承担的差旅、会议、培训等费用，禁止以举办会议、培训为名列支、转移、隐匿接待费开支；禁止向下级单位及其他单位、企业、个人转嫁接待费用，禁止在非税收入中坐支接待费用；禁止借公务接待名义列支其他支出"的规定。

规范处理：应根据工作需要合理安排公务接待活动、接待场所、活动项目和活动方式，应当有利于公务活动开展，严格接待审批控制，对能够合并的公务接待统筹安排，对无公函的公务活动和来访人员一律不予接待。公务接待费用应当全部纳入预算管理，合理限定公务接待费预算总额。公务接待费应当依据财务票据、派出单位公函和接待清单据实列支，不得向下级单位及其他单位、企业、个人转嫁接待费用。

29. 超预算列支公务接待费

××事业单位2017年公务接待费预算15万元。该单位2017年度在"公务接待费"科目共列支25.65万元，系该单位在××大酒店等四家酒店用餐消费。

违反规定：上述事项不符合《党政机关厉行节约反对浪费条例》（中发〔2013〕13号）"第七条　党政机关应当加强预算编制管理，按照综合预算的要求，将各项收入和支出全部纳入部门预算。第八条　党政机关应当遵循先有预算、后有支出的原则，严格执行预算，严禁超预算或者无预算安排支出，严禁虚列支出、转移或者套取预算资金。第二十一条　党政机关应当严格执行国内公务接待标准，实行接待费支出总额控制制度"的规定。

规范处理：应加强国内公务接待的管理，坚持有利公务、务实节俭原则，建立健全接待审批和接待清单制度，严控接待范围、陪餐人数、菜肴档次等，从严控制接待规模。加强公务接待预算管理，全部公务接待费用纳入预算并单独列示。遵循先有预算、后有支出的原则，强化预算刚性约束，严格执行预算，实行接待费支出总额控制制度，禁止超预算、超标准列支接待费用。

30. 超标准列支公务接待费

××监测中心所在地区公务接待标准为每人每餐100元，陪餐人数不超过接待人数的三分之一。2019年7月，××事业单位一行5人到该中心参观学习，该中心按规定接待一次，陪餐4人，列支公务接待费1430元，人均159元，超出所在地区公务接待标准。

违反规定：上述事项不符合《党政机关国内公务接待管理规定》（中办发〔2013〕22号）"第四条　各级党政机关公务接待管理部门应当结合当地实际，完善国内公务接待管理制度，制定国内公务接待标准。第十条　接待对象应当按照规定标准自行用餐。确因工作需要，接待单位可以安排工作餐一次，并严格控制陪餐人数。接待对象在10人以内的，陪餐人数不得超过3人；超过10人的，不得超过接待对象人数的三分之一。工作餐应当供应家常菜，不得提供鱼翅、燕窝等高档菜肴和用野生保护动物制作的菜肴，不得提供香烟和高档酒水，不得使用私人会所、高消费餐饮场所"的规定。

上述事项不符合《党政机关厉行节约反对浪费条例》（中发〔2013〕13号）"第二十一条　党政机关应当严格执行国内公务接待标准，实行接待费支出总额控制制度"的规定。

规范处理：应加强对国内公务接待的管理，坚持有利公务、务实节俭原则，建立健全接待审批和接待清单制度，严控接待范围、陪餐人数、菜肴档次等，从严控制接待规模。强化接待费报销管理，加强对报销单据、支出标准的审核，未经批准以及超范围、超标准开支的接待费用，一律不予报销。

31. 公务接待费中列支其他费用

××管理局为财政补助事业单位，共有32名职工。按照该局规定，每名职工每月发放误餐费40元。2018年，该局公务接待费预算4万元，截至12月月初，尚有1.5万元结余。经该局领导签字批准，在"公务接待费"科目中列支下半年应发放的误餐费7680元。

违反规定：上述事项不符合《党政机关国内公务接待管理规定》（中办发〔2013〕22号）"第十二条　各级党政机关应当加强对国内公务接待经费的预算管理，合理限定接待费预算总额。公务接待费用应当全部纳入预算管理，单独列示。禁止在接待费中列支应当由接待对象承担的差旅、会议、培训等费用，禁止以举办会议、培训为名列支、转移、隐匿接待费开支；禁止向下级单位及其他单位、企业、个人转嫁接待费用，禁止在非税收入中坐支接待费用；禁止借公务接待名义列支其他支出"的规定。

上述事项不符合《行政事业单位内部控制规范（试行）》（财会〔2012〕21号）"第二十九条　单位应当建立健全支出内部管理制度，确定单位经济活动的各项支出标准，明确支出报销流程，按照规定办理支出事项。单位应当合理设置岗位，明确相关岗位的职责权限，确保支出申请和内部审批、付款审批和付款执行、业务经办和会计核算等不相容岗位相互分离"的规定。

规范处理：应加强公务接待预算管理，科学合理编报公务接待费预算，合理限定接待费预算总额。完善接待费报销制度，强化审批流程管理，加强对报销单据、支出标准的审核，依据财务票据、派出单位公函和接待清单据实列支，不得在公务接待费中列支与公务接待无关费用。

四、会议（培训）费

32. 虚报人数、天数套取会议（培训）费

××局是财政补助事业单位。2017—2019年，该局借每年12月召开年度工作总结会议之际，连续4次采取多列参会人员数量、多报会议时间等方式，将会议费支付到政府综合会议中心、蓝天宾馆等会议承办机构，共计32万元。酒店支出明细显示会议实际消费14万元，其余18万元用于该局其他支出。

2018年7月，该局以开展创新管理理念和扩展培训为由，委托××中介公司联系培训场地和培训教师，举办为期7天的培训班，向该中介公司支付培训费18万元。实际该培训班为期3天，该局要求中介公司在扣除成本5万元外，其余13万元用作该局其他支出。

违反规定：上述事项不符合《中央和国家机关会议费管理办法》（财行〔2016〕214号）"第二十七条　严禁各单位借会议名义组织会餐或安排宴请；严禁套取会议费设立'小金库'；严禁在会议费中列支公务接待费"的规定。

上述事项不符合中共中央纪委、监察部、财政部、审计署《关于在

党政机关和事业单位开展"小金库"专项治理工作的实施办法》（中纪发〔2009〕7号）"（二）专项治理内容 违反法律法规及其他有关规定，应列入而未列入符合规定的单位账簿的各项资金（含有价证券）及其形成的资产，均纳入治理范围"的规定，上述事项属于"以会议费、劳务费、培训费和咨询费等名义套取资金设立'小金库'"。

上述事项不符合《行政事业单位内部控制规范（试行）》（财会〔2012〕21号）"第三十条 （二）加强支出审核控制。全面审核各类单据。重点审核单据来源是否合法，内容是否真实、完整，使用是否准确，是否符合预算，审批手续是否齐全"的规定。

规范处理：应建立健全会议（培训）费管理制度，完善会议（培训）费报销程序，强化审批流程管理，按照批复的预算和实际发生的经济业务事项列支，建立并完善公示制度，定期将非涉密会议（培训）的名称、主要内容、参会（培训）人数、经费开支等情况进行公示。严禁虚报会议（培训）人数、天数套取资金虚列支出。对设立"小金库"的，要对主要领导、分管领导和直接责任人严肃处理。

33. 到禁止召开会议的风景名胜区开会

××单位为财政补助事业单位。2017年7月，该单位计划召开工程质量技术研讨会，本单位业务骨干37人以及相关设计、施工单位负责人26人参加会议。2017年8月，该单位通过会议服务公司在黄山市黄山景区××酒店举办工程质量技术研讨会。会议按照每人每天550元的标准执行，发生会议室租赁费2.60万元、住宿费3.42万元、自助餐费2.98万元、杂费1.38元，共计10.38万元。

违反规定：上述事项不符合《中央和国家机关会议费管理办法》（财行〔2016〕214号）"第十三条 参会人员以在京单位为主的会议不得到京外召开。各单位不得到党中央、国务院明令禁止的风景名胜区召开会议"的规定。

上述事项不符合中共中央办公厅、国务院办公厅《关于严禁党政机关到风景名胜区开会的通知》"各级党政机关一律不得到八达岭-十三陵、承德避暑山庄外八庙、五台山、太湖、普陀山、黄山、九华山、武夷山、庐山、泰山、嵩山、武当山、武陵源（张家界）、白云山、桂林漓江、三亚热带海滨、峨眉山-乐山大佛、九寨沟-黄龙、黄果树、西双版纳、华山21个风景名胜区召开会议"的规定。

规范处理：应建立健全会议管理制度，严格会议计划、预算的编报和审批，优先使用价格低于会议综合定额标准的单位内部会议室、礼堂、宾馆、招待所、培训中心，作为会议场所。对无外地代表且会议规模能够在单位内部会议室安排的会议，原则上在单位内部会议室召开，不安排住宿，严禁到中央明令禁止的风景名胜区开会。加强报销审核，对违反有关规定的不予报销。

34. 转嫁、摊派会议（培训）费

××局为财政补助事业单位。2018年1月，该局召开2017年度工作会议，由下属企业××公司具体承办并承担会议费用，总计花费2.46万元。会议签到表列示实际参会人员50人。经核实，参会人员中仅有××公司5人，其余45人均为该局及其下属事业单位人员。

2018年6月，该局召开××技术应用推广培训班，下属6个基层单位的105名技术骨干参加培训，培训时长3天，共计花费17.32万元。培训结束后，该局要求参训人员按照每人每天450元标准结算，由承办机构开具培训费发票后，回各单位报销，总计14.18万元，其余费用在该局报销。

违反规定：上述事项不符合《中央和国家机关会议费管理办法》（财行〔2016〕214号）"第十六条　会议费由会议召开单位承担，不得向参会人员收取，不得以任何方式向下属机构、企事业单位、地方转嫁或摊派"的规定。

上述事项不符合《中央和国家机关培训费管理办法》（财行〔2016〕540号）"第十九条　培训费由培训举办单位承担，不得向参训人员收取任何费用"的规定。

上述事项不符合《行政事业单位内部控制规范（试行）》（财会〔2012〕21号）"第二十二条　单位应当根据批复的预算安排各项收支，确保预算严格有效执行"的规定。

规范处理：应建立健全会议（培训）费管理制度，严格会议（培训）计划、预算的编报和审批，完善会议（培训）费报销程序，强化审批流

程管理，按照批复的预算和实际发生的经济业务事项据实列支，不得向参会（训）人员收取会议（培训）费，不得以任何方式向下属企事业单位转嫁或摊派。建立并完善公示制度，定期将非涉密会议（培训）的名称、主要内容、参会（训）人数、经费开支等情况进行公示。

35. 超标准列支会议费

××研究所为财政补助事业单位。2017年8月，该所决定在青岛××酒店举办业务研讨会。会议按照每人每天住宿550元，午、晚餐各135元的标准执行。参会人员41人，会期3天，共计花费12.09万元，平均每人每天982.93元。

违反规定：上述事项不符合《中央和国家机关会议费管理办法》（财行〔2016〕214号）"第三条 各单位召开会议应当坚持厉行节约、反对浪费、规范简朴、务实高效的原则，严格控制会议数量和规模，规范会议费管理。第十五条 会议费开支实行综合定额控制，各项费用之间可以调剂使用。综合定额标准是会议费开支的上限。各单位应在综合定额标准以内结算报销"的规定。

规范处理：应从严控制会议天数和参会人员规模，严格执行会议费综合定额标准，完善会议（培训）费报销程序，强化审批流程管理，对于超范围、超标准开支的会议费用，一律不予报销，四类会议会期不得超过2天，参会人员不得超过50人，会议每人每天费用不得超过550元。建立并完善公示制度，定期将非涉密会议（培训）的名称、主要内容、参会（培训）人数、经费开支等情况进行公示。

36. 报销会议（培训）费手续不完整

××局为财政补助事业单位。2018年1月，该局报销与××大学联合召开的××会议费3.2万元，原始凭证仅附有会议发票，未附会议通知、签到表、明细清单等。2018年3月，该局报销××培训费1.7万元，原始报销凭证仅有发票、明细清单，未附培训签到表。

违反规定：上述事项不符合《中央和国家机关会议费管理办法》（财行〔2016〕214号）"第十七条 各单位在会议结束后应当及时办理报销手续。会议费报销时应当提供会议审批文件、会议通知及实际参会人员签到表、定点会议场所等会议服务单位提供的费用原始明细单据、电子结算单等凭证。财务部门要严格按规定审核会议费开支,对未列入年度会议计划,以及超范围、超标准开支的经费不予报销"的规定。

上述事项不符合《中央和国家机关培训费管理办法》(财行〔2016〕540号)"第十七条 报销培训费,综合定额范围内的,应当提供培训计划审批文件、培训通知、实际参训人员签到表以及培训机构出具的收款票据、费用明细等凭证"的规定。

上述事项不符合《行政事业单位内部控制规范(试行)》(财会〔2012〕21号)"第二十九条 单位应当建立健全支出内部管理制度,确定单位经济活动的各项支出标准,明确支出报销流程,按照规定办理支出事项。单位应当合理设置岗位,明确相关岗位的职责权限,确保支出申请和内部审批、付款审批和付款执行、业务经办和会计核算等不相容岗位相互分离"的规定。

规范处理:应完善会议(培训)费报销程序,强化审批流程管理,报销时应当提供会议(培训)审批文件、会议(培训)通知及实际参会(训)人员签到表、会议(培训)服务单位提供的费用原始明细单据、电子结算单等凭证,对于报销手续不全的会议(培训)费用,一律不予报销。

五、差旅费

37. 虚列差旅费套取资金

××局为财政补助事业单位。经该局局长程××授意,开展外业工作时,出差人员可以通过虚开住宿费发票的方式解决伙食费等费用。2018年7月至9月,该局8名工作人员出差,实际住宿33天,住宿发票按44天开具并履行报销程序,套取资金42436元。

违反规定:上述事项不符合《中央和国家机关差旅费管理办法》(财行〔2013〕531号)"第四条 中央单位应当建立健全公务出差审批制度。出差必须按规定报经单位有关领导批准,从严控制出差人数和天数;严格差旅费预算管理,控制差旅费支出规模;严禁无实质内容、无明确公务目的的差旅活动,严禁以任何名义和方式变相旅游,严禁异地部门间无实质内容的学习交流和考察调研。第二十六条 各单位应当加强对本单位工作人员出差活动和经费报销的内控管理，对本单位出差审批制度、差旅费预算及规模控制负责，相关领导、财务人员等对差旅费报销进行审核把关，确保票据来源合法，内容真实完整、合规"的规定。

上述事项不符合中共中央纪委、监察部、财政部、审计署《关于在党政机关和事业单位开展"小金库"专项治理工作的实施办法》（中纪发〔2009〕7号）"（二）专项治理内容　违反法律法规及其他有关规定，应列入而未列入符合规定的单位账簿的各项资金（含有价证券）及其形成的资产，均纳入治理范围"的规定，上述事项属于"以会议费、劳务费、培训费和咨询费等名义套取资金设立'小金库'"。

规范处理：应强化公务出差审批管理，严格按照事前审批的出差路线、天数履行公务出差，从严控制出差人数和天数，确保票据来源合法，内容真实完整、合规。完善差旅费报销程序，严禁通过虚假的差旅活动虚报冒领差旅费套取资金。对设立"小金库"的，要对主要领导、分管领导和直接责任人严肃处理。

38. 借出差之机公款旅游

××中心为财政补助事业单位。2016年8月10日至16日，该中心副主任王××等5人借赴新疆调研之机，擅自增加出差行程3天带领同行出差人员到喀纳斯景区旅游，并领取了旅游期间的差旅费补助2700元。

违反规定：上述事项不符合《党政机关厉行节约反对浪费条例》（中发〔2013〕13号）"第十三条　党政机关应当建立健全并严格执行国内差旅内部审批制度，从严控制国内差旅人数和天数，严禁无明确公务目的的差旅活动，严禁以公务差旅为名变相旅游，严禁异地部门间无实质内容的学习交流和考察调研"的规定。

上述事项不符合《中央和国家机关差旅费管理办法》（财行〔2013〕531号）"第四条　中央单位应当建立健全公务出差审批制度。出差必须按规定报经单位有关领导批准，从严控制出差人数和天数；严格差旅费预算管理，控制差旅费支出规模；严禁无实质内容、无明确公务目的的差旅活动，严禁以任何名义和方式变相旅游，严禁异地部门间无实质内容的学习交流和考察调研"的规定。

规范处理：应强化公务出差审批管理，严格按照事前审批的出差路线、天数履行公务出差。特殊情况需要调整的，应提供调整的事由、路线等情况说明并经相关领导审批，确保出差行程闭合、差旅活动真实、完整、合规。严禁擅自改变出差行程，严禁以公务差旅为名变相旅游。

39. 超标准报销城市间交通费

××管理局为财政补助事业单位。该局副科级工作人员张××出差购买"北京—天津"高铁一等座车票1张，出差结束后，经领导签字在单位财务报销并领取差旅补助。

违反规定：上述事项不符合《中央和国家机关差旅费管理办法》（财行〔2013〕531号）"第七条　出差人员应当按规定等级乘坐交通工具。第二十三条　城市间交通费按乘坐交通工具的等级凭据报销，订票费、经批准发生的签转或退票费、交通意外保险费凭据报销。未按规定开支差旅费的，超支部分由个人自理。第二十六条　各单位应当加强对本单位工作人员出差活动和经费报销的内控管理，对本单位出差审批制度、差旅费预算及规模控制负责，相关领导、财务人员等对差旅费报销进行审核把关，确保票据来源合法、内容真实完整、合规"的规定。

上述事项不符合《党政机关厉行节约反对浪费条例》（中发〔2013〕13号）"第十四条　国内差旅人员应当严格按规定乘坐交通工具、住宿、就餐，费用由所在单位承担"的规定。

规范处理：应强化公务出差审批管理，完善差旅费报销程序，严格按照差旅费各项开支标准执行，出差人员应当按规定等级乘坐交通工具，差旅费超标准部分一律不予报销。

40. 超标准报销住宿费

××中心为财政补助事业单位。2018年3月，该中心职工李××等3人（其中李××为处级干部，其余2人为科级干部）因公到北京出差，具体行程：3月21日9点出发，12点到北京，3月25日9点由北京返程，在北京住宿4晚，报销住宿费7440元，每人每天实际发生住宿费用620元，超过其他人员因公出差北京每人每天500元的住宿限额标准。

违反规定：上述事项不符合《中央和国家机关差旅费管理办法》（财行〔2013〕531号）"第十四条　出差人员应当在职务级别对应的住宿费标准限额内，选择安全、经济、便捷的宾馆住宿。第二十三条　住宿费在标准限额之内凭发票据实报销。未按规定开支差旅费的，超支部分由个人自理。第二十六条　各单位应当加强对本单位工作人员出差活动和经费报销的内控管理……相关领导、财务人员等对差旅费报销进行审核把关，确保票据来源合法，内容真实完整、合规"的规定。

上述事项不符合《行政事业单位内部控制规范（试行）》（财会〔2012〕21号）"第二十九条　单位应当建立健全支出内部管理制度，确定单位经济活动的各项支出标准，明确支出报销流程，按照规定办理支出事项"的规定。

规范处理：应强化公务出差审批管理，从严控制出差人数和天数，完善差旅费报销程序，严格按照差旅费各项开支标准执行，中央和国家机关处级（含）及以下工作人员赴北京出差差旅住宿标准为每人每天500元，住宿超标准部分一律不予报销。

41. 擅自改变出差行程

××研究所为财政补助事业单位。2018年3月，该所因工作需要派徐××、王××到上海进行设备购置调研，报销差旅费6530元。火车票显示：3月3日徐××、王××由单位驻地出发，3月4日到达上海，3月8日由杭州返回单位驻地，未见行程变更的审批手续。

违反规定：上述事项不符合《中央和国家机关差旅费管理办法》（财行〔2013〕531号）"第二十六条　各单位应当加强对本单位工作人员出差活动和经费报销的内控管理……相关领导、财务人员等对差旅费报销进行审核把关，确保票据来源合法，内容真实完整、合规"的规定。

上述事项不符合《行政事业单位内部控制规范（试行）》（财会〔2012〕21号）"第二十九条　单位应当建立健全支出内部管理制度，确定单位经济活动的各项支出标准，明确支出报销流程，按照规定办理支出事项"的规定。

规范处理：应强化公务出差审批管理，从严控制出差人数和天数，完善差旅费报销程序，严格按照事前审批的出差路线、天数履行公务出差，特殊情况需要调整的应提供调整的事由、路线等情况说明并经相关领导审批，确保出差行程闭合、差旅活动真实、完整、合规，严禁擅自改变出差行程。

42. 转嫁差旅费

2019年12月，××工作组到基层单位××局出差，结算住宿费时，实际发生住宿费每人每天430元，该工作组按当地差旅住宿费标准每人每天330元结算住宿费，超标准部分由××局结算。

违反规定： 上述事项不符合《党政机关厉行节约反对浪费条例》（中发〔2013〕13号）"第十四条 国内差旅人员应当严格按规定乘坐交通工具、住宿、就餐，费用由所在单位承担"的规定。

上述事项不符合《中央和国家机关差旅费管理办法》（财行〔2013〕531号）"第二十二条 出差人员应当严格按规定开支差旅费，费用由所在单位承担，不得向下级单位、企业或其他单位转嫁"的规定。

规范处理： 应按规定开支差旅费，费用由所在单位承担，不得向下级单位、企业或其他单位转嫁。应加强对差旅活动和经费报销的管理，强化差旅费报销审核把关，确保票据来源合法，内容真实完整、合规。不得超标准报销住宿费，对于超标准部分一律不予报销，对于转嫁差旅费的，依法依规追究相关单位和人员的责任。

43. 未按规定缴纳伙食费

××局为中央预算单位。2019年9月，该局技术科人员张××、李××到基层单位××站开展技术指导工作。出差期间，张××、李××多次在××站职工食堂用餐。2020年6月，在上级单位组织的食堂专项治理行动中发现，××站食堂台账显示有两人用餐记录，但未见缴纳伙食费凭据。

违反规定： 上述事项不符合《中央和国家机关差旅费管理办法》（财行〔2013〕531号）"第十八条 出差人员应当自行用餐。凡由接待单位统一安排用餐的，应当向接待单位交纳伙食费"的规定。

上述事项不符合财政部办公厅、国管局办公室、中直管理局办公室《关于规范差旅伙食费和市内交通费收交管理有关事项的通知》（财办行〔2019〕104号）"一、中央单位出差人员（以下称出差人员）出差期间按规定领取伙食补助费。除确因工作需要由接待单位按规定安排的一次工作餐外，用餐费用自行解决。出差人员需接待单位协助安排用餐的，应当提前告知控制标准，并向伙食提供方交纳伙食费"的规定。

规范处理：在单位内部食堂用餐，有对外收费标准的，出差人员按标准交纳；没有对外收费标准的，早餐按照日伙食补助费标准的20%交纳，午餐、晚餐按照日伙食补助费标准的40%交纳。在宾馆、饭店等餐饮服务单位用餐的，按照餐饮服务单位收费标准交纳相关费用。

44. 未按规定缴纳市内交通费

××管理局为中央预算单位。2019年8月1日至5日，该局副局长林××到××研究院开展项目指导，××研究院提供一辆别克GL8商务车供林××在指导期间往返现场和酒店使用。指导结束后，林××未按规定向××研究院缴纳市内交通费。

违反规定：上述事项不符合《中央和国家机关差旅费管理办法》（财行〔2013〕531号）"第二十一条 出差人员由接待单位或其他单位提供交通工具的，应向接待单位或其他单位交纳相关费用"的规定。

上述事项不符合财政部办公厅、国管局办公室、中直管理局办公室《关于规范差旅伙食费和市内交通费收交管理有关事项的通知》（财办行〔2019〕104号）"二、出差人员出差期间按规定领取市内交通费。接待单位协助提供交通工具并有收费标准的，出差人员按标准交纳，最高不超过日市内交通费标准；没有收费标准的，每人每半天按照日市内交通费标准的50%交纳"的规定。

规范处理：市内交通费是指工作人员因公出差期间发生的市内交通费用。市内交通费按出差自然（日历）天数计算，每人每天80元包干使用。市内交通应由出差人员自行解决。如果有接待单位协助提供交通工具并有收费标准的，出差人员按标准交纳，最高不超过日市内交通费标准；没有收费标准的，每人每半天按照日市内交通费标准的50%交纳。

45. 报销从驻地到机场交通费

××局为财政补助事业单位。2020年，在对该局财务收支检查时发现，该局列支2018年1月至2019年12月期间单位驻地到机场交通费共计22315元，主要为该单位人员在出差过程中发生的驻地到机场往返的大巴车、网约车、出租车等费用。该局驻地和机场在同一城市。

违反规定：上述事项不符合《中央和国家机关差旅费管理办法有关问题的解答》（财办行〔2014〕90号）"9.新修订的差旅费管理办法对市

内交通费实行包干办法，按出差自然天数每人每天80元包干使用。往返驻地和机场的交通费在按规定发放的市内交通费内统筹解决，不再另外报销"的规定。

规范处理： 应强化公务出差审批管理，完善差旅费报销程序，严格按照规定列支市内交通费，对于往返驻地和机场的交通费在按规定发放的市内交通费内统筹解决，不得另外报销。

六、其他

46. 以劳务费名义套取资金

××管理局为财政补助事业单位。2018年7月，该局与××劳务公司签订劳务合同，约定8月起由劳务公司派遣张××等10人提供××项目劳务，支付每人每月劳务费0.5万元，每月合计5.0万元。截至2019年8月，累计向劳务公司支付劳务费60.0万元。经查，张××等10人未实际提供劳务，支付的60.0万元在扣除税金及管理费后，由该局用作其他支出。

违反规定： 上述事项不符合《中华人民共和国会计法》（中华人民共和国主席令 第24号）"第九条 各单位必须根据实际发生的经济业务事项进行会计核算，填制会计凭证，登记会计账簿，编制财务会计报告。任何单位不得以虚假的经济业务事项或者资料进行会计核算。第十六条 各单位发生的各项经济业务事项应当在依法设置的会计账簿上统一登记、核算，不得违反本法和国家统一的会计制度的规定私设会计账簿登记、核算"的规定。

上述事项不符合中共中央纪委、监察部、财政部、审计署《关于在党政机关和事业单位开展"小金库"专项治理工作的实施办法》（中纪发〔2009〕7号）"（二）专项治理内容 违反法律法规及其他有关规定，应列入而未列入符合规定的单位账簿的各项资金（含有价证券）及其形成的资产，均纳入治理范围"的规定，上述事项属于"以会议费、劳务费、培训费和咨询费等名义套取资金设立'小金库'"。

规范处理： 单位经办业务部门对业务事项的合法性和真实性负责，财务部门对报销手续的合规性和完整性负责。财务部门应建立健全经费支出管理制度，加强对劳务费的报销审核，完善报销手续，报销劳务费时应当提供劳务发票、劳务派遣合同以及出勤记录等能证明工作成果的佐证材料。对设立"小金库"的，要对相关责任人进行严肃处理。

47. 超标准发放咨询费

××科研所为财政补助事业单位。2018年2月，该所召开××科研项目评审咨询会，按照副高级职称专家每人每天税后3000元标准发放项目咨询费。2018年4月，召开××项目审查会，为每位正高级专家发放税后咨询费2000元（咨询时间为半天）。2018年12月，在××科研项目中列支副高级专家（1人）税后咨询费6700元（咨询时间为2天）。

违反规定：上述事项不符合《中央财政科研项目专家咨询费管理办法》（财科教〔2017〕128号）"第六条 高级专业技术职称人员的专家咨询费标准为1500～2400元/人天（税后）；其他专业人员的专家咨询费标准为900～1500元/人天（税后）"的规定。

规范处理：应建立健全经费支出管理制度，规范咨询费的发放和申领，建立专家咨询费的支付审核机制，加强对专家咨询行为及专家咨询费发放的真实性、合规性的核实，严格执行咨询费发放标准并按照有关规定由单位代扣代缴个人所得税。

48. 拖欠中小企业工程物资款

××隧道局是大型国有企业，在修建××工程时，2020年3月，与××企业（中小企业）签订粉煤灰供应协议并决定于货物交付之日起30日内支付货款550万元。××企业（中小企业）按约定交付货物，但截至2020年年底，该局一直未按约定支付货款，且一直扣押该企业履约保证金，导致该企业资金紧张，无法支付员工工资，生产经营极其困难。

违反规定：上述事项不符合《保障中小企业款项支付条例》（中华人民共和国国务院令 第728号）"第八条 机关、事业单位从中小企业采购货物、工程、服务，应当自货物、工程、服务交付之日起30日内支付款项；合同另有约定的，付款期限最长不得超过60日。大型企业从中小企业采购货物、工程、服务，应当按照行业规范、交易习惯合理约定付款期限并及时支付款项。合同约定采取履行进度结算、定期结算等结算方式的，付款期限应当自双方确认结算金额之日起算"的规定。

规范处理： 应建立支付信息披露制度，在规定时间内将逾期未支付中小企业款项的合同数量、金额等信息向社会公开或公示，不得以负责人变更、履行内部付款流程、等待验收、决算审计等为由拒绝或迟延支付款项。

49. 人员经费挤占公用经费

××管理中心为财政补助事业单位。2018年12月，该中心按照有关政策规定，每月为每位职工增发交通补助200元，但鉴于该单位人员经费不足，经领导班子研究决定，由职工个人提供市内交通发票（包括公共交通有限公司通用机打发票、出租车票、网约车发票等）在公用经费中列支。截至2019年12月，该中心共计列支职工交通补助费83万元。

违反规定： 上述事项不符合《中华人民共和国预算法》（中华人民共和国主席令 第12号）"第六十三条　各部门、各单位应当加强对预算收入和支出的管理，不得截留或者动用应当上缴的预算收入，不得擅自改变预算支出的用途"的规定。

上述事项不符合《中华人民共和国预算法实施条例》（中华人民共和国国务院令 第729号）"第六十条　各级政府、各部门、各单位应当加强对预算支出的管理，严格执行预算，遵守财政制度，强化预算约束，不得擅自扩大支出范围、提高开支标准；严格按照预算规定的支出用途使用资金，合理安排支出进度"的规定。

上述事项不符合《行政事业单位内部控制规范（试行）》（财会〔2012〕21号）"第二十二条　单位应当根据批复的预算安排各项收支，确保预算严格有效执行"的规定。

规范处理： 应加强经费支出管理，严格按照批复的预算和实际发生的经济业务进行会计核算，不得擅自改变资金用途，挤占其他经费。

50. 公用经费挤占项目经费

××局为财政补助事业单位。2018年12月，该局为提高基层单位后勤保障工作业务水平，决定召开全局后勤服务经验交流会，16个基层单位主管后勤工作领导和后勤部门负责人参加会议。共发生会议室租赁费、餐费、租车费等费用1.9万元。临近年底，该局公用经费支出已经达到限额，但××监督管理项目尚有资金结余，遂在该项目列支。

违反规定： 上述事项不符合《中华人民共和国预算法》(中华人民共和国主席令　第12号)"第六十三条　各部门、各单位应当加强对预算收入和支出的管理，不得截留或者动用应当上缴的预算收入，不得擅自改变预算支出的用途"的规定。

上述事项不符合《中华人民共和国预算法实施条例》(中华人民共和国国务院令　第729号)"第六十条　各级政府、各部门、各单位应当加强对预算支出的管理，严格执行预算，遵守财政制度，强化预算约束，不得擅自扩大支出范围、提高开支标准；严格按照预算规定的支出用途使用资金，合理安排支出进度"的规定。

上述事项不符合《中央和国家机关会议费管理办法》(财行〔2016〕214号)"第五条　各单位应当严格会议费预算管理，控制会议费预算规模。会议费预算应当细化到具体会议项目，执行中不得突破。会议费应当纳入部门预算，并单独列示。第十六条　一类会议费在部门预算专项经费中列支，二、三、四类会议费原则上在部门预算公用经费中列支"的规定。

上述事项不符合《行政事业单位内部控制规范（试行）》（财会〔2012〕21号）"第二十二条　单位应当根据批复的预算安排各项收支，确保预算严格有效执行"的规定。

规范处理： 应加强项目经费管理，按照批复的项目支出预算组织项目实施，严格按照项目经费管理办法和项目开支内容进行会计核算，不得擅自改变项目经费用途。

51. 工会经费挤占公用经费

××局为财政补助事业单位。2018年年底，该局举办元旦迎新春文艺联欢会，共计花费4.7万元，其中3.2万元为联欢会服装费。该单位按有关标准在工会账户报销2.0万元服装费后，剩余1.2万元在基本支出办公费中列支。

违反规定： 上述事项不符合《基层工会经费收支管理办法》（总工办发〔2017〕32号）"第六条　基层工会经费主要用于为职工服务和开展工会活动。第二十四条　各省级工会应根据本办法的规定，结合本地区、本产业和本系统工作实际，制定具体实施细则，细化支出范围，明确开支标准，确定审批权限，规范活动开展。各省级工会制定的实施细则须报全国总工会备案。基层工会制定的相关办法须报上级工会备案"的规定。

上述事项不符合《事业单位财务规则》（财政部令 第68号）"第二十一条 事业单位的支出应当严格执行国家有关财务规章制度规定的开支范围及开支标准"的规定。

规范处理：应加强工会经费管理，完善报销手续，严格按照工会经费的开支范围和标准列支职工教育、文体宣传、集体福利等活动支出，不得擅自扩大支出范围、提高开支标准，不得挤占单位行政费用。

52. 大额资金使用未履行集体决策程序

××中心为财政补助事业单位。该中心制定的内部管理制度中，明确资金支付额在30万元（含）以上的，属于"三重一大"中的大额资金使用事项。2016年3月至2018年12月，该中心大额资金使用未经集体决策，仅由单位主要负责人签批后支付，共18笔，涉及金额756万元。

违反规定：上述事项不符合《建立健全教育、制度、监督并重的惩治和预防腐败体系实施纲要》（中发〔2005〕3号）"（十三）加强对领导机关、领导干部特别是各级领导班子主要负责人的监督。要认真检查党的路线、方针、政策和决议的执行情况，监督民主集中制及领导班子议事规则落实情况，凡属重大决策、重要干部任免、重大项目安排和大额度资金的使用，必须由领导班子集体作出决定"的规定。

规范处理：应完善"三重一大"集体决策制度，建立领导班子集体决策事项清单，明确决策范围、权限和程序。严格执行集体决策程序，并注重决策过程留痕，对于领导班子中，个人或少数人决定"三重一大"事项的，要依据有关法律法规，追究相关责任人的责任。

53. 大额使用现金

2019年，××管理局××设施改造项目正常在建，5月该局购买了一批商品混凝土，共计12.02万元，使用现金结算。

违反规定：上述事项不符合《现金管理暂行条例》（中华人民共和国国务院令 第588号）"第三条 开户单位之间的经济往来，除按本条例规定的范围可以使用现金外，应当通过开户银行进行转账结算。第五条开户单位可以在下列范围内使用现金：(七)结算起点以下的零星支出；钱款结算起点定为 1000 元"的规定。

规范处理：应建立健全公务卡结算和现金使用管理制度，公务支出应通过银行转账或使用公务卡结算，原则上不再使用现金。

54. 定期存款超期存放

××局为中央预算单位。2018 年 1 月，该局领导班子集体研究决定将银行存款基本户中不常用的 2000 万元自有资金转存为两年期定期存款。截至 2021 年 3 月，该款仍处于原定期存款状态。

违反规定：上述事项不符合财政部《中央预算单位资金存放管理实施办法》(财库〔2017〕176 号)"第六条　中央预算单位选择资金存放银行，应当采取竞争性方式或集体决策方式。第十四条　中央预算单位银行结算账户资金转存定期存款，一般在开户银行办理。中央预算单位银行结算账户内的事业收入、经营收入等除同级财政拨款收入以外的资金，在扣除日常资金支付需要后有较大规模余额的，可以转出开户银行进行定期存款，单次操作金额不少于 1000 万元。第十七条　中央预算单位在开户银行办理定期存款或将资金转出开户银行进行定期存款，应当在预测资金流量基础上，合理确定定期存款的资金规模和期限，确保资金支付需要。除按照国家规定开展保值增值管理的资金外，定期存款期限一般控制在 1 年以内（含 1 年）。第十九条　中央预算单位开展资金转出开户银行进行定期存款，定期存款到期后不需要收回使用的，可以在原定期存款银行续存，累计存期不超过 2 年。到期后不再续存以及累计存期已达到 2 年的，存款本息应当返回原开户银行，仍需转出开户银行进行定期存款的，应当重新采取竞争性方式选择定期存款银行"的规定。

规范处理：应建立健全资金存放内部控制制度，明确财务等部门职责分工，强化各环节有效制衡，防范资金存放风险。定期存款期限一般控制在 1 年以内（含 1 年）。定期存款到期后不再续存以及累计存期已达到 2 年的，应将存款本息返回原开户银行，仍需转出开户银行进行定期存款的，需重新采取竞争性方式选择定期存款银行。

55. 将职责范围内财政拨款项目对外委托

××中心为财政补助事业单位。2020 年，该中心财政拨款项目支出预算 1261.24 万元，当年将本单位职责范围内有能力有条件实施的 5 个项目中的多个专项工作对外委托给××研究院、××大学等单位，涉及金额 833.00 万元，占比 66%。

违反规定：上述事项不符合《政府购买服务管理办法》（财政部令第 102 号）"第八条　公益一类事业单位、使用事业编制且由财政拨款保障的群团组织，不作为政府购买服务的购买主体和承接主体。第九条　政府购买服务的内容包括政府向社会公众提供的公共服务，以及政府履职所需辅助性服务"的规定。

上述事项不符合财政部《关于加强和改进中央部门项目支出预算管理的通知》（财预〔2015〕82 号）附件《加强和改进中央部门项目支出预算管理工作实施方案》中"一、改进项目设置和管理方式　（一）关于项目设置规则　要按照'职责与经费相匹配'的原则确定部门内部项目实施主体"的规定。

规范处理：应严格规范对外委托业务管理，强化预算编报，明确职责范围与委托业务界限，对于职责范围内事项应由本单位实施完成，严控对外委托事项或者政府购买服务。

第四节　政　府　采　购

56. 漏编政府采购预算

××单位为中央预算单位。2017 年，××单位需要采购台式计算机 10 台，但在实施采购时，发现漏编了政府采购预算，遂采取协议供货的方式采购，涉及金额 4.68 万元。

违反规定：上述事项不符合《中华人民共和国政府采购法》（中华人民共和国主席令　第 68 号）"第二条　本法所称政府采购，是指各级国家机关、事业单位和团体组织，使用财政性资金采购依法制定的集中采购目录以内的或者采购限额标准以上的货物、工程和服务的行为。第六条　政府采购应当严格按照批准的预算执行。第七条　纳入集中采购目录的政府采购项目，应当实行集中采购"的规定。

上述事项不符合《国务院办公厅关于印发中央预算单位 2017—2018

年政府集中采购目录及标准的通知》（国办发〔2016〕96号）"三、分散采购限额标准　除集中采购机构采购项目和部门集中采购项目外，各部门自行采购单项或批量金额达到100万元以上的货物和服务的项目、120万元以上的工程项目应按《中华人民共和国政府采购法》和《中华人民共和国招标投标法》有关规定执行"的规定。

上述事项不符合《行政事业单位内部控制规范（试行）》（财会〔2012〕21号）"第三十四条　单位应当加强对政府采购业务预算与计划的管理。建立预算编制、政府采购和资产管理等部门或岗位之间的沟通协调机制"的规定。

规范处理：应完善预算编制与政府采购的沟通协调机制，根据本单位实际需求和相关标准，准确编制政府采购预算，做到应编尽编。台式计算机属于纳入集中采购目录的政府采购项目，应随同部门预算一起编报政府采购预算，并实行集中采购。

57. 采购进口产品未履行审批手续

××单位为财政补助事业单位。2017年，该单位基建项目计划采购进口设备××检测仪，预算500万元。5月，在未办理审批手续的情况下，委托××招标代理机构在中国政府采购网发布招标公告，并按照评标流程完成招标工作，签订采购合同。

违反规定：上述事项不符合《政府采购进口产品管理办法》（财库〔2007〕119号）"第七条　采购人需要采购的产品在中国境内无法获取或者无法以合理的商业条件获取，以及法律法规另有规定确需采购进口产品的，应当在获得财政部门核准后，依法开展政府采购活动"的规定。

上述事项不符合财政部办公厅《关于政府采购进口产品管理有关问题的通知》（财办库〔2008〕248号）"采购人采购进口产品时，必须在采购活动开始前向财政部门提出申请并获得财政部门审核同意后，才能开展采购活动"的规定。

上述事项不符合《行政事业单位内部控制规范（试行）》（财会〔2012〕21号）"第三十五条　单位应当加强对政府采购申请的内部审核，按照规定选择政府采购方式、发布政府采购信息。对政府采购进口产品、变更政府采购方式等事项应当加强内部审核，严格履行审批手续"的规定。

规范处理：应根据采购标的市场技术或者服务水平、供应情况和价格等，合理确定采购需求，严格控制进口产品规模。确需采购进口产品的，应当根据批复的部门预算，结合具体工作内容，对进口设备进行论证并履行报批手续，在获得同级财政部门批准后再依法开展政府采购活动。

58. 达到限额标准未履行政府采购程序

××管理局为中央预算单位。2020年，××管理局基本支出预算中包含物业服务费180万元，用于该局办公区安保、保洁等服务支出。该局以前年度一直与××物业有限责任公司合作，认为××物业有限责任公司提供的服务质量有保证，在未履行政府采购程序情况下，该局直接与××物业有限责任公司签订委托合同，按照合同约定办理支付和验收。

违反规定：上述事项不符合《国务院办公厅关于印发中央预算单位政府集中采购目录及标准（2020年版）的通知》（国办发〔2019〕55号）"三、分散采购限额标准 除集中采购机构采购项目和部门集中采购项目外，各部门自行采购单项或批量金额达到100万元以上的货物和服务的项目、120万元以上的工程项目应按《中华人民共和国政府采购法》和《中华人民共和国招标投标法》有关规定执行"的规定。

上述事项不符合《行政事业单位内部控制规范（试行）》（财会〔2012〕21号）"第三十五条 单位应当加强对政府采购申请的内部审核，按照规定选择政府采购方式、发布政府采购信息。对政府采购进口产品、变更政府采购方式等事项应当加强内部审核，严格履行审批手续"的规定。

规范处理：应根据批复的政府采购预算编制政府采购计划，按照规定选择政府采购方式，对自行采购单项或批量金额达到100万元以上的服务项目，应按《中华人民共和国政府采购法》有关规定执行。

59. 集中采购目录内的项目未集中采购

××单位是中央预算单位。2020年，该单位公用经费预算中编制有采购台式机、打印机、便携式计算机等办公设备，预算为11.57万元。在实施环节，采购人员直接根据预算中办公设备品目编制了询价函，向本地科技市场 3 家供应商发出报价邀请，最终将报价最低的××公司，确定为中标供应商，与其签订供货合同，到货后办理了价款结算。

违反规定： 上述事项不符合《中华人民共和国政府采购法》（中华人民共和国主席令 第 68 号）"第七条 纳入集中采购目录的政府采购项目，应当实行集中采购"的规定。

上述事项不符合《国务院办公厅关于印发中央预算单位政府集中采购目录及标准（2020 年版）的通知》（国办发〔2019〕55 号）"一、集中采购机构采购项目 以下项目必须按规定委托集中采购机构代理采购：一、货物类 台式计算机 便携式计算机 打印设备"的规定。

规范处理： 应根据批复的政府采购预算编制政府采购计划，加强政府采购活动管理，按规定选择政府采购方式，对台式计算机、打印机等纳入集中采购目录的政府采购项目，应当实行集中采购，不得自行采购。

60. 应公开招标而未进行公开招标

××单位是中央预算单位。2020 年，该单位××调度系统项目设备采购预算 350 万元，主要是采购安装网络交换机、服务器和工作站等设备。在实施时，技术部门提供设备技术参数，相关部门制作竞争性谈判文件，邀请以往年度与该单位有业务往来的××科技有限公司、××信息技术有限公司和××科贸有限公司参加谈判，在本单位专家库中抽取 5 名专家参加评标，最终评定××信息技术有限公司为成交供应商，成交金额为 335.78 万元，按照合同约定办理支付和验收。

违反规定： 上述事项不符合《中华人民共和国政府采购法》（中华人民共和国主席令 第 68 号）"第二十七条 采购人采购货物或者服务应当采用公开招标方式的，其具体数额标准，属于中央预算的政府采购项目，由国务院规定；属于地方预算的政府采购项目，由省、自治区、直辖市人民政府规定；因特殊情况需要采用公开招标以外的采购方式的，应当在采购活动开始前获得设区的市、自治州以上人民政府采购监督管理部门的批准"的规定。

上述事项不符合《中央预算单位政府集中采购目录及标准（2020 年版）》（国办发〔2019〕55 号）"四、公开招标数额标准 政府采购货物或服务项目，单项采购金额达到 200 万元以上的，必须采用公开招标方式"

的规定。

上述事项不符合《中央预算单位变更政府采购方式审批管理办法》(财库〔2015〕36号)"第二条 中央预算单位达到公开招标数额标准的货物、服务采购项目,需要采用公开招标以外采购方式的,应当在采购活动开始前,按照本办法规定申请变更政府采购方式"的规定。

规范处理:应加强政府采购活动管理,按规定选择政府采购方式,对于达到公开招标限额以上的政府采购项目,必须采用公开招标方式。评标委员会的专家应当从事相关领域工作满8年并具有高级职称或者具有同等专业水平,由招标人从国务院有关部门或者省、自治区、直辖市人民政府有关部门提供的专家名册或者招标代理机构的专家库内的相关专业的专家名单中确定。如需变更政府采购方式的,需先履行审批手续,待批复后再开展政府采购活动。

61. 拆分项目规避公开招标

××单位为财政补助事业单位。2017年12月,××单位××监测项目委托业务费预算370万元,主要用于气象监测设备维护。在项目实施中,将该项目分为2个采购项目,通过竞争性谈判,最终选择了2家公司:××集团有限公司和××信息科技有限公司,并与其签订合同,签订采购合同金额分别为180万元和190万元。

违反规定:以上事项不符合《中华人民共和国政府采购法》(中华人民共和国主席令 第68号)"第二十八条 采购人不得将应当以公开招标方式采购的货物或者服务化整为零或者以其他任何方式规避公开招标采购"的规定。

上述事项不符合《行政事业单位内部控制规范(试行)》(财会〔2012〕21号)"第三十五条 单位应当加强对政府采购申请的内部审核,按照规定选择政府采购方式、发布政府采购信息。对政府采购进口产品、变更政府采购方式等事项应当加强内部审核,严格履行审批手续"的规定。

规范处理:应加强政府采购活动管理,按规定选择政府采购方式,对于达到公开招标限额以上的政府采购项目,必须采用公开招标方式,不得化整为零规避公开招标。如需变更政府采购方式的,需先履行审批手续，待批复后再实施政府采购。

62. 公车维修未实行定点采购

××管理局为京内中央预算单位，配备公务用车12辆。该单位丰田汉兰达小客车需进行保养，司机张××将车开到××车辆维修店更换了轮胎、变速箱、机油、机油滤清器和空调滤清器等，费用合计8378元，取得发票后在单位报销。经核对京内单位定点维修汽车厂商列表，××车辆维修店非定点维修单位。

违反规定：上述事项不符合中共中央办公厅、国务院办公厅《党政机关公务用车管理办法》（中办发〔2017〕71号）"第二十条　实行公务用车保险、维修、加油政府集中采购和定点保险、定点维修、定点加油制度，健全公务用车油耗、运行费用单车核算和年度绩效评价制度"的规定。

上述事项不符合《中央预算单位政府集中采购目录及标准（2020年版）》（国办发〔2019〕55号）"一、集中采购机构采购项目"中"以下项目必须按规定委托集中采购机构代理采购：三、服务类　车辆维修保养及加油服务　京内单位"的规定。

规范处理：应建立健全车辆管理制度，严格执行定点保险、定点维修、定点加油的政策规定，进一步规范党政机关公务用车管理。

63. 购买公务机票未执行政府采购

××单位为财政补助事业单位。2018年5月，该单位李××因工作安排，急需由北京到广州公务出差，当天已无北京到广州的火车票。经请示单位领导，同意李××乘坐飞机前往广州，李××联系单位附近一家票务公司购买了机票。经查验该机票非政府采购公务机票。

违反规定：上述事项不符合《财政部　中国民用航空局关于加强公务机票购买管理有关事项的通知》（财库〔2014〕33号）"一、各级国家机关、事业单位和团体组织工作人员，以及使用财政性资金购买公务机票的其他人员，国内出差、因公临时出国购买机票，应当按照厉行节约和支持本国航空公司发展的原则，优先购买通过政府采购方式确定的我国航空公司航班优惠机票"的规定。

上述事项不符合《财政部　中国民用航空局关于加强公务机票购买

管理有关事项的补充通知》（财库〔2014〕180号）"二、关于购买市场低价机票问题　为进一步贯彻落实厉行节约和支持本国航空公司发展的要求，国内出差、因公临时出国购买机票，购票人可以购买市场上公务机票销售渠道外低于政府采购优惠票价的国内航空公司航班机票，购票时应当保留从各航空公司官方网站或者政府采购机票管理网站下载的出行日期机票市场价格截图等证明其低于购票时点政府采购优惠票价的材料"的规定。

规范处理：公务机票购票人应使用公务卡在政府采购机票管理网站、各航空公司直销机构或具备机票销售资质的代理机构购票。严格公务机票报销管理，购买国内航空公司航班机票的，应当以标注有政府采购机票查验号码的《航空运输电子客票行程单》作为报销凭证。购票人如购买市场上公务机票销售渠道外低于政府采购优惠票价的国内航空公司航班机票，购票时应当保留从各航空公司官方网站或者政府采购机票管理网站下载的出行日期机票市场价格截图等证明其低于购票时点政府采购优惠票价的材料。

64. 以不合理的条件对供应商实行差别待遇

××单位为财政补助事业单位。2020年，该单位××网络建设项目预算600万元，用于采购网络设备。3月2日，委托××招标代理机构在中国政府采购网发布公开招标公告，在招标文件中，服务器的品牌型号为：新华三（H3C）-机架服务器-UIS-Cell-3030-G3 12LFF，相关参数指标设置均按照该型号设备的参数设定，指定特定品牌型号使其他品牌供应商不具备竞争性。

违反规定：上述事项不符合《中华人民共和国政府采购法实施条例》（中华人民共和国国务院令　第658号）"第二十条　采购人或者采购代理机构有下列情形之一的，属于以不合理的条件对供应商实行差别待遇或者歧视待遇：（三）采购需求中的技术、服务等要求指向特定供应商、特定产品"的规定。

规范处理：采购文件中规定的各项技术标准、资格条件、商务要求，在满足项目实际需要的基础上，要保证公平竞争，不得特定标明某一个或者某几个特定的专利、商标、品牌或生产供应商，不得有倾向或者排斥潜在供应商的其他内容。如果必须引用某一品牌或生产商才能准确清楚地说明采购项目的技术标准和要求，则应当在引用某一品牌或生产供应商名称前加上"参照或相当于"的字样，而且所引用的货物品牌或生产供应商在市场上应具有可替代性。

65. 先施工后补政府采购手续

××管理局为财政补助事业单位。2020年7月19日，该局召开局长办公会议专题研究站房改造工程有关事宜，会议决定由××建筑安装公司作为项目承建单位，项目金额150万元。该公司于7月27日进驻该单位站房，8月8日工程开工建设。后该局发现该事项应履行而未履行政府采购程序，于是在9月份补办了政府采购手续。

违反规定：上述事项不符合《中华人民共和国政府采购法》（中华人民共和国主席令 第68号）"第六十四条 采购人必须按照本法规定的采购方式和采购程序进行采购。任何单位和个人不得违反本法规定，要求采购人或者采购工作人员向其指定的供应商进行采购"的规定。

规范处理：应加强政府采购活动管理，按规定选择政府采购方式，合法、合规开展采购活动，不得以任何方式指定供应商，不得先施工后补办政府采购手续。

66. 发布采购信息媒体不规范

××单位为财政补助事业单位。2017年6月，该单位采用公开招标方式选取××监测设备更新项目合作方，预算金额460万元。6月5日在该单位的网站上发布了招标信息，共有4家供应商参与投标，经专家评议，最终确定××工程有限公司为中标单位。

违反规定：上述事项不符合《中华人民共和国政府采购法》（中华人民共和国主席令 第68号）"第十一条 政府采购的信息应当在政府采购监督管理部门指定的媒体上及时向社会公开发布，但涉及商业秘密的除外"的规定。

上述事项不符合《中华人民共和国政府采购法实施条例》（中华人民共和国国务院令 第658号）"第八条 政府采购项目信息应当在省级以上人民政府财政部门指定的媒体上发布。采购项目预算金额达到国务院财政部门规定标准的，政府采购项目信息应当在国务院财政部门指定的媒体上发布"的规定。

上述事项不符合《财政部关于做好政府采购信息公开工作的通知》(财库〔2015〕135号)"(三)公开渠道。中央预算单位的政府采购信息应当在财政部指定的媒体上公开,地方预算单位的政府采购信息应当在省级(含计划单列市,下同)财政部门指定的媒体上公开。财政部指定的政府采购信息发布媒体包括中国政府采购网(www.ccgp.gov.cn)、《中国财经报》(《中国政府采购报》)、《中国政府采购杂志》、《中国财政杂志》等。省级财政部门应当将中国政府采购网地方分网作为本地区指定的政府采购信息发布媒体之一"的规定。

规范处理:应严格执行政府采购项目信息公开的有关规定,在财政部门指定的媒体上公开,确保政府采购信息发布的及时、完整、准确,实现政府采购信息的全流程公开透明。

财政部指定的政府采购信息发布媒体包括中国政府采购网(www.ccgp.gov.cn)、《中国财经报》(《中国政府采购报》)、《中国政府采购杂志》、《中国财政杂志》等。

第五节 国有资产管理

67. 超预算配置资产

××局是中央预算单位。2019年,该局年度预算新增购置办公家具2万元,主要为新入职工作人员配置办公家具。当年8月,该局计划在9月召开全局工作会议,考虑到以往配置的会议室家具已到使用年限,临时决定更换会议室办公桌椅,以提高单位整体形象。经研究,通过询价方式,确定了供应商,最终购置办公家具和会议桌椅一批,价值20万元,经验收合格,办理验收手续并入账。

违反规定:上述事项不符合《中央行政事业单位国有资产配置管理办法》(财资〔2018〕98号)"第二十一条 中央行政事业单位应当严格执行经批复的新增资产配置相关预算。新增资产配置相关预算一经批复,原则上不得调整"的规定。

规范处理:应严格执行经批复的新增资产配置预算,因特殊原因确需调整的，应向财政部提出调整新增资产配置相关预算申请，详细说明调整理由，资产的品目、数量、所需经费及其来源等，经财政部同意后方可执行。

68. 超标准配置资产

××管理局为中央行政单位。2019年，该局年度预算包含采购2台传真机。2019年6月，与××科技有限公司签订供货合同，金额9600元，单价为4800元/台。按照资产配置标准传真机价格上限为3000元/台，购买价格明显超过标准。

违反规定：上述事项不符合《中央行政单位通用办公设备家具配置标准》（财资〔2016〕27号）"第四条 本标准是中央预算标准体系和资产配置标准体系的重要组成部分，是编制和审核资产配置计划和配置预算，实施政府采购和资产处置管理等工作的基本依据。第五条 价格上限根据办公设备、家具市场行情确定，是不得超出的价格标准，具体价格由各单位结合实际，按照节约的原则合理配置。因特殊原因确需超价格上限采购的，应按规定履行审批手续"的规定。

规范处理：资产配置应当遵循资产功能、数量与单位职能相匹配，资产存量与增量相结合，厉行勤俭节约、讲求绩效和绿色环保的原则。在预算编制环节，加强与资产管理部门的沟通，根据业务需要、资产存量等情况以及资产配置标准，按要求编制新增资产配置预算。在预算执行环节，按照预算和资产配置标准执行，杜绝无预算或超标准采购。

69. 应计未计固定资产

××管理局为财政补助事业单位。2017年7月，该局购买值班用床10张，单价980元/张，共计9800元；10月，购买办公桌10张，单价950元/张，办公椅20把，单价510元/把，共计19700元，均未计入固定资产账。

违反规定：上述事项不符合《中华人民共和国会计法》（中华人民共和国主席令 第24号）"第十条 下列经济业务事项，应当办理会计手续，进行会计核算：（二）财物的收发、增减和使用"的规定。

上述事项不符合《事业单位财务规则》（财政部令 第68号）"第四十条 固定资产是指使用期限超过一年，单位价值在1000元以上（其中：

专用设备单位价值在1500元以上),并在使用过程中基本保持原有物质形态的资产。单位价值虽未达到规定标准,但是耐用时间在一年以上的大批同类物资,作为固定资产管理"的规定。

规范处理:应加强采购、资产管理与会计核算部门沟通衔接,完善资产验收入库手续,及时传递相关单据,对达到固定资产标准的应及时加计固定资产。建立健全资产清查制度,确保账实相符。

70. 办公用房长期闲置

××管理局为参照公务员法管理的事业单位。2018年,因机构改革,有两处房产划转至××管理局,面积共计10517.79m^2。该局调配使用了7763.40m^2,其余2754.39m^2房产闲置。

违反规定:上述事项不符合《财政部关于进一步规范和加强行政事业国有资产管理的指导意见》(财资〔2015〕90号)"(十七)探索建立行政事业单位资产共享共用机制,推进行政事业单位资产整合。建立资产共享共用与资产绩效、资产配置、单位预算挂钩的联动机制,避免资产重复配置、闲置浪费"的规定。

上述事项不符合《党政机关办公用房管理办法》(中办发〔2017〕70号)"第三条 党政机关办公用房管理应当遵循下列原则:(四)有效利用,统筹调剂余缺,及时依规处置,避免闲置浪费"的规定。

规范处理:应进一步加强单位办公用房管理,积极推动办公用房的统筹调剂使用,避免闲置。对不具备调剂使用条件的办公用房,可按照有关规定,交由机关事务管理部门采取转换用途、置换、出租、拍卖等方式及时处置利用。

71. 未及时收回资产

××局为中央级事业单位。2019年12月,该局按照国有资产管理规定对固定资产进行盘点,盘点时发现××处室便携式计算机少1台。经查阅固定资产使用登记表,发现该计算机最后一次领用日期为2019年1月,领用人为张××,当年6月已退休,退休时未归还。

违反规定:上述事项不符合《中央级事业单位国有资产使用管理暂行办法》(财教〔2009〕192号)"第十三条 中央级事业单位应建立资产领用交回制度。资产领用应经主管领导批准。资产出库时保管人员应及时办理出库手续。办公用资产应落实到人,使用人员离职时,所用资产应按规定交回"的规定。

规范处理:应建立健全资产领用、回收管理制度,规范资产使用手续,在资产使用人员工作变动或退休时,应当及时办理资产交接手续,督促其按规定交回所用资产。加强对固定资产的日常监督检查,定期盘点固定资产,确保账实相符。

72. 未经审批出租资产

××局为中央级事业单位,在××市拥有 1 栋综合服务楼,资产原值 878 万元,面积 11500m^2。2018 年,该局召开局长办公会议,研究决定将房屋对外出租并形成会议纪要,但未上报审批文件。7 月 20 日发布了招租公告,经与 3 家有意向的公司谈判,最终与××有限公司签订租赁合同,租期为 5 年,租金为 200 万元/年。

违反规定:上述事项不符合《中央级事业单位国有资产使用管理暂行办法》(财教〔2009〕192 号)"第三十条 中央级事业单位国有资产出租、出借,资产单项或批量价值在 800 万元人民币以上(含 800 万元)的,经主管部门审核后报财政部审批"的规定。

上述事项不符合《行政事业单位内部控制规范(试行)》(财会〔2012〕21 号)"第四十四条(二)按照国有资产管理相关规定,明确资产的调剂、租借、对外投资、处置的程序、审批权限和责任"的规定。

规范处理:应加强国有资产出租管理,按照相关规定,对资产出租事项进行可行性论证,经单位领导班子集体研究决策,并按程序上报审批文件,经批准后方可出租。

73. 长期、低价出租资产

××局为中央级事业单位。2017 年,该局购买一批实验室设备,金额 300 万元,使用 1 年后,已完成相关科研任务。由于该批设备专业性较高,使用频率较低,2018 年 7 月,该局决定出租给××科技有限公司使用,租期为 10 年,租金为 4 万元/年,明显低于市场价格。

违反规定:上述事项不符合《中央级事业单位国有资产使用管理暂行办法》(财教〔2009〕192 号)"第三十四条 中央级事业单位国有资产出租,原则上应采取公开招租的形式确定出租的价格,必要时可采取评审或者资产评估的办法确定出租的价格。中央级事业单位利用国有资产出租、出借的，期限一般不得超过五年"的规定。

规范处理：资产出租应进行可行性论证，由单位领导班子集体研究决策后，按规定的权限履行审批程序，经批准后方可对外出租。原则上应采取公开招租的形式确定出租价格，必要时可采取评审或者资产评估的办法确定出租的价格。出租期限一般不得超过五年。

74. 未经审批处置资产

××局为中央级事业单位。该局有××专用设备1套，购置于1996年，价值105.66万元，至2018年已超过使用年限，无法继续使用。按照资产处置管理权限，该资产处置应由上级单位进行审批，但该局在未履行审批手续的情况下，于2018年6月将该设备进行处置。

违反规定：上述事项不符合《事业单位国有资产管理暂行办法》（财政部令 第36号）"第二十五条 事业单位处置国有资产，应当严格履行审批手续，未经批准不得自行处置"的规定。

上述事项不符合《中央行政事业单位国有资产处置管理办法》（国管资〔2009〕168号）"第三十一条 各部门经批准变卖或报废的资产，应当通过资产处置平台实行进场交易或统一回收处理"的规定。

上述事项不符合《行政事业单位内部控制规范（试行）》（财会〔2012〕21号）"第四十四条（二）按照国有资产管理相关规定，明确资产的调剂、租借、对外投资、处置的程序、审批权限和责任"的规定。

规范处理：应加强国有资产处置管理，按照相关规定要求，定期盘点资产，参照各类资产不同使用年限的规定和具体使用情况，拟定资产报废清单。根据资产处置审批权限履行资产处置审批程序，批准后再公开处置资产。

75. 未及时办理产权变更

××管理局为中央级事业单位，××中心为其下属单位。2018年5月，根据工作需要，××管理局将其2012年购置的2辆大众帕萨特小汽车调入××中心使用，并按照资产管理规定办理调拨手续。××中心根据调拨手续将车辆计入固定资产账，同时办理实物移交手续，但一直未办理产权变更。

违反规定：上述事项不符合《中央行政事业单位国有资产处置管理办法》（国管资〔2009〕168号）"第十四条　车辆资产处置方式包括置换、厂家回收、调剂、公开拍卖、变卖、捐赠、报废和报损等。第三十四条　各部门应当根据资产处置批复，按规定及时调整资产、财务账目，办理产权变动登记等相关手续"的规定。

规范处理：应加强资产产权管理，理清权属关系，对土地、房屋、船舶和车辆等涉及产权登记的资产进行定期检查，资产发生产权变更时，及时办理产权变更登记并进行账务处理，确保国有资产安全完整。

76. 未定期盘点资产

××管理局为中央级事业单位。2016年12月，该局在资产清查工作中，对照固定资产明细账进行实物盘点，发现如下情况：2014年12月购买的合同信息管理系统软件，原值13.21万元，已不使用；2012年11月购买的2台笔记本电脑，单价0.69万元，实物已不存在；1999年12月购买的上海别克小轿车，车牌号×××157，原值36.90万元，2016年1月已在××市公安局交通警察大队车辆管理所注销。以上固定资产明细账登记使用状态为"在用"。固定资产定期盘点表最后一次固定资产盘点日期为2012年12月5日，已有4年未对固定资产进行定期盘点。

违反规定：上述事项不符合《中央级事业单位国有资产使用管理暂行办法》（财教〔2009〕192号）"第十条　中央级事业单位资产自用管理应本着实物量和价值量并重的原则，对实物资产进行定期清查，完善资产管理账表及有关资料，做到账账、账卡、账实相符，并对资产丢失、毁损等情况实行责任追究制度"的规定。

上述事项不符合《行政事业单位内部控制规范》（财会〔2012〕21号）"第四十四条　单位应当加强对实物资产和无形资产的管理，明确相关部门和岗位的职责权限，强化对配置、使用和处置等关键环节的管控。（三）建立资产台账，加强资产的实物管理。单位应当定期清查盘点资产，确保账实相符。财会、资产管理、资产使用等部门或岗位应当定期对账，发现不符的，应当及时查明原因，并按照相关规定处理"的规定。

规范处理：应加强对实物资产的管理，明确相关部门和岗位的职责

第一章 典型案例及分析

权限，建立健全固定资产定期盘点制度，及时清理报废报损、核销、转让、置换、无偿调拨、对外捐赠等资产，做到账实相符，对不符的，应当及时查明原因，并按照相关规定处理。

77. 未及时履行资产报废程序

××信息中心为中央级事业单位。2017 年年底，该中心对固定资产进行清查盘点，仓库中有无法继续使用的台式机 30 台、便携式计算机 20 台、打印机 20 台和传真机 15 台。经核对固定资产台账，以上资产购置年份在 2003 年至 2005 年，使用年限均在 10 年以上，功能已丧失，无法继续使用，尚未办理报废手续。

违反规定： 上述事项不符合《中央级事业单位国有资产处置管理暂行办法》（财教〔2008〕495 号）"第八条　中央级事业单位国有资产处置的范围包括：闲置资产，报废、淘汰资产，产权或使用权转移的资产，盘亏、呆账及非正常损失的资产，以及依照国家有关规定需要处置的其他资产"的规定。

规范处理： 应加强国有资产处置管理，按照相关规定要求，定期盘点资产，参照各类资产不同使用年限的规定和具体使用情况，拟定资产报废清单。严格履行审批手续，根据资产处置审批权限履行资产处置审批程序，批准后再公开处置资产，未经批准不得自行处置。

第六节　基建财务管理

78. 虚列建设成本套取资金

2020 年，××局××治理工程项目正常在建。6 月，施工单位申报该项目第 1 期工程进度款 101.58 万元，其中完成钢筋混凝土底板工程量 273.64m³、价款 17.44 万元。经监理单位审核、项目法人审批后，7 月××财政局国库支付中心向施工单位支付工程款 101.58 万元，该局将其列入该项目建设成本。项目全部完工后，经现场检查发现，钢筋混凝土底板工程未实施。

违反规定： 上述事项不符合《中华人民共和国会计法》（中华人民共和国主席令　第 24 号）"第九条　各单位必须根据实际发生的经济业务事

项进行会计核算,填制会计凭证,登记会计账簿,编制财务会计报告。任何单位不得以虚假的经济业务事项或者资料进行会计核算"的规定。

上述事项不符合《建设工程价款结算暂行办法》(财建〔2004〕369号)"第十三条 工程进度款结算与支付应当符合下列规定:(二)工程量计算 1、承包人应当按照合同约定的方法和时间,向发包人提交已完工程量的报告。发包人接到报告后14天内核实已完工程量,并在核实前1天通知承包人,承包人应提供条件并派人参加核实,承包人收到通知后不参加核实,以发包人核实的工程量作为工程价款支付的依据。发包人不按约定时间通知承包人,致使承包人未能参加核实,核实结果无效。

2、发包人收到承包人报告后14天内未核实完工程量,从第15天起,承包人报告的工程量即视为被确认,作为工程价款支付的依据,双方合同另有约定的,按合同执行"的规定。

规范处理: 项目法人应建立健全建设项目管理制度,加强建设项目实施管理,对项目实施的真实性负责,严格执行项目的投资概算、质量标准和建设工期等要求。施工单位应按照实际工程量申请价款结算,监理单位和项目法人应对价款结算申请资料进行核实和审批。财务部门应对报销手续的合规性和完整性负责,支付工程进度款时,严格按照监理单位和项目法人确认的工程量作为工程价款结算的依据,计入项目建设成本。

79. 未经批准变更建设内容

2017年12月,××研究院获批建设一幢科研楼,概算批复建筑面积6000m^2、5层高,中央预算内投资12000万元。该研究院未经批准增加建设内容、扩大建设规模,实际建成后的科研楼为6层,建筑面积为7200m^2,投资总额14417万元。

违反规定: 上述事项不符合《基本建设财务规则》(财政部令 第81号)"第十一条 项目建设单位应当根据批准的项目概(预)算、年度投资计划和预算、建设进度等控制项目投资规模。第十八条 项目建设单位应当严格执行项目财政资金预算。对发生停建、缓建、迁移、合并、分立、重大设计变更等变动事项和其他特殊情况确需调整的项目,项目建设单位应当按照规定程序报项目主管部门审核后,向财政部门申请调整项目财政资金预算"的规定。

上述事项不符合《中央预算内直接投资项目管理办法》(国家发展和改革委员会令 第7号)"第二十七条 项目由于政策调整、价格上涨、地质条件发生重大变化等原因确需调整投资概算的,由项目单位提出调整方案,按照规定程序报原概算核定部门核定。概算调增幅度超过原批复概算百分之十的,概算核定部门原则上先商请审计机关进行审计,并依据审计结论进行概算调整"的规定。

上述事项不符合《行政事业单位内部控制规范(试行)》(财会〔2012〕21号)"第五十二条 经批准的投资概算是工程投资的最高限额,如有调整,应当按照国家有关规定报经批准。单位建设项目工程洽商和设计变更应当按照有关规定履行相应的审批程序"的规定。

规范处理:应加强建设项目实施管理,严格执行项目投资概算、质量标准和建设工期等要求,确需调整投资概算的,由项目实施单位提出调整方案,按照规定程序报原概算核定部门核定。未经批准擅自调整建设标准或者投资规模、改变建设地点或者建设内容的,对直接负责的主管人员和其他直接责任人员,依法追究行政或者法律责任。

80. 超进度支付工程款

2019年4月,××所中央基建投资项目室内外装修改造工程到位资金450.00万元。6月,该所与××装修公司签订了装修施工合同,金额403.87万元,其中:室内地面重铺地砖、重刷室内墙壁、整修所有洗手间133.87万元,室外墙面干挂石材和贴瓷砖270.00万元。合同约定:签订合同后七日内预付工程款的30%,根据工程实际进度支付至工程款的90%,待工程完工验收合格后,支付合同尾款。截至2019年12月31日,该项目室外墙面工程已全部完工,室内地砖、墙壁、洗手间均未整修,但该所已向××装修公司支付了90%的工程款363.48万元。

违反规定:上述事项不符合《基本建设财务规则》(财政部令 第81号)"第二十八条 项目建设单位应当严格按照合同约定和工程价款结算程序支付工程款"的规定。

上述事项不符合《行政事业单位内部控制规范(试行)》(财会〔2012〕21号)"第五十条 财会部门应当加强与建设项目承建单位的沟

通，准确掌握建设进度，加强价款支付审核，按照规定办理价款结算。第五十七条 财会部门应当根据合同履行情况办理价款结算和进行账务处理。未按照合同条款履约的，财会部门应当在付款之前向单位有关负责人报告"的规定。

规范处理：应建立健全建设项目管理制度，加强建设项目实施管理，及时掌握项目建设进度，加强价款支付审核，在办理价款结算时，应以合同约定为依据，按施工单位和监理单位确认的实际完成工程量，在履行结算程序后支付工程款。

81. 基本支出挤占基建项目支出

××中心为财政补助事业单位。2018年9月，该中心在××设施更新改造基本建设项目中购置了45张办公桌、54把办公椅、35组文件柜，共计10.06万元，主要由该中心办公室、技术科、审监科、工会等科室以及会议室使用，属于日常办公所需，与该项目无关。

违反规定：上述事项不符合《基本建设财务规则》（财政部令 第81号）"第九条 财政资金管理应当遵循专款专用原则，严格按照批准的项目预算执行，不得挤占挪用。第二十二条 项目建设单位应当严格控制建设成本的范围、标准和支出责任，以下支出不得列入项目建设成本：（一）超过批准建设内容发生的支出；（七）其他不属于本项目应当负担的支出"的规定。

规范处理：应建立健全建设项目管理制度，明确建设管理费使用范围，加强项目经费报销管理，遵循基本建设资金专款专用的原则，不得擅自扩大支出范围，不得列支与项目建设成本无关的支出，不得挤占、挪用基本建设资金。

82. 未及时编制竣工财务决算

2017年10月，××管理局新建××水库，批复概算投资1.47亿元。2019年2月水库建成并投入使用，3月该局对××水库暂估入账，价值1.47亿元。截至2020年12月31日，该局仍未编制竣工财务决算。

违反规定：上述事项不符合《基本建设项目竣工财务决算管理暂行办法》（财建〔2016〕503号）"第二条 基本建设项目完工可投入使用或者试运行合格后，应当在3个月内编报竣工财务决算，特殊情况确需延长的，中小型项目不得超过2个月，大型项目不得超过6个月"的规定。

上述事项不符合《基本建设财务规则》（财政部令 第81号）"第三十三条 项目建设单位在项目竣工后，应当及时编制项目竣工财务决算，并按照规定报送项目主管部门"的规定。

上述事项不符合《行政事业单位内部控制规范（试行）》（财会〔2012〕21号）"第五十三条 建设项目竣工后，单位应当按照规定的时限及时办理竣工决算，组织竣工决算审计，并根据批复的竣工决算和有关规定办理建设项目档案和资产移交等工作"的规定。

规范处理：应在基本建设项目完工可投入使用或者试运行合格后，做好竣工财务决算前初步设计、投资计划、预算文件及合同、价款结算等资料的收集整理，以及合同（协议）、债权债务、应移交资产等清理工作。加强概（预）算执行分析，对满足编制条件的基建项目应在规定时限内编制竣工财务决算，履行竣工决算审计手续，并根据批复的竣工决算和有关规定及时办理资产移交。

83. 未经批准超支建设管理费

××局为中央级预算单位。2018年2月，该局获批实施××加固工程，工程总投资1698.00万元，其中：项目建设管理费47.43万元，工期2年。2020年4月工程完工，实际列支建设管理费52.17万元，建设管理费超支未经主管部门审核批准。

违反规定：上述事项不符合《基本建设项目建设成本管理规定》（财建〔2016〕504号）"第六条 建设地点分散、点多面广、建设工期长以及使用新技术、新工艺等项目，项目建设管理费确需超过上述开支标准的，中央级项目，应当事前报项目主管部门审核批准，并报财政部备案，未经批准的，超标准发生的项目建设管理费由项目建设单位用自有资金弥补；地方级项目，由同级财政部门确定审核批准的要求和程序"的规定。

规范处理：项目建设管理费应实行总额控制，分年度据实列支。对于确需超过开支标准的中央级项目，应事前按照规定报批，未经批准超支的项目建设管理费应由项目建设单位用自有资金弥补；地方级项目，应按照同级财政部门确定的审核批准要求和程序办理。

84. 未及时交付使用资产

2019年2月，××管理处××基础设施建设工程全部完工。5月，该管理处编制完成竣工财务决算。8月该项目竣工验收合格，建成的道路、桥梁、供电系统等均已正常投入使用。截至2019年12月31日，仍未办理资产交付使用手续。

违反规定： 上述事项不符合《基本建设财务规则》（财政部令 第81号）"第四十二条 项目竣工验收合格后应当及时办理资产交付使用手续，并依据批复的项目竣工财务决算进行账务调整"的规定。

上述事项不符合《政府会计准则第3号——固定资产》（财会〔2016〕12号）"第十条 政府会计主体自行建造的固定资产，其成本包括该项资产至交付使用前所发生的全部必要支出。在原有固定资产基础上进行改建、扩建、修缮后的固定资产，其成本按照原固定资产账面价值加上改建、扩建、修缮发生的支出，再扣除固定资产被替换部分的账面价值后的金额确定。为建造固定资产借入的专门借款的利息，属于建设期间发生的，计入在建工程成本；不属于建设期间发生的，计入当期费用。已交付使用但尚未办理竣工决算手续的固定资产，应当按照估计价值入账，待办理竣工决算后再按实际成本调整原来的暂估价值"的规定。

上述事项不符合《行政事业单位内部控制规范（试行）》（财会〔2012〕21号）"第五十三条 建设项目竣工后，单位应当按照规定的时限及时办理竣工决算，组织竣工决算审计，并根据批复的竣工决算和有关规定办理建设项目档案和资产移交等工作。建设项目已实际投入使用但超时限未办理竣工决算的，单位应当根据对建设项目的实际投资暂估入账，转作相关资产管理"的规定。

规范处理： 应在项目竣工后，及时编制竣工财务决算，并进行竣工决算审计和竣工验收，根据批复的竣工决算和有关规定办理建设项目档案和资产移交等工作。

85. 未及时处置项目结余资金

××中心××设施建设项目投资4820.00万元，全部为中央预算内投资。2018年12月该项目完工。2019年3月，该中心编制完成竣工财务决算，项目实际完成投资4769.26万元，形成竣工结余资金50.74万元。6

月,该项目竣工验收合格,并办理了资产交付使用手续。截至 2019 年 12 月 31 日,该中心仍未将竣工结余资金 50.74 万元上缴财政。

违反规定:上述事项不符合《基本建设财务规则》(财政部令 第 81 号)"第四十八条 非经营性项目结余资金,首先用于归还项目贷款。如有结余,按照项目资金来源属于财政资金的部分,应当在项目竣工验收合格后 3 个月内,按照预算管理制度有关规定收回财政"的规定。

规范处理:应在项目竣工验收合格后,根据项目性质,分情况处理结余资金:经营性项目结余资金,转入单位的相关资产;非经营性项目结余资金,首先用于归还项目贷款,如有结余,按照项目资金来源属于财政资金的部分,应在项目竣工验收合格后 3 个月内,按照预算管理制度有关规定上缴财政。

第七节 合同管理

86. 未经授权签订合同

××服务中心为财政补助事业单位。2018 年年初,该中心决定将属于本单位的 6 间临街门面房对外出租,每间房 20m²,由后勤科张××负责实施。根据资产管理要求,该中心办理了房屋出租审批文件,并获得上级批复。2 月 10 日,未经单位授权,张××以该中心名义,与承租人签订了房屋租赁合同,租期 3 年,房租 20000 元/月。

违反规定:上述事项不符合《中华人民共和国合同法》(中华人民共和国主席令 第 15 号)"第四十八条 行为人没有代理权、超越代理权或者代理权终止后以被代理人名义订立的合同,未经被代理人追认,对被代理人不发生效力,由行为人承担责任。相对人可以催告被代理人在一个月内予以追认。被代理人未作表示的,视为拒绝追认。合同被追认之前,善意相对人有撤销的权利。撤销应当以通知的方式作出"的规定。

上述事项不符合《行政事业单位内部控制规范(试行)》(财会〔2012〕21 号)"第五十四条 单位应当合理设置岗位,明确合同的授权审批和签署权限,妥善保管和使用合同专用章,严禁未经授权擅自以单位名义对外签订合同,严禁违规签订担保、投资和借贷合同"的规定。

规范处理： 应建立健全合同内部管理制度，明确合同的授权审批和签署权限，根据合同金额及内容实行分级审签，并严格履行审签程序。合同专用章由专人保管，任何部门和个人不得借用、代用合同专用章，不得在未取得授权、超越签约权或授权终止后，以单位名义擅自对外签订合同。

87. 合同签订主体资格无效

××中心为财政补助事业单位。2019年10月8日，该中心与××汽车租赁有限公司签订租车合同，租赁期间为2019年10月8日至2020年10月7日，租金12万元。2020年4月支付6万元，2020年10月支付剩余6万元。后经查询发现，××汽车租赁有限公司工商注册时间为2019年10月20日，合同签订时，该公司主体资格无效。

违反规定： 上述事项不符合《中华人民共和国合同法》（中华人民共和国主席令 第15号）"第九条 当事人订立合同，应当具有相应的民事权利能力和民事行为能力。当事人依法可以委托代理人订立合同"的规定。

规范处理： 应建立合同签订审查机制，在合同签订前，对合同对象进行严格审查，包括营业执照、税务登记、银行账户、资质等级等信息，避免签订合同的主体不具备相应的民事行为能力，导致合同无效。

88. 先实施后签订合同

××研究院为财政补助事业单位。2018年6月，该院与刘××签订房屋租赁合同，合同约定租赁期为30个月，自2016年1月1日起至2018年6月30日止，租金0.32万元/月，共计9.6万元。该租金在2018年6月底前一次性付清。合同签订时间与合同终止日为同一天，属于补签合同。

违反规定： 上述事项不符合《中华人民共和国合同法》（中华人民共和国主席令 第15号）"第三十二条 当事人采用合同书形式订立合同的，自双方当事人签字或者盖章时合同成立。第四十四条 依法成立的合同，自成立时生效"的规定。

规范处理： 应建立健全合同内部管理制度，强化合同的事前、事中和事后监管，确保在经济业务事项发生之前，规范签订合同，严格履行合同约定，并建立对合同管理情况的定期检查机制，不得出现倒签、补签合同。

89. 合同内容约定不明确

××建管中心为财政补助事业单位。2018年2月，该中心与××工程公司签订了××监测用房工程建设合同，金额51.26万元。合同中约定了金额、付款方式、主要施工内容、工期、材料等，但未约定具体建设质量标准、质量保证期等内容。

违反规定：上述事项不符合《中华人民共和国合同法》（中华人民共和国主席令 第15号）"第二百七十五条 施工合同的内容包括工程范围、建设工期、中间交工工程的开工和竣工时间、工程质量、工程造价、技术资料交付时间、材料和设备供应责任、拨款和结算、竣工验收、质量保修范围和质量保证期、双方相互协作等条款"的规定。

上述事项不符合《行政事业单位内部控制规范（试行）》（财会〔2012〕21号）"第五十五条 单位应当加强对合同订立的管理，明确合同订立的范围和条件。对于影响重大、涉及较高专业技术或法律关系复杂的合同，应当组织法律、技术、财会等工作人员参与谈判，必要时可聘请外部专家参与相关工作。谈判过程中的重要事项和参与谈判人员的主要意见，应当予以记录并妥善保管"的规定。

规范处理：应建立健全合同内部管理制度，对合同谈判、订立等各环节加强管理，确保合同约定明确、内容完整，规避合同纠纷带来的法律风险。对合同一般条款约定不明确或没有约定的，可以协议补充，不能达成补充协议的，按照合同有关条款或者交易习惯确定。

90. 未按合同约定预留质量保证金

2019年2月，××建管中心与××工程公司签订了××机房改造施工合同，金额40.3万元。合同约定：工程竣工验收合格后支付至97%工程款，剩余3%作为工程质量保证金，至质保期满1年后支付。11月，该中心按照合同约定进行了验收。截至2019年年底，该中心全额支付合同款。

违反规定：上述事项不符合《建设工程质量保证金管理办法》（建质〔2017〕138号）"第七条 发包人应按照合同约定方式预留保证金，保证金总预留比例不得高于工程价款结算总额的3%"的规定。

规范处理： 合同一经签订，应严格依约履行，并根据合同履行情况和合同约定条款，办理价款结算、预留质量保证金，不得随意增加或减少工程质量保证金。建立健全合同履行监督审查机制，定期对合同履行情况进行检查，确保合同履行到位。

91. 重复收取保证金

截至2018年年底，××建设管理局113个合同约定收取履约保证金448.84万元，其中28个合同又约定按合同总价的3%收取工程质量保证金，金额为23.05万元。该局对同一工程合同，既收取履约保证金，又收取工程质量保证金。

违反规定： 上述事项不符合《建设工程质量保证金管理办法》（建质〔2017〕138号）"第六条 在工程项目竣工前，已经缴纳履约保证金的，发包人不得同时预留工程质量保证金。采用工程质量保证担保、工程质量保险等其他保证方式的，发包人不得再预留保证金"的规定。

规范处理： 应建立健全合同内部管理制度，对合同谈判、订立等环节加强管理，确保合同约定明确、内容完整，并符合有关法律法规。签订合同时，订立合同的双方应就合同履约保证金和工程质量保证金的收取达成一致，在工程竣工前，已经缴纳履约保证金的，不得同时预留工程质量保证金。

92. 变更合同未履行相关手续

××管理局为财政补助事业单位。2019年4月，该局与××文化传媒公司签订《2019年××年鉴》设计制作合同，金额13.5万元；签订《××文化读本》设计制作合同，金额4.6万元。8月，经双方协商将2019年××年鉴合同金额变更为16万元，《××文化读本》合同金额变更为7.5万元，均未签订补充合同，也未详细说明变更原因及内容等。

违反规定： 上述事项不符合《中华人民共和国合同法》（中华人民共和国主席令 第15号）"第七十七条 当事人协商一致，可以变更合同。法律、行政法规规定变更合同应当办理批准、登记等手续的，依照其规定。第七十八条 当事人对合同变更的内容约定不明确的，推定为未变更"的规定。

上述事项不符合《行政事业单位内部控制规范（试行）》（财会〔2012〕21号）"第五十六条 单位应当建立合同履行监督审查制度。对合同履行中签订补充合同，或变更、解除合同等应当按照国家有关规定进行审查"的规定。

规范处理： 应建立健全合同内部管理制度，对合同履行、变更等环节加强管理，对合同履行中签订补充合同，或变更、解除合同等应当按照有关规定进行审查。合同订立后，双方应当按照约定履行合同，任何一方未经对方同意，都不得改变合同内容。需要变更合同的，双方应就合同内容重新修改或补充达成一致意见，并在严格履行审查、审批程序的基础上，签订补充合同。

93. 未实行合同归口管理

××管理局为财政补助事业单位。该局内设8个职能部门，2017年至2019年，该局共签订了115个合同，分别按合同归属的职能部门编号，未对合同实行归口管理，未统一进行合同编号，也未建立合同管理台账，未对合同的起草、审查、批准、签订、执行等进行全过程动态管理，未实现合同管理及收支管理的有机结合，个别存档合同为复印件。

违反规定： 上述事项不符合《行政事业单位内部控制规范（试行）》（财会〔2012〕21号）"第五十四条 单位应当建立健全合同内部管理制度。单位应当对合同实施归口管理，建立财会部门与合同归口管理部门的沟通协调机制，实现合同管理与预算管理、收支管理相结合。第五十八条 合同归口管理部门应当加强对合同登记的管理，定期对合同进行统计、分类和归档，详细登记合同的订立、履行和变更情况，实行对合同的全过程管理。与单位经济活动相关的合同应当同时提交财会部门作为账务处理的依据"的规定。

规范处理： 应建立健全合同内部管理制度，实行对合同谈判、订立、履行、变更、付款、验收、纠纷等各环节的全过程管理。明确各职能部门职责，实行合同归口管理，建立财务部门与归口管理部门的沟通协调机制，实现合同管理与收支管理相结合，与单位经济活动相关的合同应当同时提交财会部门作为账务处理的依据。明确合同登记归档管理要求，加强对合同的登记、归档和保管，建立合同管理台账，由专人负责对合同进行统一编号，存档的合同应为合同原件。

第八节 会计基础工作

94. 不相容岗位未分离

××管理局是财政补助事业单位，闵××作为该单位出纳，利用自己同时管理印章和支票的职务便利，2005年至2016年，先后挪用单位公款2500多万元，用于炒期货、投资农家乐、购买彩票以及个人购买高档烟茶、在高档场所消费等。

违反规定：上述事项不符合《中华人民共和国会计法》（中华人民共和国主席令 第24号）"第三十七条 会计机构内部应当建立稽核制度。出纳人员不得兼任稽核、会计档案保管和收入、支出、费用、债权债务账目的登记工作"的规定。

上述事项不符合《行政事业单位内部控制规范（试行）》（财会〔2012〕21号）"第十五条 单位应当建立健全内部控制关键岗位责任制，明确岗位职责及分工，确保不相容岗位相互分离、相互制约和相互监督。单位应当实行内部控制关键岗位工作人员的轮岗制度，明确轮岗周期。不具备轮岗条件的单位应当采取专项审计等控制措施"的规定。

规范处理：应建立健全货币资金管理岗位责任制，合理设置岗位，确保不相容岗位相互分离。一人不得保管收付款项所需的全部印章，不得办理货币资金业务的全过程。建立定期和不定期抽查盘点库存现金制度，核对银行存款余额，抽查银行对账单、银行日记账及银行存款余额调节表。关键岗位应定期轮岗。

95. 会计科目使用错误

2019年1月至2020年4月，该局在"其他资金支出/商品和服务支出/劳务费"科目列支编外长期聘用人员的工资福利支出，合计金额617.27万元，其中：2018年387.43万元、2019年1月至4月229.85万元。

违反规定：上述事项不符合《政府会计准则——基本准则》（财政部令 第78号）"第十一条 政府会计主体应当以实际发生的经济业务或者

事项为依据进行会计核算,如实反映各项会计要素的情况和结果,保证会计信息真实可靠"的规定。

规范处理:劳务费是反映支付给单位和个人的劳务费用,如临时聘用人员、钟点工工资、稿费、翻译费、评审费等。工资福利支出反映单位开支的在职职工和编外长期聘用人员的各类劳动报酬,以及为上述人员缴纳的各项社会保险费等。应严格按照政府收支分类科目核算内容进行会计核算。

96. 应使用未使用公务卡结算

××管理中心为中央预算单位。2019年1月,该中心列支职工郭××、许××到北京出差的机票5298元、住宿费2160元,均使用个人银行卡支付。

违反规定:上述事项不符合《中央预算单位公务卡管理暂行办法》(财库〔2007〕63号)"第三条 中央预算单位财政授权支付业务中原使用现金结算的公用经费支出,包括差旅费、会议费、招待费和5万元以下的零星购买支出等,一般应当使用公务卡结算"的规定。

上述事项不符合财政部《关于实施中央预算单位公务卡强制结算目录的通知》(财库〔2011〕160号)"二、严格执行公务卡强制结算目录(一)所有实行公务卡制度改革的中央预算单位,都应严格执行中央预算单位公务卡强制结算目录。(二)凡目录规定的公务支出项目,应按规定使用公务卡结算,原则上不再使用现金结算。原使用转账方式结算的,可继续使用转账方式。公务卡强制结算目录包括办公费、印刷费、差旅费、会议费等"的规定。

规范处理:应建立公务卡结算管理制度,规范使用公务卡结算,提高支付透明度。对于应当使用公务卡支付而未使用公务卡支付的报销事项,财务人员应拒绝受理。对于确实不具备刷卡条件的,应提供经审批的未使用公务卡结算原因说明,并附加盖对方单位印章的证明。

97. 违规从零余额账户向实有资金账户划转资金

××管理局为中央预算单位。2018年3月,该局从实有资金账户支付去世离退休人员的抚恤金32.78万元,并于当年12月向上级单位申请该笔预算。2019年6月,预算批复下达后,该局从零余额账户向其实有资金账户划转资金32.78万元,用于归垫以前年度从实有资金账户支付的离退休人员抚恤金。

违反规定:上述事项不符合《财政部关于中央预算单位2019年预算执行管理有关问题的通知》(财库〔2018〕95号)"三、严控向实有资金账户划转资金 (六)预算单位不得违规从本单位零余额账户向本单位或本部门其他预算单位实有资金账户划转资金。下列支出除外:1.依照《财政部 民政部 工商总局关于印发〈政府购买服务管理办法(暂行)〉的通知》(财综〔2014〕96号)等制度规定,按合同约定需向本部门所属事业单位支付的政府购买服务支出;2.确需划转的工会经费、住房改革支出、应缴或代扣代缴的税金,以及符合相关制度规定的工资中的代扣事项;3.暂不能通过零余额账户委托收款的社会保险缴费、职业年金缴费、水费、电费、取暖费等;4.报经财政部审核批准的归垫资金和其他资金"的规定。

规范处理:应建立健全资金支付管理制度,明确支付审批流程,强化支付控制,按规定办理资金支付手续。建立健全资金支付复核机制,规范零余额账户资金使用管理,除有明确规定的事项外,不得通过零余额账户违规向本单位或有预算隶属关系的预算单位实有资金账户转款。

98. 未及时清理往来账款

××信息中心为财政补助事业单位,截至2019年12月31日,该中心"其他应收款"科目余额157.33万元,其中:应收××单位物业费8.00万元及应收材料费5万元均已逾期3年以上,长期挂账未及时清理。"其他应付款"科目19.80万元,其中:应付××公司质量保证金9.00万元,应付××公司技术服务费3.70万元,上述两家公司已经注销3年以上。

违反规定:上述事项不符合《政府会计制度——行政事业单位会计科目和报表》(财会〔2017〕25号)"第三部分 会计科目使用说明 1218 其他应收款 四、事业单位应当于每年年末,对其他应收款进行全面检查,如发生不能收回的迹象,应当计提坏账准备。(一)对于账龄超过规定年限、确认无法收回的其他应收款,按照规定报经批准后予以核销。2307 其他应付款(五)无法偿付或债权人豁免偿还的其他应付款项，应当按照规定报经批准后进行账务处理"的规定。

规范处理：应建立健全往来账款定期清理制度，强化往来款项管理，定期检查核对往来款项，加强业务、财务部门沟通，对长期挂账的往来款项，应查明原因和性质，按规定程序及时清理，对单位造成损失的，要追究相关责任人责任。

99. 未代扣代缴个人所得税

××研究院为中央预算单位。2018年5月，该院聘请了教授王××开展财政科研项目咨询，按2000元/天的标准填制了报销单，教授王××在报销单上签字并附个人身份证复印件。该院在未代扣代缴个人所得税的情况下，转账支付给王××咨询费2000元。

违反规定：上述事项不符合《中央财政科研项目专家咨询费管理办法》（财科教〔2017〕128号）"第十三条 专家咨询费的发放应当按照国家有关规定由单位代扣代缴个人所得税"的规定。

上述事项不符合《中华人民共和国个人所得税法实施条例》（中华人民共和国国务院令 第707号）"第二十四条 扣缴义务人在向个人支付应税款项时，应当依照税法规定代扣税款，按时缴库，并专项记载备查"的规定。

规范处理：代扣代缴个人所得税是法律赋予扣缴义务人的一项法定义务。专家咨询费应以税后的标准发放，并按照税法有关规定，由发放单位代扣代缴个人所得税。发放单位作为扣缴义务人应加强代扣代缴管理，按时向主管税务机关申报资料，并依法在确定的时限内解缴税款。

100. 跨期报销费用

××管理局为财政补助事业单位。2020年7月，在对该局财务检查中发现：2019年1月，报销差旅费0.55万元，所附火车票及住宿费发票开具日期为2018年7月29日至2018年8月3日。2019年3月，报销3笔会议费8.83万元，其中2笔会议费，会议召开时间为2017年4月26日至4月28日、2017年5月16日至5月18日；1笔会议费，会议召开时间为2018年4月12日至4月14日。

违反规定：上述事项不符合《会计基础工作规范》（财政部令 第98号）"第三十七条 各单位发生的下列事项，应当及时办理会计手续、进行会计核算：（一）款项和有价证券的收付；（二）财物的收发、增减和使用"的规定。

上述事项不符合《政府会计准则——基本准则》（财政部令 第78号）"第十四条 政府会计主体对于已经发生的经济业务或者事项，应当及时进行会计核算，不得提前或者延后"的规定。

规范处理：应建立健全财务报销制度，加强报销管理，避免产生跨期费用。年底结账前，财务部门应当督促业务部门及时报销，当年发生的费用，应当列入当年支出，对无法在结账前取得发票或及时报销的，应在第二年及时报销。建立定期清查发票机制，做好发票催收工作，确保及时取得发票。

第二章 相关法规制度

第一节 案例适用法规索引

1.《中华人民共和国预算法》（中华人民共和国主席令 第12号）

具 体 条 款	对应案例
第八条 各部门预算由本部门及其所属各单位预算组成。	案例6 代非预算单位编报项目预算
第二十六条 各部门编制本部门预算、决算草案；组织和监督本部门预算的执行；定期向本级政府财政部门报告预算的执行情况。各单位编制本单位预算、决算草案；按照国家规定上缴预算收入，安排预算支出，并接受国家有关部门的监督。	案例6 代非预算单位编报项目预算
第三十二条 各级预算应当根据年度经济社会发展目标、国家宏观调控总体要求和跨年度预算平衡的需要，参考上一年预算执行情况、有关支出绩效评价结果和本年度收支预测，按照规定程序征求各方面意见后，进行编制。 各级政府依据法定权限作出决定或者制定行政措施，凡涉及增加或者减少财政收入或者支出，应当在预算批准前提出并在预算草案中作出相应安排。 各部门、各单位应当按照国务院财政部门制定的政府收支分类科目、预算支出标准和要求，以及绩效目标管理等预算编制规定，根据其依法履行职能和事业发展的需要以及存量资产情况，编制本部门、本单位预算草案。 前款所称政府收支分类科目，收入分为类、款、项、目；支出按其功能分类分为类、款、项，按其经济性质分类分为类、款。	案例1 虚报虚列项目套取预算资金 案例2 重复申报项目套取预算资金 案例3 擅自扩大预算项目编制范围 案例4 虚报基础数据冒领预算资金 案例5 变相转移套取预算资金 案例11 绩效评价结果未与预算安排挂钩
第六十三条 各部门、各单位应当加强对预算收入和支出的管理，不得截留或者动用应当上缴的预算收入，不得擅自改变预算支出的用途。	案例49 人员经费挤占公用经费 案例50 公用经费挤占项目经费

续表

具 体 条 款	对应案例
第九十五条 各级政府有关部门、单位及其工作人员有下列行为之一的，责令改正，追回骗取、使用的资金，有违法所得的没收违法所得，对单位给予警告或者通报批评；对负有直接责任的主管人员和其他直接责任人员依法给予处分： （一）违反法律、法规的规定，改变预算收入上缴方式的； （二）以虚报、冒领等手段骗取预算资金的； （三）违反规定扩大开支范围、提高开支标准的； （四）其他违反财政管理规定的行为。	案例1 虚报虚列项目套取预算资金 案例2 重复申报项目套取预算资金 案例3 擅自扩大预算项目编制范围 案例4 虚报基础数据冒领预算资金 案例5 变相转移套取预算资金 案例6 代非预算单位编报项目预算

2.《中华人民共和国会计法》（中华人民共和国主席令 第24号）

具 体 条 款	对应案例
第九条 各单位必须根据实际发生的经济业务事项进行会计核算，填制会计凭证，登记会计账簿，编制财务会计报告。 任何单位不得以虚假的经济业务事项或者资料进行会计核算。	案例17 隐匿出国费 案例24 承担非本单位车辆费用 案例46 以劳务费名义套取资金 案例78 虚列建设成本套取资金
第十条 下列经济业务事项，应当办理会计手续，进行会计核算： （一）款项和有价证券的收付； （二）财物的收发、增减和使用； （三）债权债务的发生和结算； （四）资本、基金的增减； （五）收入、支出、费用、成本的计算； （六）财务成果的计算和处理； （七）需要办理会计手续、进行会计核算的其他事项。	案例69 应计未计固定资产

续表

具 体 条 款	对应案例
第十六条　各单位发生的各项经济业务事项应当在依法设置的会计账簿上统一登记、核算，不得违反本法和国家统一的会计制度的规定私设会计账簿登记、核算。	案例13 收入转移其他单位 案例46 以劳务费名义套取资金
第三十七条　会计机构内部应当建立稽核制度。 出纳人员不得兼任稽核、会计档案保管和收入、支出、费用、债权债务账目的登记工作。	案例94 不相容岗位未分离
第四十二条　违反本法规定，有下列行为之一的，由县级以上人民政府财政部门责令限期改正，可以对单位并处三千元以上五万元以下的罚款；对其直接负责的主管人员和其他直接责任人员，可以处二千元以上二万元以下的罚款；属于国家工作人员的，还应当由其所在单位或者有关单位依法给予行政处分： （一）不依法设置会计账簿的； （二）私设会计账簿的； （三）未按照规定填制、取得原始凭证或者填制、取得的原始凭证不符合规定的； （四）以未经审核的会计凭证为依据登记会计账簿或者登记会计账簿不符合规定的； （五）随意变更会计处理方法的； （六）向不同的会计资料使用者提供的财务会计报告编制依据不一致的； （七）未按照规定使用会计记录文字或者记账本位币的； （八）未按照规定保管会计资料，致使会计资料毁损、灭失的； （九）未按照规定建立并实施单位内部会计监督制度或者拒绝依法实施的监督或者不如实提供有关会计资料及有关情况的； （十）任用会计人员不符合本法规定的。 有前款所列行为之一，构成犯罪的，依法追究刑事责任。 会计人员有第一款所列行为之一，情节严重的，五年内不得从事会计工作。 有关法律对第一款所列行为的处罚另有规定的，依照有关法律的规定办理。	案例13 收入转移其他单位

3.《中华人民共和国政府采购法》(中华人民共和国主席令 第68号)

具 体 条 款	对应案例
第二条 在中华人民共和国境内进行的政府采购适用本法。 本法所称政府采购,是指各级国家机关、事业单位和团体组织,使用财政性资金采购依法制定的集中采购目录以内的或者采购限额标准以上的货物、工程和服务的行为。 政府集中采购目录和采购限额标准依照本法规定的权限制定。 本法所称采购,是指以合同方式有偿取得货物、工程和服务的行为,包括购买、租赁、委托、雇用等。 本法所称货物,是指各种形态和种类的物品,包括原材料、燃料、设备、产品等。 本法所称工程,是指建设工程,包括建筑物和构筑物的新建、改建、扩建、装修、拆除、修缮等。 本法所称服务,是指除货物和工程以外的其他政府采购对象。	案例56 漏编政府采购预算
第六条 政府采购应当严格按照批准的预算执行。	案例56 漏编政府采购预算
第七条 政府采购实行集中采购和分散采购相结合。集中采购的范围由省级以上人民政府公布的集中采购目录确定。 属于中央预算的政府采购项目,其集中采购目录由国务院确定并公布;属于地方预算的政府采购项目,其集中采购目录由省、自治区、直辖市人民政府或者其授权的机构确定并公布。 纳入集中采购目录的政府采购项目,应当实行集中采购。	案例56 漏编政府采购预算 案例59 集中采购目录内的项目未集中采购
第十一条 政府采购的信息应当在政府采购监督管理部门指定的媒体上及时向社会公开发布,但涉及商业秘密的除外。	案例66 发布采购信息媒体不规范
第二十七条 采购人采购货物或者服务应当采用公开招标方式的,其具体数额标准,属于中央预算的政府采购项目,由国务院规定;属于地方预算的政府采购项目,由省、自治区、直辖市人民政府规定;因特殊情况需要采用公开招标以外的采购方式的,应当在采购活动开始前获得设区的市、自治州以上人民政府采购监督管理部门的批准。	案例60 应公开招标而未进行公开招标
第二十八条 采购人不得将应当以公开招标方式采购的货物或者服务化整为零或者以其他任何方式规避公开招标采购。	案例61 拆分项目规避公开招标

续表

具 体 条 款	对应案例
第六十四条　采购人必须按照本法规定的采购方式和采购程序进行采购。 任何单位和个人不得违反本法规定,要求采购人或者采购工作人员向其指定的供应商进行采购。	案例65 先施工后补政府采购手续

4.《中华人民共和国合同法》(中华人民共和国主席令　第15号)

具 体 条 款	对应案例
第九条　当事人订立合同,应当具有相应的民事权利能力和民事行为能力。 当事人依法可以委托代理人订立合同。	案例87 合同签订主体资格无效
第三十二条　当事人采用合同书形式订立合同的,自双方当事人签字或者盖章时合同成立。	案例88 先实施后签订合同
第四十四条　依法成立的合同,自成立时生效。 法律、行政法规规定应当办理批准、登记等手续生效的,依照其规定。	案例88 先实施后签订合同
第四十八条　行为人没有代理权、超越代理权或者代理权终止后以被代理人名义订立的合同,未经被代理人追认,对被代理人不发生效力,由行为人承担责任。 相对人可以催告被代理人在一个月内予以追认。被代理人未作表示的,视为拒绝追认。合同被追认之前,善意相对人有撤销的权利。撤销应当以通知的方式作出。	案例86 未经授权签订合同
第七十七条　当事人协商一致,可以变更合同。法律、行政法规规定变更合同应当办理批准、登记等手续的,依照其规定。	案例92 变更合同未履行相关手续
第七十八条　当事人对合同变更的内容约定不明确的,推定为未变更。	案例92 变更合同未履行相关手续
第二百七十五条　施工合同的内容包括工程范围、建设工期、中间交工工程的开工和竣工时间、工程质量、工程造价、技术资料交付时间、材料和设备供应责任、拨款和结算、竣工验收、质量保修范围和质量保证期、双方相互协作等条款。	案例89 合同内容约定不明确

5.《中华人民共和国预算法实施条例》(中华人民共和国国务院令第 729 号)

具 体 条 款	对应案例
第二十条 绩效评价结果应当按照规定作为改进管理和编制以后年度预算的依据。	案例 11 绩效评价结果未与预算安排挂钩
第六十条 各级政府、各部门、各单位应当加强对预算支出的管理,严格执行预算,遵守财政制度,强化预算约束,不得擅自扩大支出范围、提高开支标准;严格按照预算规定的支出用途使用资金,合理安排支出进度。	案例 49 人员经费挤占公用经费 案例 50 公用经费挤占项目经费

6.《中华人民共和国政府采购法实施条例》(中华人民共和国国务院令 第 658 号)

具 体 条 款	对应案例
第八条 政府采购项目信息应当在省级以上人民政府财政部门指定的媒体上发布。采购项目预算金额达到国务院财政部门规定标准的,政府采购项目信息应当在国务院财政部门指定的媒体上发布。	案例 66 发布采购信息媒体不规范
第二十条 采购人或者采购代理机构有下列情形之一的,属于以不合理的条件对供应商实行差别待遇或者歧视待遇: (一)就同一采购项目向供应商提供有差别的项目信息; (二)设定的资格、技术、商务条件与采购项目的具体特点和实际需要不相适应或者与合同履行无关; (三)采购需求中的技术、服务等要求指向特定供应商、特定产品; (四)以特定行政区域或者特定行业的业绩、奖项作为加分条件或者中标、成交条件; (五)对供应商采取不同的资格审查或者评审标准; (六)限定或者指定特定的专利、商标、品牌或者供应商; (七)非法限定供应商的所有制形式、组织形式或者所在地; (八)以其他不合理条件限制或者排斥潜在供应商。	案例 64 以不合理的条件对供应商实行差别待遇

第二章 相关法规制度

7.《中华人民共和国个人所得税法实施条例》(中华人民共和国国务院令 第707号)

具 体 条 款	对应案例
第二十四条 扣缴义务人向个人支付应税款项时，应当依照个人所得税法规定预扣或者代扣税款，按时缴库，并专项记载备查。 前款所称支付，包括现金支付、汇拨支付、转账支付和以有价证券、实物以及其他形式的支付。	案例99 未代扣代缴个人所得税

8.《现金管理暂行条例》(中华人民共和国国务院令 第588号)

具 体 条 款	对应案例
第三条 开户单位之间的经济往来，除按本条例规定的范围可以使用现金外，应当通过开户银行进行转账结算。	案例53 大额使用现金
第五条 开户单位可以在下列范围内使用现金： （一）职工工资、津贴； （二）个人劳务报酬； （三）根据国家规定颁发给个人的科学技术、文化艺术、体育等各种奖金； （四）各种劳保、福利费用以及国家规定的对个人的其他支出； （五）向个人收购农副产品和其他物资的价款； （六）出差人员必须随身携带的差旅费； （七）结算起点以下的零星支出； （八）中国人民银行确定需要支付现金的其他支出。 钱款结算起点定为1000元。结算起点的调整，由中国人民银行确定，报国务院备案。	案例53 大额使用现金

9.《保障中小企业款项支付条例》(中华人民共和国国务院令 第728号)

具 体 条 款	对应案例
第八条 机关、事业单位从中小企业采购货物、工程、服务，应当自货物、工程、服务交付之日起30日内支付款项；合同另有约定的，付款期限最长不得超过60日。 大型企业从中小企业采购货物、工程、服务，应当按照行业规范、交易习惯合理约定付款期限并及时支付款项。 合同约定采取履行进度结算、定期结算等结算方式的，付款期限应当自双方确认结算金额之日起算。	案例48 拖欠中小企业工程物资款

10.《党政机关厉行节约反对浪费条例》(中发〔2013〕13号)

具 体 条 款	对应案例
第七条 党政机关应当加强预算编制管理,按照综合预算的要求,将各项收入和支出全部纳入部门预算。 党政机关依法取得的罚没收入、行政事业性收费、政府性基金、国有资产收益和处置等非税收入,必须按规定及时足额上缴国库,严禁以任何形式隐瞒、截留、挤占、挪用、坐支或者私分,严禁转移到机关所属工会、培训中心、服务中心等单位账户使用。	案例29 超预算列支公务接待费
第八条 党政机关应当遵循先有预算、后有支出的原则,严格执行预算,严禁超预算或者无预算安排支出,严禁虚列支出、转移或者套取预算资金。 严格控制国内差旅费、因公临时出国(境)费、公务接待费、公务用车购置及运行费、会议费、培训费等支出。年度预算执行中不予追加,因特殊需要确需追加的,由财政部门审核后按程序报批。 建立预算执行全过程动态监控机制,完善预算执行管理办法,建立健全预算绩效管理体系,增强预算执行的严肃性,提高预算执行的准确率,防止年底突击花钱等现象发生。	案例29 超预算列支公务接待费
第十三条 党政机关应当建立健全并严格执行国内差旅内部审批制度,从严控制国内差旅人数和天数,严禁无明确公务目的的差旅活动,严禁以公务差旅为名变相旅游,严禁异地部门间无实质内容的学习交流和考察调研。	案例38 借出差之机公款旅游
第十四条 国内差旅人员应当严格按规定乘坐交通工具、住宿、就餐,费用由所在单位承担。 差旅人员住宿、就餐由接待单位协助安排的,必须按标准交纳住宿费、餐费。差旅人员不得向接待单位提出正常公务活动以外的要求,不得接受礼金、礼品和土特产品等。	案例39 超标准报销城市间交通费 案例42 转嫁差旅费
第二十一条 党政机关应当严格执行国内公务接待标准,实行接待费支出总额控制制度。 接待单位应当严格按标准安排接待对象的住宿用房,协助安排用餐的按标准收取餐费,不得在接待费中列支应当由接待对象承担的费用,不得以举办会议、培训等名义列支、转移、隐匿接待费开支。 建立国内公务接待清单制度,如实反映接待对象、公务活动、接待费用等情况。接待清单作为财务报销的凭证之一并接受审计。	案例29 超预算列支公务接待费 案例30 超标准列支公务接待费

续表

具体条款	对应案例
第二十六条 党政机关应当从严配备实行定向化保障的公务用车,不得以特殊用途等理由变相超编制、超标准配备公务用车,不得以任何方式换用、借用、占用下属单位或者其他单位和个人的车辆,不得接受企事业单位和个人赠送的车辆。 严格按规定配备专车,不得擅自扩大专车配备范围或者变相配备专车。	案例23 超标准配备公务用车 案例25 借用其他单位车辆

11.《党政机关国内公务接待管理规定》(中办发〔2013〕22号)

具体条款	对应案例
第四条 各级党政机关公务接待管理部门应当结合当地实际,完善国内公务接待管理制度,制定国内公务接待标准。 县级以上党政机关公务接待管理部门负责管理本级党政机关国内公务接待工作,指导下级党政机关国内公务接待工作。 乡镇党委、政府应当加强国内公务接待管理,严格执行有关管理规定和开支标准。	案例30 超标准列支公务接待费
第十条 接待对象应当按照规定标准自行用餐。确因工作需要,接待单位可以安排工作餐一次,并严格控制陪餐人数。接待对象在10人以内的,陪餐人数不得超过3人;超过10人的,不得超过接待对象人数的三分之一。 工作餐应当供应家常菜,不得提供鱼翅、燕窝等高档菜肴和用野生保护动物制作的菜肴,不得提供香烟和高档酒水,不得使用私人会所、高消费餐饮场所。	案例30 超标准列支公务接待费
第十二条 各级党政机关应当加强对国内公务接待经费的预算管理,合理限定接待费预算总额。公务接待费用应当全部纳入预算管理,单独列示。 禁止在接待费中列支应由接待对象承担的差旅、会议、培训等费用,禁止以举办会议、培训为名列支、转移、隐匿接待费开支;禁止向下级单位及其他单位、企业、个人转嫁接待费用,禁止在非税收入中坐支接待费;禁止借公务接待名义列支其他支出。	案例27 隐匿公务接待费 案例28 转嫁公务接待费 案例31 公务接待费中列支其他费用

12.《建立健全教育、制度、监督并重的惩治和预防腐败体系实施纲要》（中发〔2005〕3号）

具 体 条 款	对应案例
（十三）加强对领导机关、领导干部特别是各级领导班子主要负责人的监督。要认真检查党的路线、方针、政策和决议的执行情况，监督民主集中制及领导班子议事规则落实情况，凡属重大决策、重要干部任免、重大项目安排和大额度资金的使用，必须由领导班子集体作出决定。认真执行集体领导和个人分工负责相结合的制度。加强对党员领导干部民主生活会的指导，督促领导班子成员认真开展批评与自我批评，针对自身存在的问题和党员、群众提出的意见进行整改，整改情况应在一定范围内公开。检查领导干部个人重大事项报告、述职述廉、民主评议、谈话诫勉、回复组织函询等制度的执行情况。切实加强巡视工作，健全机构，增强力量，综合运用巡视成果。全面实行纪检监察机关对派驻机构的统一管理，加强对驻在部门领导班子及其成员的经常性监督。逐步加大党委、人大、政府、政协之间的干部交流。对县级以上地方党政领导班子、行政执法机关、司法机关和管理人财物部门的主要负责人，实行定期交流。	案例52 大额资金使用未履行集体决策程序

13.《党政机关公务用车管理办法》（中办发〔2017〕71号）

具 体 条 款	对应案例
第七条　党政机关配备公务用车应当严格执行以下标准： （一）机要通信用车配备价格12万元以内、排气量1.6升（含）以下的轿车或者其他小型客车。 （二）应急保障用车和其他按照规定配备的公务用车配备价格18万元以内、排气量1.8升（含）以下的轿车或者其他小型客车。确因情况特殊，可以适当配备价格25万元以内、排气量3.0升（含）以下的其他小型客车、中型客车或者价格45万元以内的大型客车。 （三）执法执勤用车配备价格12万元以内、排气量1.6升（含）以下的轿车或者其他小型客车，因工作需要可以配备价格18万元以内、排气量1.8升（含）以下的轿车或者其他小型客车。确因情况特殊，可以适当配备价格25万元以内、排气量3.0升（含）以下的其他小型客车、中型客车或者价格45万元以内的大型客车。 （四）特种专业技术用车配备标准由有关部门会同财政部门按照保障工作需要、厉行节约的原则确定。 公务用车配备新能源轿车的，价格不得超过18万元。	案例23 超标准配备公务用车

第二章 相关法规制度

续表

具 体 条 款	对应案例
第十条 财政部门根据年度公务用车配备更新计划，按照预算管理有关规定统筹安排购置经费，列入公务用车主管部门预算。	案例23 超标准配备公务用车
第十六条 党政机关应当加强公务用车使用管理，严格按照规定使用公务用车，严禁公车私用、私车公养，不得既领取公务交通补贴又违规使用公务用车。	案例22 私车公养
第二十条 党政机关应当建立健全公务用车使用管理制度，严格执行，加强监督，降低运行成本。 严格公务用车使用时间、事由、地点、里程、油耗、费用等信息登记和公示制度。严格执行回单位或者其他指定地点停放制度，节假日期间除工作需要外应当封存停驶。 实行公务用车保险、维修、加油政府集中采购和定点保险、定点维修、定点加油制度，健全公务用车油耗、运行费用单车核算和年度绩效评价制度。	案例26 报销加油卡、ETC费用未附使用明细 案例62 公车维修未实行定点采购
第二十六条 党政机关有下列情形之一的，依纪依法追究相关人员责任： （一）超编制、超标准配备公务用车的； （二）违反规定将公务用车登记在下属单位、企业或者个人名下的； （三）公车私用、私车公养，或者既领取公务交通补贴又违规使用公务用车的； （四）换用、借用、占用下属单位或者其他单位和个人的车辆，或者擅自接受企事业单位和个人赠送车辆的； （五）挪用或者固定给个人使用执法执勤、机要通信等公务用车的； （六）为公务用车增加高档配置或者豪华内饰的； （七）在车辆维修等费用中虚列名目或者夹带其他费用，为非本单位车辆报销运行维护费用的； （八）违规处置公务用车的； （九）有其他违反公务用车配备使用管理规定行为的。	案例25 借用其他单位车辆

第一节 案例适用法规索引

14.《关于严禁党政机关到风景名胜区开会的通知》（中共中央办公厅、国务院办公厅 2014年9月28日）

具 体 条 款	对应案例
一、各级党政机关一律不得到八达岭-十三陵、承德避暑山庄外八庙、五台山、太湖、普陀山、黄山、九华山、武夷山、庐山、泰山、嵩山、武当山、武陵源（张家界）、白云山、桂林漓江、三亚热带海滨、峨眉山-乐山大佛、九寨沟-黄龙、黄果树、西双版纳、华山21个风景名胜区召开会议，禁止召开会议的区域范围以风景名胜区总体规划确定的核心景区地域范围为准。	案例33 到禁止召开会议的风景名胜区开会

15.《国务院办公厅关于印发中央预算单位2017—2018年政府集中采购目录及标准的通知》（国办发〔2016〕96号）

具 体 条 款	对应案例
三、分散采购限额标准 除集中采购机构采购项目和部门集中采购项目外，各部门自行采购单项或批量金额达到100万元以上的货物和服务的项目、120万元以上的工程项目应按《中华人民共和国政府采购法》和《中华人民共和国招标投标法》有关规定执行。	案例56 漏编政府采购预算

16.《中共中央 国务院关于全面实施预算绩效管理的意见》（中发〔2018〕34号）

具 体 条 款	对应案例
（十五）强化绩效管理激励约束。各级财政部门要抓紧建立绩效评价结果与预算安排和政策调整挂钩机制，将本级部门整体绩效与部门预算安排挂钩，将下级政府财政运行综合绩效与转移支付分配挂钩。对绩效好的政策和项目原则上优先保障，对绩效一般的政策和项目要督促改进，对交叉重复、碎片化的政策和项目予以调整，对低效无效资金一律削减或取消，对长期沉淀的资金一律收回并按照有关规定统筹用于亟需支持的领域。	案例11 绩效评价结果未与预算安排挂钩

第二章 相关法规制度

17.《党政机关办公用房管理办法》(中办发〔2017〕70号)

具 体 条 款	对应案例
第三条 党政机关办公用房管理应当遵循下列原则： (一)依法合规,严格执行法律法规和党内有关制度规定,强化监督管理; (二)科学规划,统筹机关办公和公共服务需求,优化布局和功能; (三)规范配置,科学制定标准,严格审核程序,合理保障需求; (四)有效利用,统筹调剂余缺,及时依规处置,避免闲置浪费; (五)厉行节约,注重庄重朴素、经济适用,节约能源资源。	案例70 办公用房长期闲置

18.《关于在党政机关和事业单位开展"小金库"专项治理工作的实施办法》(中纪发〔2009〕7号)

具 体 条 款	对应案例
(二)专项治理内容 违反法律法规及其他有关规定,应列入而未列入符合规定的单位账簿的各项资金(含有价证券)及其形成的资产,均纳入治理范围。重点是2007年以来各项"小金库"资金的收支数额,以及2006年底"小金库"资金滚存余额和形成的资产。对设立"小金库"数额较大或情节严重的,应追溯到以前年度。 "小金库"主要表现形式包括： 1.违规收费、罚款及摊派设立"小金库"; 2.用资产处置、出租收入设立"小金库"; 3.以会议费、劳务费、培训费和咨询费等名义套取资金设立"小金库"; 4.经营收入未纳入规定账簿核算设立"小金库"; 5.虚列支出转出资金设立"小金库"; 6.以假发票等非法票据骗取资金设立"小金库"; 7.上下级单位之间相互转移资金设立"小金库"。	案例12 隐匿收入不入账 案例13 收入转移其他单位 案例32 虚报人数、天数套取会议(培训)费 案例37 虚列差旅费套取资金 案例46 以劳务费名义套取资金

19.《政府会计准则——基本准则》(财政部令 第78号)

具 体 条 款	对应案例
第十一条 政府会计主体应当以实际发生的经济业务或者事项为依据进行会计核算,如实反映各项会计要素的情况和结果,保证会计信息真实可靠。	案例16 往来账款列收列支 案例95 会计科目使用错误
第十四条 政府会计主体对已经发生的经济业务或者事项,应当及时进行会计核算,不得提前或者延后。	案例100 跨期报销费用

20.《事业单位会计准则》(财政部令 第72号)

具 体 条 款	对应案例
第十二条 事业单位应当以实际发生的经济业务或者事项为依据进行会计核算,如实反映各项会计要素的情况和结果,保证会计信息真实可靠。	案例24 承担非本单位车辆费用

21.《事业单位财务规则》(财政部令 第68号)

具 体 条 款	对应案例
第二十一条 事业单位的支出应当严格执行国家有关财务规章制度规定的开支范围及开支标准;国家有关财务规章制度没有统一规定的,由事业单位规定,报主管部门和财政部门备案。事业单位的规定违反法律制度和国家政策的,主管部门和财政部门应当责令改正。	案例51 工会经费挤占公用经费
第四十条 固定资产是指使用期限超过一年,单位价值在1000元以上(其中:专用设备单位价值在1500元以上),并在使用过程中基本保持原有物质形态的资产。单位价值虽未达到规定标准,但是耐用时间在一年以上的大批同类物资,作为固定资产管理。 固定资产一般分为六类:房屋及构筑物;专用设备;通用设备;文物和陈列品;图书、档案;家具、用具、装具及动植物。行业事业单位的固定资产明细目录由国务院主管部门制定,报国务院财政部门备案。	案例69 应计未计固定资产

第二章 相关法规制度

22.《基本建设财务规则》(财政部令 第81号)

具 体 条 款	对应案例
第九条 财政资金管理应当遵循专款专用原则,严格按照批准的项目预算执行,不得挤占挪用。 财政部门应当会同项目主管部门加强项目财政资金的监督管理。	案例81 基本支出挤占基建项目支出
第十一条 项目建设单位应当根据批准的项目概(预)算、年度投资计划和预算、建设进度等控制项目投资规模。	案例79 未经批准变更建设内容
第十八条 项目建设单位应当严格执行项目财政资金预算。对发生停建、缓建、迁移、合并、分立、重大设计变更等变动事项和其他特殊情况确需调整的项目,项目建设单位应当按照规定程序报项目主管部门审核后,向财政部门申请调整项目财政资金预算。	案例79 未经批准变更建设内容
第二十二条 项目建设单位应当严格控制建设成本的范围、标准和支出责任,以下支出不得列入项目建设成本: (一)超过批准建设内容发生的支出; (二)不符合合同协议的支出; (三)非法收费和摊派; (四)无发票或者发票项目不全、无审批手续、无责任人员签字的支出; (五)因设计单位、施工单位、供货单位等原因造成的工程报废等损失,以及未按照规定报经批准的损失; (六)项目符合规定的验收条件之日起3个月后发生的支出; (七)其他不属于本项目应当负担的支出。	案例81 基本支出挤占基建项目支出
第二十八条 项目建设单位应当严格按照合同约定和工程价款结算程序支付工程款。竣工价款结算一般应当在项目竣工验收后2个月内完成,大型项目一般不得超过3个月。	案例80 超进度支付工程款
第三十三条 项目建设单位在项目竣工后,应当及时编制项目竣工财务决算,并按照规定报送项目主管部门。 项目设计、施工、监理等单位应当配合项目建设单位做好相关工作。 建设周期长、建设内容多的大型项目,单项工程竣工具备交付使用条件的,可以编报单项工程竣工财务决算,项目全部竣工后应当编报竣工财务总决算。	案例82 未及时编制竣工财务决算

续表

具 体 条 款	对应案例
第四十二条 项目竣工验收合格后应当及时办理资产交付使用手续,并依据批复的项目竣工财务决算进行账务调整。	案例84 未及时交付使用资产
第四十八条 经营性项目结余资金,转入单位的相关资产。非经营性项目结余资金,首先用于归还项目贷款。如有结余,按照项目资金来源属于财政资金的部分,应当在项目竣工验收合格后3个月内,按照预算管理制度有关规定收回财政。	案例85 未及时处置项目结余资金

23.《事业单位国有资产管理暂行办法》(财政部令 第36号)

具 体 条 款	对应案例
第二十五条 事业单位处置国有资产,应当严格履行审批手续,未经批准不得自行处置。	案例74 未经审批处置资产
第二十九条 事业单位国有资产处置收入属于国家所有,应当按照政府非税收入管理的规定,实行"收支两条线"管理。	案例14 非税收入未及时上缴国库

24.《中央预算内直接投资项目管理办法》(国家发展和改革委员会令 第7号)

具 体 条 款	对应案例
第二十七条 项目由于政策调整、价格上涨、地质条件发生重大变化等原因确需调整投资概算的,由项目单位提出调整方案,按照规定程序报原概算核定部门核定。概算调增幅度超过原批复概算百分之十的,概算核定部门原则上先商请审计机关进行审计,并依据审计结论进行概算调整。	案例79 未经批准变更建设内容

25.《行政事业单位内部控制规范(试行)》(财会〔2012〕21号)

具 体 条 款	对应案例
第十一条 单位进行经济活动业务层面的风险评估时,应当重点关注以下方面: (一)预算管理情况。包括在预算编制过程中单位内部各部门间沟通协调是否充分,预算编制与资产配置是否相结合、与具体工作是否相对应;是否按照批复的额度和开支范围执行预算,进度是否合理,是否存在无预算、超预算支出等问题;决算编报是否真实、完整、准确、及时。	

第二章 相关法规制度

续表

具 体 条 款	对应案例
（二）收支管理情况。包括收入是否实现归口管理，是否按照规定及时向财会部门提供收入的有关凭据，是否按照规定保管和使用印章和票据等；发生支出事项时是否按照规定审核各类凭据的真实性、合法性，是否存在使用虚假票据套取资金的情形。 （三）政府采购管理情况。包括是否按照预算和计划组织政府采购业务；是否按照规定组织政府采购活动和执行验收程序；是否按照规定保存政府采购业务相关档案。 （四）资产管理情况。包括是否实现资产归口管理并明确使用责任；是否定期对资产进行清查盘点，对账实不符的情况及时进行处理；是否按照规定处置资产。 （五）建设项目管理情况。包括是否按照概算投资；是否严格履行审核审批程序；是否建立有效的招投标控制机制；是否存在截留、挤占、挪用、套取建设项目资金的情形；是否按照规定保存建设项目相关档案并及时办理移交手续。 （六）合同管理情况。包括是否实现合同归口管理；是否明确应签订合同的经济活动范围和条件；是否有效监控合同履行情况，是否建立合同纠纷协调机制。 （七）其他情况。	案例2 重复申报项目套取预算资金 案例5 变相转移套取预算资金 案例6 代非预算单位编报项目预算
第十五条 单位应当建立健全内部控制关键岗位责任制，明确岗位职责及分工，确保不相容岗位相互分离、相互制约和相互监督。单位应当实行内部控制关键岗位工作人员的轮岗制度，明确轮岗周期。不具备轮岗条件的单位应当采取专项审计等控制措施。 内部控制关键岗位主要包括预算业务管理、收支业务管理、政府采购业务管理、资产管理、建设项目管理、合同管理以及内部监督等经济活动的关键岗位。	案例22 私车公养 案例94 不相容岗位未分离
第二十条 单位的预算编制应当做到程序规范、方法科学、编制及时、内容完整、项目细化、数据准确。 （一）单位应当正确把握预算编制有关政策，确保预算编制相关人员及时全面掌握相关规定。 （二）单位应当建立内部预算编制、预算执行、资产管理、基建管理、人事管理等部门或岗位的沟通协调机制，按照规定进行项目评审，确保预算编制部门及时取得和有效运用与预算编制相关的信息，根据工作计划细化预算编制，提高预算编制的科学性。	案例4 虚报基础数据冒领预算资金 案例7 将项目预算编列在所属单位

第一节 案例适用法规索引

续表

具　体　条　款	对应案例
第二十一条　单位应当根据内设部门的职责和分工，对按照法定程序批复的预算在单位内部进行指标分解、审批下达，规范内部预算追加调整程序，发挥预算对经济活动的管控作用。	案例8 预算调剂环节漏编政府采购预算
第二十二条　单位应当根据批复的预算安排各项收支，确保预算严格有效执行。 单位应当建立预算执行分析机制。定期通报各部门预算执行情况，召开预算执行分析会议，研究解决预算执行中存在的问题，提出改进措施，提高预算执行的有效性。	案例34 转嫁、摊派会议（培训）费 案例49 人员经费挤占公用经费 案例50 公用经费挤占项目经费
第二十四条　单位应当加强预算绩效管理，建立"预算编制有目标、预算执行有监控、预算完成有评价、评价结果有反馈、反馈结果有应用"的全过程预算绩效管理机制。	案例9 绩效指标设定不完整、不合理 案例10 项目绩效自评不客观、不真实 案例11 绩效评价结果未与预算安排挂钩
第二十六条　单位的各项收入应当由财会部门归口管理并进行会计核算，严禁设立账外账。 业务部门应当在涉及收入的合同协议签订后及时将合同等有关材料提交财会部门作为账务处理依据，确保各项收入应收尽收，及时入账。财会部门应当定期检查收入金额是否与合同约定相符；对应收未收项目应当查明情况，明确责任主体，落实催收责任。	案例12 隐匿收入不入账 案例13 收入转移其他单位
第二十七条　有政府非税收入收缴职能的单位，应当按照规定项目和标准征收政府非税收入，按照规定开具财政票据，做到收缴分离、票款一致，并及时、足额上缴国库或财政专户，不得以任何形式截留、挪用或者私分。	案例15 已取消收费项目仍违规收费
第二十九条　单位应当建立健全支出内部管理制度，确定单位经济活动的各项支出标准，明确支出报销流程，按照规定办理支出事项。单位应当合理设置岗位，明确相关岗位的职责权限，确保支出申请和内部审批、付款审批和付款执行、业务经办和会计核算等不相容岗位相互分离。	案例31 公务接待费中列支其他费用 案例36 报销会议（培训）费手续不完整 案例40 超标准报销住宿费 案例41 擅自改变出差行程

续表

具 体 条 款	对应案例
第三十条　单位应当按照支出业务的类型，明确内部审批、审核、支付、核算和归档等支出各关键岗位的职责权限。实行国库集中支付的，应当严格按照财政国库管理制度有关规定执行。 （一）加强支出审批控制。明确支出的内部审批权限、程序、责任和相关控制措施。审批人应当在授权范围内审批，不得越权审批。 （二）加强支出审核控制。全面审核各类单据。重点审核单据来源是否合法，内容是否真实、完整，使用是否准确，是否符合预算，审批手续是否齐全。 支出凭证应当附反映支出明细内容的原始单据，并由经办人员签字或盖章，超出规定标准的支出事项应由经办人员说明原因并附审批依据，确保与经济业务事项相符。 （三）加强支付控制。明确报销业务流程，按照规定办理资金支付手续。签发的支付凭证应当进行登记。使用公务卡结算的，应当按照公务卡使用和管理有关规定办理业务。 （四）加强支出的核算和归档控制。由财会部门根据支出凭证及时准确登记账簿；与支出业务相关的合同等材料应当提交财会部门作为账务处理的依据。	案例19 承担非本单位出国费 案例20 重复列支出国费 案例21 报销出国费未附原始票据 案例32 虚报人数、天数套取会议（培训）费
第三十四条　单位应当加强对政府采购业务预算与计划的管理。建立预算编制、政府采购和资产管理等部门或岗位之间的沟通协调机制。根据本单位实际需求和相关标准编制政府采购预算，按照已批复的预算安排政府采购计划。	案例56 漏编政府采购预算
第三十五条　单位应当加强对政府采购活动的管理。对政府采购活动实施归口管理，在政府采购活动中建立政府采购、资产管理、财会、内部审计、纪检监察等部门或岗位相互协调、相互制约的机制。 单位应当加强对政府采购申请的内部审核，按照规定选择政府采购方式、发布政府采购信息。对政府采购进口产品、变更政府采购方式等事项应当加强内部审核，严格履行审批手续。	案例57 采购进口产品未履行审批手续 案例58 达到限额标准未履行政府采购程序 案例61 拆分项目规避公开招标
第四十四条　单位应当加强对实物资产和无形资产的管理，明确相关部门和岗位的职责权限，强化对配置、使用和处置等关键环节的管控。 （一）对资产实施归口管理。明确资产使用和保管责任人，落实资产使用人在资产管理中的责任。贵重资产、危险资产、有保密等特殊要求的资产，应当指定专人保管、专人使用，并规定严格的接触限制条件和审批程序。	

第一节 案例适用法规索引

续表

具 体 条 款	对应案例
（二）按照国有资产管理相关规定，明确资产的调剂、租借、对外投资、处置的程序、审批权限和责任。 （三）建立资产台账，加强资产的实物管理。单位应当定期清查盘点资产，确保账实相符。财会、资产管理、资产使用等部门或岗位应当定期对账，发现不符的，应当及时查明原因，并按照相关规定处理。 （四）建立资产信息管理系统，做好资产的统计、报告、分析工作，实现对资产的动态管理。	案例26 报销加油卡、ETC费用未附使用明细 案例72 未经审批出租资产 案例74 未经审批处置资产 案例76 未定期盘点资产
第五十条 单位应当按照审批单位下达的投资计划和预算对建设项目资金实行专款专用，严禁截留、挪用和超批复内容使用资金。财会部门应当加强与建设项目承建单位的沟通，准确掌握建设进度，加强价款支付审核，按照规定办理价款结算。实行国库集中支付的建设项目，单位应当按照财政国库管理制度相关规定支付资金。	案例80 超进度支付工程款
第五十二条 经批准的投资概算是工程投资的最高限额，如有调整，应当按国家有关规定报经批准。 单位建设项目工程洽商和设计变更应当按照有关规定履行相应的审批程序。	案例79 未经批准变更建设内容
第五十三条 建设项目竣工后，单位应当按照规定的时限及时办理竣工决算，组织竣工决算审计，并根据批复的竣工决算和有关规定办理建设项目档案和资产移交等工作。 建设项目已实际投入使用但超时限未办理竣工决算的，单位应当根据对建设项目的实际投资暂估入账，转作相关资产管理。	案例82 未及时编制竣工财务决算 案例84 未及时交付使用资产
第五十四条 单位应当建立健全合同内部管理制度。 单位应当合理设置岗位，明确合同的授权审批和签署权限，妥善保管和使用合同专用章，严禁未经授权擅自以单位名义对外签订合同，严禁违规签订担保、投资和借贷合同。 单位应当对合同实施归口管理，建立财会部门与合同归口管理部门的沟通协调机制，实现合同管理与预算管理、收支管理相结合。	案例86 未经授权签订合同 案例93 未实行合同归口管理

第二章 相关法规制度

续表

具 体 条 款	对应案例
第五十五条 单位应当加强对合同订立的管理，明确合同订立的范围和条件。对于影响重大、涉及较高专业技术或法律关系复杂的合同，应当组织法律、技术、财会等工作人员参与谈判，必要时可聘请外部专家参与相关工作。谈判过程中的重要事项和参与谈判人员的主要意见，应当予以记录并妥善保管。	案例89 合同内容约定不明确
第五十六条 单位应当对合同履行情况实施有效监控。合同履行过程中，因对方或单位自身原因导致可能无法按时履行的，应当及时采取应对措施。 单位应当建立合同履行监督审查制度。对合同履行中签订补充合同，或变更、解除合同等应当按照国家有关规定进行审查。	案例92 变更合同未履行相关手续
第五十七条 财会部门应当根据合同履行情况办理价款结算和进行账务处理。未按照合同条款履约的，财会部门应当在付款之前向单位有关负责人报告。	案例80 超进度支付工程款
第五十八条 合同归口管理部门应当加强对合同登记的管理，定期对合同进行统计、分类和归档，详细登记合同的订立、履行和变更情况，实行对合同的全过程管理。与单位经济活动相关的合同应当同时提交财会部门作为账务处理的依据。 单位应当加强合同信息安全保密工作，未经批准，不得以任何形式泄露合同订立与履行过程中涉及的国家秘密、工作秘密或商业秘密。	案例93 未实行合同归口管理

26.《中央部门预算绩效目标管理办法》(财预〔2015〕88号)

具 体 条 款	对应案例
第十三条 设定的绩效目标应当符合以下要求： （一）指向明确。绩效目标要符合国民经济和社会发展规划、部门职能及事业发展规划等要求，并与相应的预算支出内容、范围、方向、效果等紧密相关。 （二）细化量化。绩效目标应当从数量、质量、成本、时效以及经济效益、社会效益、生态效益、可持续影响、满意度等方面进行细化，尽量进行定量表述。不能以量化形式表述的，可采用定性表述，但应具有可衡量性。 （三）合理可行。设定绩效目标时要经过调查研究和科学论证，符合客观实际，能够在一定期限内如期实现。 （四）相应匹配。绩效目标要与计划期内的任务数或计划数相对应，与预算确定的投资额或资金量相匹配。	案例9 绩效指标设定不完整、不合理

第一节 案例适用法规索引

27.《项目支出绩效评价管理办法》(财预〔2020〕10号)

具 体 条 款	对应案例
第二条 项目支出绩效评价(以下简称绩效评价)是指财政部门、预算部门和单位,依据设定的绩效目标,对项目支出的经济性、效率性、效益性和公平性进行客观、公正的测量、分析和评判。	案例10 项目绩效自评不客观、不真实

28.《政府非税收入管理办法》(财税〔2016〕33号)

具 体 条 款	对应案例
第十二条 执收单位应当履行下列职责:(二)严格按照规定的非税收入项目、征收范围和征收标准进行征收,及时足额上缴非税收入,并对欠缴、少缴收入实施催缴。	案例14 非税收入未及时上缴国库
第十七条 非税收入应当全部上缴国库,任何部门、单位和个人不得截留、占用、挪用、坐支或者拖欠。	
第二十七条 非税收入应当依照法律、法规规定或者按照管理权限确定的收入归属和缴库要求,缴入相应级次国库。	

29.《中央和国家机关会议费管理办法》(财行〔2016〕214号)

具 体 条 款	对应案例
第三条 各单位召开会议应当坚持厉行节约、反对浪费、规范简朴、务实高效的原则,严格控制会议数量和规模,规范会议费管理。	案例35 超标准列支会议费
第五条 各单位应当严格会议费预算管理,控制会议费预算规模。会议费预算应当细化到具体会议项目,执行中不得突破。会议费应当纳入部门预算,并单独列示。	案例50 公用经费挤占项目经费
第十三条 参会人员以在京单位为主的会议不得到京外召开。各单位不得到党中央、国务院明令禁止的风景名胜区召开会议。	案例33 到禁止召开会议的风景名胜区开会
第十五条 会议费开支实行综合定额控制,各项费用之间可以调剂使用。 综合定额标准是会议费开支的上限。各单位应在综合定额标准以内结算报销。	案例35 超标准列支会议费

续表

具 体 条 款	对应案例
第十六条 一类会议费在部门预算专项经费中列支，二、三、四类会议费原则上在部门预算公用经费中列支。 会议费由会议召开单位承担，不得向参会人员收取，不得以任何方式向下属机构、企事业单位、地方转嫁或摊派。	案例34 转嫁、摊派会议（培训）费 案例50 公用经费挤占项目经费
第十七条 各单位在会议结束后应当及时办理报销手续。会议费报销时应当提供会议审批文件、会议通知及实际参会人员签到表、定点会议场所等会议服务单位提供的费用原始明细单据、电子结算单等凭证。财务部门要严格按规定审核会议费开支，对未列入年度会议计划，以及超范围、超标准开支的经费不予报销。	案例36 报销会议（培训）费手续不完整
第二十七条 严禁各单位借会议名义组织会餐或安排宴请；严禁套取会议费设立"小金库"；严禁在会议费中列支公务接待费。 各单位应严格执行会议用房标准，不得安排高档套房；会议用餐严格控制菜品种类、数量和份量，安排自助餐，严禁提供高档菜肴，不安排宴请，不上烟酒；会议会场一律不摆花草，不制作背景板，不提供水果。 不得使用会议费购置电脑、复印机、打印机、传真机等固定资产以及开支与本次会议无关的其他费用；不得组织会议代表旅游和与会议无关的参观；严禁组织高消费娱乐、健身活动；严禁以任何名义发放纪念品；不得额外配发洗漱用品。	案例27 隐匿公务接待费 案例32 虚报人数、天数套取会议（培训）费

30.《中央和国家机关差旅费管理办法》（财行〔2013〕531号）

具 体 条 款	对应案例
第四条 中央单位应当建立健全公务出差审批制度。出差必须按规定报经单位有关领导批准，从严控制出差人数和天数；严格差旅费预算管理，控制差旅费支出规模，严禁无实质内容、无明确公务目的的差旅活动，严禁以任何名义和方式变相旅游，严禁异地部门间无实质内容的学习交流和考察调研。	案例37 虚列差旅费套取资金 案例38 借出差之机公款旅游
第七条 出差人员应当按规定等级乘坐交通工具。	案例39 超标准报销城市间交通费
第十四条 出差人员应当在职务级别对应的住宿费标准限额内，选择安全、经济、便捷的宾馆住宿。	案例40 超标准报销住宿费

续表

具 体 条 款	对应案例
第十八条　出差人员应当自行用餐。凡由接待单位统一安排用餐的，应当向接待单位交纳伙食费。	案例43 未按规定缴纳伙食费
第二十一条　出差人员由接待单位或其他单位提供交通工具的，应向接待单位或其他单位交纳相关费用。	案例44 未按规定缴纳市内交通费
第二十二条　出差人员应当严格按规定开支差旅费，费用由所在单位承担，不得向下级单位、企业或其他单位转嫁。	案例42 转嫁差旅费
第二十三条　城市间交通费按乘坐交通工具的等级凭据报销，订票费、经批准发生的签转或退票费、交通意外保险费凭据报销。 住宿费在标准限额之内凭发票据实报销。 伙食补助费按出差目的地的标准报销，在途期间的伙食补助费按当天最后到达目的地的标准报销。 市内交通费按规定标准报销。 未按规定开支差旅费的，超支部分由个人自理。	案例39 超标准报销城市间交通费 案例40 超标准报销住宿费
第二十六条　各单位应当加强对本单位工作人员出差活动和经费报销的内控管理，对本单位出差审批制度、差旅费预算及规模控制负责，相关领导、财务人员等对差旅费报销进行审核把关，确保票据来源合法，内容真实完整、合规。对未经批准擅自出差、不按规定开支和报销差旅费的人员进行严肃处理。	案例37 虚列差旅费套取资金 案例39 超标准报销城市间交通费 案例40 超标准报销住宿费 案例41 擅自改变出差行程

31.《中央和国家机关培训费管理办法》(财行〔2016〕540号)

具 体 条 款	对应案例
第十七条　报销培训费，综合定额范围内的，应当提供培训计划审批文件、培训通知、实际参训人员签到表以及培训机构出具的收款票据、费用明细等凭证；师资费范围内的，应当提供讲课费签收单或合同，异地授课的城市间交通费、住宿费、伙食费按照差旅费报销办法提供相关凭证；执行中经单位主要负责同志批准临时增加的培训项目，还应提供单位主要负责同志审批材料。 各单位财务部门应当严格按照规定审核培训费开支，对未履行审批备案程序的培训，以及超范围、超标准开支的费用不予报销。	案例36 报销会议（培训）费手续不完整

第二章 相关法规制度

续表

具体条款	对应案例
第十九条 培训费由培训举办单位承担，不得向参训人员收取任何费用。	案例34 转嫁、摊派会议（培训）费

32.《因公临时出国经费管理办法》（财行〔2013〕516号）

具体条款	对应案例
第四条 因公临时出国经费应当全部纳入预算管理，并按照下列规定执行： （一）各级财政部门应当加强因公临时出国经费的预算管理，严格控制因公临时出国经费总额，科学合理地安排因公临时出国经费预算。 （二）各地区各部门各单位应当加强预算硬约束，认真贯彻落实厉行节约的要求，在核定的年度因公临时出国经费预算内，务实高效、精简节约地安排因公临时出国活动，不得超预算或无预算安排出访团组。确有特殊需要的，按规定程序报批。	案例17 隐匿出国费 案例19 承担非本单位出国费
第六条 各地区各部门各单位出国经费的支付，应当严格按照国库集中支付制度和公务卡管理制度的有关规定执行。 各地区各部门各单位应当严格执行各项经费开支标准，不得擅自突破，严禁接受或变相接受企事业单位资助，严禁向同级机关、下级机关、下属单位、企业、驻外机构等摊派或转嫁出访费用。	案例18 转嫁出国费
第八条 因公临时出国经费包括：国际旅费、国外城市间交通费、住宿费、伙食费、公杂费和其他费用。 国际旅费，是指出境口岸至入境口岸旅费。 国外城市间交通费，是指为完成工作任务所必须发生的，在出访国家的城市与城市之间的交通费用。 住宿费是指出国人员在国外发生的住宿费用。 伙食费是指出国人员在国外期间的日常伙食费用。 公杂费是指出国人员在国外期间的市内交通、邮电、办公用品、必要的小费等费用。 其他费用主要是指出国签证费用、必需的保险费用、防疫费用、国际会议注册费用等。	案例20 重复列支出国费

续表

具 体 条 款	对应案例
第十条 出国人员根据出访任务需要在一个国家城市间往来，应当事先在出国计划中列明，并报本单位外事和财务部门批准。未列入出国计划、未经本单位外事和财务部门批准的，不得在国外城市间往来。出国人员的旅程必须按照批准的计划执行，其城市间交通费凭有效原始票据据实报销。	案例21 报销出国费未附原始票据
第十二条 伙食费和公杂费按照下列规定执行：（一）出国人员伙食费、公杂费可以按规定的标准发给个人包干使用。包干天数按离、抵我国国境之日计算。	案例20 重复列支出国费
第十六条 出国人员回国报销费用时，须凭有效票据填报有团组负责人审核签字的国外费用报销单（具体表格由各单位制定）。各种报销凭证须用中文注明开支内容、日期、数量、金额等，并由经办人签字。 各单位财务部门应当根据本办法制定本单位财务报销审批的具体规定，加强对因公临时出国团组的经费核销管理。各单位财务部门应当因公临时出国团组提交的出国任务批件、护照（包括签证和出入境记录）复印件及有效费用明细票据进行认真审核，严格按照批准的出国团组人员、天数、路线、经费预算及开支标准核销经费，不得核销与出访任务无关的开支。	案例21 报销出国费未附原始票据

33.《中央预算单位变更政府采购方式审批管理办法》（财库〔2015〕36号）

具 体 条 款	对应案例
第二条 中央预算单位达到公开招标数额标准的货物、服务采购项目，需要采用公开招标以外采购方式的，应当在采购活动开始前，按照本办法规定申请变更政府采购方式。 本办法所称公开招标以外的采购方式，是指邀请招标、竞争性谈判、竞争性磋商、单一来源采购、询价以及财政部认定的其他采购方式。	案例60 应公开招标而未进行公开招标

第二章 相关法规制度

34.《关于规范差旅伙食费和市内交通费收交管理有关事项的通知》（财办行〔2019〕104号）

具 体 条 款	对应案例
一、中央单位出差人员（以下称出差人员）出差期间按规定领取伙食补助费。除确因工作需要由接待单位按规定安排的一次工作餐外，用餐费用自行解决。出差人员需接待单位协助安排用餐的，应当提前告知控制标准，并向伙食提供方交纳伙食费。 在单位内部食堂用餐，有对外收费标准的，出差人员按标准交纳；没有对外收费标准的，早餐按照日伙食补助费标准的20%交纳，午餐、晚餐按照日伙食补助费标准的40%交纳。在宾馆、饭店等餐饮服务单位用餐的，按照餐饮服务单位收费标准交纳相关费用。	案例43 未按规定缴纳伙食费
二、出差人员出差期间按规定领取市内交通费。接待单位协助提供交通工具并有收费标准的，出差人员按标准交纳，最高不超过日市内交通费标准；没有收费标准的，每人每半天按照日市内交通费标准的50%交纳。	案例44 未按规定缴纳市内交通费

35.《中央和国家机关差旅费管理办法有关问题的解答》（财办行〔2014〕90号）

具 体 条 款	对应案例
9. 出差乘坐飞机的，从驻地到机场的交通费如何报销？ 新修订的差旅费管理办法对市内交通费实行包干办法，按出差自然天数每人每天80元包干使用。往返驻地和机场的交通费在按规定发放的市内交通费内统筹解决，不再另外报销。	案例45 报销从驻地到机场交通费

36.《中央级事业单位国有资产使用管理暂行办法》（财教〔2009〕192号）

具 体 条 款	对应案例
第十条 中央级事业单位资产自用管理应本着实物量和价值量并重的原则，对实物资产进行定期清查，完善资产管理账表及有关资料，做到账账、账卡、账实相符，并对资产丢失、毁损等情况实行责任追究制度。	案例76 未定期盘点资产

续表

具 体 条 款	对应案例
第十三条 中央级事业单位应建立资产领用交回制度。资产领用应经主管领导批准。资产出库时保管人员应及时办理出库手续。办公用资产应落实到人，使用人员离职时，所用资产应按规定交回。	案例71 未及时收回资产
第三十条 中央级事业单位国有资产出租、出借，资产单项或批量价值在800万元人民币以上（含800万元）的，经主管部门审核后报财政部审批；资产单项或批量价值在800万元以下的，由主管部门按照有关规定进行审批，并于15个工作日内将审批结果（一式三份）报财政部备案。	案例72 未经审批出租资产
第三十四条 中央级事业单位国有资产出租，原则上应采取公开招租的形式确定出租的价格，必要时可采取评审或者资产评估的办法确定出租的价格。中央级事业单位利用国有资产出租、出借的，期限一般不得超过五年。	案例73 长期、低价出租资产

37.《中央级事业单位国有资产处置管理暂行办法》（财教〔2008〕495号）

具 体 条 款	对应案例
第八条 中央级事业单位国有资产处置的范围包括：闲置资产，报废、淘汰资产，产权或使用权转移的资产，盘亏、呆账及非正常损失的资产，以及依照国家有关规定需要处置的其他资产。按资产性质分为流动资产、固定资产、无形资产、对外投资等。 处置方式包括无偿调拨（划转）、对外捐赠、出售、出让、转让、置换、报废报损、货币性资产损失核销等。	案例77 未及时履行资产报废程序

38.《政府采购进口产品管理办法》（财库〔2007〕119号）

具 体 条 款	对应案例
第七条 采购人需要采购的产品在中国境内无法获取或者无法以合理的商业条件获取，以及法律法规另有规定确需采购进口产品的，应当在获得财政部门核准后，依法开展政府采购活动。	案例57 采购进口产品未履行审批手续

第二章 相关法规制度

39.《中央财政科研项目专家咨询费管理办法》（财科教〔2017〕128号）

具 体 条 款	对应案例
第六条 高级专业技术职称人员的专家咨询费标准为1500～2400元/人天（税后）；其他专业人员的专家咨询费标准为900～1500元/人天（税后）。	案例47 超标准发放咨询费
第十三条 专家咨询费的发放应当按照国家有关规定由单位代扣代缴个人所得税。	案例99 未代扣代缴个人所得税

40.《中央预算单位公务卡管理暂行办法》（财库〔2007〕63号）

具 体 条 款	对应案例
第三条 中央预算单位财政授权支付业务中原使用现金结算的公用经费支出，包括差旅费、会议费、招待费和5万元（以人民币为单位，下同）以下的零星购买支出等，一般应当使用公务卡结算。中央预算单位应根据银行卡受理环境等情况，积极扩大公务卡使用范围，尽量减少现金支出。	案例96 应使用未使用公务卡结算

41.《建设工程价款结算暂行办法》（财建〔2004〕369号）

具 体 条 款	对应案例
第十三条 工程进度款结算与支付应当符合下列规定： （一）工程进度款结算方式 1、按月结算与支付。即实行按月支付进度款，竣工后清算的办法。合同工期在两个年度以上的工程，在年终进行工程盘点，办理年度结算。 2、分段结算与支付。即当年开工、当年不能竣工的工程按照工程形象进度，划分不同阶段支付工程进度款。具体划分在合同中明确。 （二）工程量计算 1、承包人应当按照合同约定的方法和时间，向发包人提交已完工程量的报告。发包人接到报告后14天内核实已完工程量，并在核实前1天通知承包人，承包人应提供条件并派人参加核实，承包人收到通知后不参加核实，以发包人核实的工程量作为工程价款支付的依据。发包人不按约定时间通知承包人，致使承包人未能参加核实，核实结果无效。	

续表

具 体 条 款	对应案例
2、发包人收到承包人报告后14天内未核实完工程量，从第15天起，承包人报告的工程量即视为被确认，作为工程价款支付的依据，双方合同另有约定的，按合同执行。 3、对承包人超出设计图纸（含设计变更）范围和因承包人原因造成返工的工程量，发包人不予计量。 （三）工程进度款支付 1、根据确定的工程计量结果，承包人向发包人提出支付工程进度款申请，14天内，发包人应按不低于工程价款的60%，不高于工程价款的90%向承包人支付工程进度款。按约定时间发包人应扣回的预付款，与工程进度款同期结算抵扣。 2、发包人超过约定的支付时间不支付工程进度款，承包人应及时向发包人发出要求付款的通知，发包人收到承包人通知后仍不能按要求付款，可与承包人协商签订延期付款协议，经承包人同意后可延期支付，协议应明确延期支付的时间和从工程计量结果确认后第15天起计算应付款的利息（利率按同期银行贷款利率计）。 3、发包人不按合同约定支付工程进度款，双方又未达成延期付款协议，导致施工无法进行，承包人可停止施工，由发包人承担违约责任。	案例78 虚列建设成本套取资金

42.《基本建设项目竣工财务决算管理暂行办法》（财建〔2016〕503号）

具 体 条 款	对应案例
第二条 基本建设项目（以下简称项目）完工可投入使用或者试运行合格后，应当在3个月内编报竣工财务决算，特殊情况确需延长的，中小型项目不得超过2个月，大型项目不得超过6个月。	案例82 未及时编制竣工财务决算

43.《建设工程质量保证金管理办法》（建质〔2017〕138号）

具 体 条 款	对应案例
第六条 在工程项目竣工前，已经缴纳履约保证金的，发包人不得同时预留工程质量保证金。 采用工程质量保证担保、工程质量保险等其他保证方式的，发包人不得再预留保证金。	案例91 重复收取保证金

第二章 相关法规制度

续表

具 体 条 款	对应案例
第七条　发包人应按照合同约定方式预留保证金，保证金总预留比例不得高于工程价款结算总额的3%。合同约定由承包人以银行函替代预留保证金的，保函金额不得高于工程价款结算总额的3%。	案例90 未按合同约定预留质量保证金

44.《政府会计制度——行政事业单位会计科目和报表》（财会〔2017〕25号）

具 体 条 款	对应案例
第三部分　会计科目使用说明 1218　其他应收款 四、事业单位应当于每年年末，对其他应收款进行全面检查，如发生不能收回的迹象，应当计提坏账准备。 （一）对于账龄超过规定年限、确认无法收回的其他应收款，按照规定报经批准后予以核销。按照核销金额，借记"坏账准备"科目，贷记本科目。核销的其他应收款应当在备查簿中保留登记。 2307　其他应付款 （五）无法偿付或债权人豁免偿还的其他应付款项，应当按照规定报经批准后进行账务处理。经批准核销时，借记本科目，贷记"其他收入"科目。 核销的其他应付款应在备查簿中保留登记。	案例98 未及时清理往来账款

45.《政府会计准则第3号——固定资产》（财会〔2016〕12号）

具 体 条 款	对应案例
第十条　政府会计主体自行建造的固定资产，其成本包括该项资产至交付使用前所发生的全部必要支出。 在原有固定资产基础上进行改建、扩建、修缮后的固定资产，其成本按照原固定资产账面价值加上改建、扩建、修缮发生的支出，再扣除固定资产被替换部分的账面价值后的金额确定。 为建造固定资产借入的专门借款的利息，属于建设期间发生的，计入在建工程成本；不属于建设期间发生的，计入当期费用。 已交付使用但尚未办理竣工决算手续的固定资产，应当按照估计价值入账，待办理竣工决算后再按实际成本调整原来的暂估价值。	案例84 未及时交付使用资产

第一节 案例适用法规索引

46.《中央行政单位通用办公设备家具配置标准》（财资〔2016〕27号）

具 体 条 款	对应案例
第四条 本标准是中央预算标准体系和资产配置标准体系的重要组成部分，是编制和审核资产配置计划和配置预算，实施政府采购和资产处置管理等工作的基本依据。	
第五条 本标准包括资产品目、配置数量上限、价格上限、最低使用年限和性能要求等内容。 资产品目根据办公设备、家具普遍适用程度确定。 配置数量上限根据单位机构设置、职能、编制内实有人数等确定，是不得超出的数量标准，具体数量由各单位结合实际，按照节约的原则合理配置。 价格上限根据办公设备、家具市场行情确定，是不得超出的价格标准，具体价格由各单位结合实际，按照节约的原则合理配置。因特殊原因确需超价格上限采购的，应按规定履行审批手续。 最低使用年限根据办公设备、家具的使用频率和耐用程度等确定，是通用办公设备、家具使用的低限标准。未达到最低使用年限的，除损毁且无法修复外，原则上不得更新。已达到使用年限仍可以使用的，应当继续使用。 性能要求是对通用办公设备、家具功能、属性、材质等方面的规定。	案例68 超标准配置资产

47.《中央行政事业单位国有资产配置管理办法》（财资〔2018〕98号）

具 体 条 款	对应案例
第二十一条 中央行政事业单位应当严格执行经批复的新增资产配置相关预算。新增资产配置相关预算一经批复，原则上不得调整。在预算执行中因特殊原因确需调整的，应当由中央部门向财政部提出调整新增资产配置相关预算申请，经财政部同意后方可执行。	案例67 超预算配置资产

48. 《中央预算单位资金存放管理实施办法》（财库〔2017〕176号）

具 体 条 款	对应案例
第六条　中央预算单位选择资金存放银行，应当采取竞争性方式或集体决策方式。	
第十四条　中央预算单位银行结算账户资金转存定期存款，一般在开户银行办理。中央预算单位银行结算账户内的事业收入、经营收入等除同级财政拨款收入以外的资金，在扣除日常资金支付需要后有较大规模余额的，可以转出开户银行进行定期存款，单次操作金额不少于1000万元。	案例54 定期存款超期存放
第十七条　中央预算单位在开户银行办理定期存款或将资金转出开户银行进行定期存款，应当在预测资金流量基础上，合理确定定期存款的资金规模和期限，确保资金支付需要。除按照国家规定开展保值增值管理的资金外，定期存款期限一般控制在1年以内（含1年）。	
第十九条　中央预算单位开展资金转出开户银行进行定期存款，定期存款到期后不需要收回使用的，可以在原定期存款银行续存，累计存期不超过2年。到期后不再续存以及累计存期已达到2年的，存款本息应当返回原开户银行，仍需转出开户银行进行定期存款的，应当重新采取竞争性方式选择定期存款银行。	

49. 《关于实施中央预算单位公务卡强制结算目录的通知》（财库〔2011〕160号）

具 体 条 款	对应案例
二、严格执行公务卡强制结算目录 （一）所有实行公务卡制度改革的中央预算单位，都应严格执行中央预算单位公务卡强制结算目录。 （二）凡目录规定的公务支出项目，应按规定使用公务卡结算，原则上不再使用现金结算。原使用转账方式结算的，可继续使用转账方式。 （三）下列情况可暂不使用公务卡结算： 1. 在县级以下（不包括县级）地区发生的公务支出； 2. 在县级及县级以上地区不具备刷卡条件的场所发生的单笔消费在200元以下的公务支出； 3. 按规定支付给个人的支出； 4. 签证费、快递费、过桥过路费、出租车费用等目前只能使用现金结算的支出。 除上述情况外，因特殊情形确实不能使用公务卡结算的，应报经单位财务部门批准。	案例96 应使用未使用公务卡结算

第一节 案例适用法规索引

50.《财政部 中国民用航空局关于加强公务机票购买管理有关事项的通知》（财库〔2014〕33号）

具 体 条 款	对应案例
一、各级国家机关、事业单位和团体组织工作人员，以及使用财政性资金购买公务机票的其他人员（以下简称购票人），国内出差、因公临时出国购买公务机票，应当按照厉行节约和支持本国航空公司发展的原则，优先购买通过政府采购方式确定的我国航空公司（以下简称国内航空公司）航班优惠机票。	案例63 购买公务机票未执行政府采购

51.《财政部 中国民用航空局关于加强公务机票购买管理有关事项的补充通知》（财库〔2014〕180号）

具 体 条 款	对应案例
二、关于购买市场低价机票问题 为进一步贯彻落实厉行节约和支持本国航空公司发展的要求，国内出差、因公临时出国购买机票，购票人可以购买市场上公务机票销售渠道外低于政府采购优惠票价的国内航空公司航班机票，购票时应当保留从各航空公司官方网站或者政府采购机票管理网站下载的出行日期机票市场价格截图等证明其低于购票时点政府采购优惠票价的材料。	案例63 购买公务机票未执行政府采购

52.《财政部关于做好政府采购信息公开工作的通知》（财库〔2015〕135号）

具 体 条 款	对应案例
（三）公开渠道。中央预算单位的政府采购信息应当在财政部指定的媒体上公开，地方预算单位的政府采购信息应当在省级（含计划单列市，下同）财政部门指定的媒体上公开。财政部指定的政府采购信息发布媒体包括中国政府采购网（www.ccgp.gov.cn）、《中国财经报》（《中国政府采购报》）、《中国政府采购杂志》、《中国财政杂志》等。省级财政部门应当将中国政府采购网地方分网作为本地区指定的政府采购信息发布媒体之一。	案例66 发布采购信息媒体不规范

第二章 相关法规制度

53.《关于清理规范一批行政事业性收费有关政策的通知》（财税〔2017〕20号）

具 体 条 款	对应案例
一、自2017年4月1日起，取消或停征41项中央设立的行政事业性收费（具体项目见附件），将商标注册收费标准降低50%。 六、各地区、有关部门和单位应当严格按照行政事业性收费管理规定，对须取消、停征或减免的行政事业性收费，不得以任何理由拖延或者拒绝执行。有关部门要加强政策落实情况的监督检查，对违反规定的，应当按照《预算法》、《价格法》、《财政违法行为处罚处分条例》等法律、行政法规规定予以处理。	案例15 已取消收费项目仍违规收费

54.《财政部关于进一步规范和加强行政事业单位国有资产管理的指导意见》（财资〔2015〕90号）

具 体 条 款	对应案例
（十七）探索建立行政事业单位资产共享共用机制，推进行政事业单位资产整合。建立资产共享共用与资产绩效、资产配置、单位预算挂钩的联动机制，避免资产重复配置、闲置浪费。鼓励开展"公物仓"管理，对闲置资产、临时机构（大型会议）购置资产在其工作任务完成后实行集中管理，调剂利用。	案例70 办公用房长期闲置

55.《财政部关于中央预算单位2019年预算执行管理有关问题的通知》（财库〔2018〕95号）

具 体 条 款	对应案例
三、严控向实有资金账户划转资金 （六）预算单位不得违规从本单位零余额账户向本单位或本部门其他预算单位实有资金账户划转资金。下列支出除外： 1. 依照《财政部 民政部 工商总局关于印发〈政府购买服务管理办法（暂行）〉的通知》（财综〔2014〕96号）等制度规定，按合同约定需向本部门所属事业单位支付的政府购买服务支出； 2. 确需划转的工会经费、住房改革支出、应缴或代扣代缴的税金，以及符合相关制度规定的工资中的代扣事项； 3. 暂不能通过零余额账户委托收款的社会保险缴费、职业年金缴费、水费、电费、取暖费等； 4. 报经财政部审核批准的归垫资金和其他资金。	案例97 违规从零余额账户向实有资金账户划转资金

56.《财政部关于进一步完善中央部门项目支出预算管理的通知》(财预〔2017〕96号)

具 体 条 款	对应案例
四、规范委托事项管理　除自身不具备实施条件外，机关不得将应由自身承担的工作任务或直接提供的服务委托给所属事业单位或本部门以外的其他单位承担，也不得将相关项目支出直接列入所属事业单位预算。	案例 7 将项目预算编列在所属单位

57.《财政部关于加强和改进中央部门项目支出预算管理的通知》(财预〔2015〕82号)

具 体 条 款	对应案例
附件：加强和改进中央部门项目支出预算管理工作实施方案 一、改进项目设置和管理方式　(一)关于项目设置规则 要按照"职责与经费相匹配"的原则确定部门内部项目实施主体，一般不得将应由本级承担的项目列入下级单位预算，或将应由下级单位承担的项目列入本级预算，也不得将应由行政单位承担的项目列入事业单位预算。	案例 7 将项目预算编列在所属单位 案例 55 将职责范围内财政拨款项目对外委托

58.《关于完善中央单位政府采购预算管理和中央高校、科研院所科研仪器设备采购管理有关事项的通知》(财库〔2016〕194号)

具 体 条 款	对应案例
一、完善中央单位政府采购预算管理 全面完整编制政府采购预算是加强政府采购管理的重要基础。中央单位应随部门预算编制一并编制政府采购预算。预算执行中部门预算资金调剂(包括追加、追减或调整结构)需要明确政府采购预算的，应按部门预算调剂的有关程序和规定一并办理，由主管预算单位报财政部(部门预算管理司)审核批复。	案例 8 预算调剂环节漏编政府采购预算

59.《关于政府采购进口产品管理有关问题的通知》（财办库〔2008〕248号）

具 体 条 款	对应案例
五、关于采购执行问题 　　采购人采购进口产品时，必须在采购活动开始前向财政部门提出申请并获得财政部门审核同意后，才能开展采购活动。在采购活动开始前没有获得财政部门同意而开展采购活动的，视同为拒绝采购进口产品，应当在采购文件中明确作出不允许进口产品参加的规定。未在采购文件中明确规定不允许进口产品参加的，也视为拒绝进口产品参加。采购活动组织开始后才报经财政部门审核同意的采购活动，属于违规行为。 　　财政部门审核同意购买进口产品的，应当在采购文件中明确规定可以采购进口产品，但如果因信息不对称等原因，仍有满足需求的国内产品要求参与采购竞争的，采购人及其委托的采购代理机构不得对其加以限制，应当按照公平竞争原则实施采购。	案例57 采购进口产品未履行审批手续

60.《中央行政事业单位国有资产处置管理办法》（国管资〔2009〕168号）

具 体 条 款	对应案例
第十四条　车辆资产处置方式包括置换、厂家回收、调剂、公开拍卖、变卖、捐赠、报废和报损等。	案例75 未及时办理产权变更
第三十一条　各部门经批准变卖或报废的资产，应当通过资产处置平台实行进场交易或统一回收处理。 　　对于计算机硬盘、复印机信息储存部件等信息存储载体的资产报废，应当符合安全保密的有关要求，防止失泄密事件发生。	案例74 未经审批处置资产
第三十四条　各部门应当根据资产处置批复，按规定及时调整资产、财务账目，办理产权变动登记等相关手续。	案例75 未及时办理产权变更

61.《基层工会经费收支管理办法》(总工办发〔2017〕32号)

具 体 条 款	对应案例
第六条 基层工会经费主要用于为职工服务和开展工会活动。	案例51 工会经费挤占公用经费
第二十四条 各省级工会应根据本办法的规定,结合本地区、本产业和本系统工作实际,制定具体实施细则,细化支出范围,明确开支标准,确定审批权限,规范活动开展。各省级工会制定的实施细则须报全国总工会备案。基层工会制定的相关办法须报上级工会备案。	

62.《政府购买服务管理办法》(财政部令 第102号)

具 体 条 款	对应案例
第八条 公益一类事业单位、使用事业编制且由财政拨款保障的群团组织,不作为政府购买服务的购买主体和承接主体。	案例55 将职责范围内财政拨款项目对外委托
第九条 政府购买服务的内容包括政府向社会公众提供的公共服务,以及政府履职所需辅助性服务。	

63.《中央预算单位政府集中采购目录及标准(2020年版)》(国办发〔2019〕55号)

具 体 条 款	对应案例
一、集中采购机构采购项目 以下项目必须按规定委托集中采购机构代理采购:一、货物类 台式计算机 便携式计算机 打印设备 三、服务类 车辆维修保养及加油服务 京内单位	案例59 集中采购目录内的项目未集中采购 案例62 公车维修未实行定点采购
三、分散采购限额标准 除集中采购机构采购项目和部门集中采购项目外,各部门自行采购单项或批量金额达到100万元以上的货物和服务的项目、120万元以上的工程项目应按《中华人民共和国政府采购法》和《中华人民共和国招标投标法》有关规定执行。	案例58 达到限额标准未履行政府采购程序
四、公开招标数额标准 政府采购货物或服务项目,单项采购金额达到200万元以上的,必须采用公开招标方式。	案例60 应公开招标而未进行公开招标

第二章 相关法规制度

64.《基本建设项目建设成本管理规定》(财建〔2016〕504号)

具 体 条 款	对应案例
第六条 建设地点分散、点多面广、建设工期长以及使用新技术、新工艺等的项目,项目建设管理费确需超过上述开支标准的,中央级项目,应当事前报项目主管部门审核批准,并报财政部备案,未经批准的,超标准发生的项目建设管理费由项目建设单位用自有资金弥补;地方级项目,由同级财政部门确定审核批准的要求和程序。	案例83 未经批准超支建设管理费

65.《会计基础工作规范》(财政部令 第98号)

具 体 条 款	对应案例
第三十七条 各单位发生的下列事项,应当及时办理会计手续、进行会计核算: (一)款项和有价证券的收付; (二)财物的收发、增减和使用; (三)债权债务的发生和结算; (四)资本、基金的增减; (五)收入、支出、费用、成本的计算; (六)财务成果的计算和处理; (七)其他需要办理会计手续、进行会计核算的事项。	案例100 跨期报销费用

第二节 常用法规制度

1. 预算管理

序号	主 要 制 度
1	《中华人民共和国预算法》(2018年中华人民共和国主席令 第22号)
2	《中华人民共和国预算法实施条例》(2020年中华人民共和国国务院令 第729号)
3	《中共中央 国务院关于全面实施预算绩效管理的意见》(中发〔2018〕34号)
4	《国务院关于进一步深化预算管理制度改革的意见》(国发〔2021〕5号)
5	《财政部关于深入贯彻落实中央八项规定及实施细则精神规范和加强中央部门预算管理的通知》(财预〔2018〕7号)

续表

序号	主　要　制　度
6	《财政部关于全面严肃财经纪律　严格中央部门预算管理的通知》（财预〔2016〕126号）
7	《事业单位财务规则》（财政部令　第68号）
8	《中央本级基本支出预算管理办法》（财预〔2007〕37号）
9	《中央本级项目支出预算管理办法》（财预〔2007〕38号）
10	《项目支出绩效评价管理办法》（财预〔2020〕10号）
11	《中央部门预算绩效目标管理办法》（财预〔2015〕88号）
12	《中央部门预算绩效运行监控管理暂行办法》（财预〔2019〕136号）
13	《预算管理一体化规范（试行）》（财办〔2020〕13号）
14	《财政部关于推进中央部门中期财政规划管理的意见》（财预〔2015〕43号）
15	《财政部关于加强和改进中央部门项目支出预算管理的通知》（财预〔2015〕82号）
16	《财政部关于加强中央部门预算评审工作的通知》（财预〔2015〕90号）
17	《财政部关于进一步做实中央部门预算项目库的意见》（财预〔2016〕54号）
18	《财政部关于进一步完善中央部门项目支出预算管理的通知》（财预〔2017〕96号）
19	《中央级水利工程维修养护经费使用管理暂行办法》（财农〔2004〕269号）
20	《中央级科学事业单位改善科研条件专项资金管理办法》（财教〔2021〕100号）
21	《财政部关于规范和加强中央预算单位国库集中支付资金归垫管理有关问题的通知》（财库〔2007〕24号）

2. 收支管理

序号	主　要　制　度
1	《党政机关公务用车管理办法》（中办发〔2017〕71号）
2	《党政机关国内公务接待管理规定》（中办发〔2013〕22号）
3	《党政机关厉行节约反对浪费条例》（中发〔2013〕13号）
4	《关于全面推进公务用车制度改革的指导意见》（中共中央办公厅、国务院办公厅2014年7月16日）
5	《关于严禁党政机关到风景名胜区开会的通知》（中共中央办公厅、国务院办公厅2014年9月28日）
6	《党政机关公务用车选用车型目录管理细则》（中华人民共和国工业和信息化部、国务院机关事务管理局、中共中央直属机关事务管理局　2011年第40号）

第二章 相关法规制度

续表

序号	主 要 制 度
7	《关于规范公务员津贴补贴问题的通知》(中纪发〔2006〕17号)
8	《违规发放津贴补贴行为处分决定》(监察部令 第31号)
9	《中央预算单位公务卡管理暂行办法》(财库〔2007〕63号)
10	《中央和国家机关差旅费管理办法》(财行〔2013〕531号)
11	《中央和国家机关差旅费管理办法有关问题的解答》(财办行〔2014〕90号)
12	《因公临时出国经费管理办法》(财行〔2013〕516号)
13	《财政部 外交部关于调整因公临时出国住宿费标准等有关事项的通知》(财行〔2017〕434号)
14	《关于清理规范一批行政事业性收费有关政策的通知》(财税〔2017〕20号)
15	《党政机关会议定点管理办法》(财行〔2015〕1号)
16	《中央和国家机关会议费管理办法》(财行〔2016〕214号)
17	《中央和国家机关培训费管理办法》(财行〔2016〕540号)
18	《中央财政科研项目专家咨询费管理办法》(财科教〔2017〕128号)
19	《政府非税收入管理办法》(财税〔2016〕33号)
20	《关于党政机关及事业单位用公款为个人购买商业保险若干问题的规定》(财金〔2004〕88号)
21	《关于实施中央预算单位公务卡强制结算目录的通知》(财库〔2011〕160号)
22	《关于中央预算管理单位按照财务隶属关系领用非税收入票据问题的通知》(财办综〔2013〕46号)
23	《财政部 中国民用航空局关于加强公务机票购买管理有关事项的通知》(财库〔2014〕33号)
24	《财政部 中国民用航空局关于加强公务机票购买管理有关事项的补充通知》(财库〔2014〕180号)
25	《关于加强和规范中央预算单位未纳入财政统发范围的工资支付管理有关事项的通知》(财办库〔2017〕170号)
26	《财政部办公厅 国家机关事务管理局办公室 中共中央直属机关事务管理局办公室关于规范差旅伙食费和市内交通费收交管理有关事项的通知》(财办行〔2019〕104号)

3. 政府采购及招投标管理

序号	主要制度
1	《中华人民共和国政府采购法》(中华人民共和国主席令 第68号)
2	《中华人民共和国招标投标法》(中华人民共和国主席令 第21号)
3	《中华人民共和国反不正当竞争法》(中华人民共和国主席令 第77号)
4	《中华人民共和国招标投标法实施条例》(中华人民共和国主席令 第613号)
5	《中华人民共和国政府采购法实施条例》(中华人民共和国国务院令 第658号)
6	《中央预算单位政府集中采购目录及标准(2020年版)》(国办发〔2019〕55号)
7	《政府采购需求管理办法》(财库〔2021〕22号)
8	《国务院办公厅关于建立政府强制采购节能产品制度的通知》(国办发〔2007〕51号)
9	《国务院办公厅关于进一步加强政府采购管理工作的意见》(国办发〔2009〕35号)
10	《政府采购信息发布管理办法》(财政部令 第101号)
11	《政府购买服务管理办法》(财政部令 第102号)
12	《政府采购非招标采购方式管理办法》(财政部令 第74号)
13	《政府采购货物和服务招标投标管理办法》(财政部令 第87号)
14	《政府采购质疑和投诉办法》(财政部令 第94号)
15	《财政部关于开展政府采购意向公开工作的通知》(财库〔2020〕10号)
16	《政府采购竞争性磋商采购方式管理暂行办法》(财库〔2014〕214号)
17	《政府和社会资本合作项目政府采购管理办法》(财库〔2014〕215号)
18	《政府采购进口产品管理办法》(财库〔2007〕119号)
19	《中央预算单位批量集中采购管理暂行办法》(财库〔2013〕109号)
20	《关于中央预算单位实施批量集中采购工作的通知》(财办库〔2013〕334号)
21	《中央预算单位变更政府采购方式审批管理办法》(财库〔2015〕36号)
22	《财政部关于政府采购竞争性磋商采购方式管理暂行办法有关问题的补充通知》(财库〔2015〕124号)
23	《财政部关于做好政府采购信息公开工作的通知》(财库〔2015〕135号)

续表

序号	主 要 制 度
24	《节能产品政府采购实施意见》(财库〔2004〕185号)
25	《中央单位政府集中采购管理实施办法》(财库〔2007〕3号)
26	《关于政府采购进口产品管理有关问题的通知》(财办库〔2008〕248号)
27	《财政部关于进一步规范政府采购评审工作有关问题的通知》(财库〔2012〕69号)
28	《财政部关于加强政府采购活动内部控制管理的指导意见》(财库〔2016〕99号)
29	《财政部关于进一步加强政府采购需求和履约验收管理的指导意见》(财库〔2016〕205号)
30	《关于完善中央单位政府采购预算管理和中央高校、科研院所科研仪器设备采购管理有关事项的通知》(财库〔2016〕194号)
31	《财政部关于印发〈政府采购评审专家管理办法〉的通知》(财库〔2016〕198号)
32	《财政部关于对中央预算单位政府采购执行情况实行动态监管的通知》(财办库〔2016〕413号)
33	《关于进一步做好中央预算单位批量集中采购有关工作的通知》(财办库〔2016〕425号)
34	《关于简化优化中央预算单位变更政府采购方式和采购进口产品审批审核有关事宜的通知》(财办库〔2016〕416号)
35	《财政部关于进一步做好政府采购信息公开工作有关事项的通知》(财库〔2017〕86号)
36	《政务信息系统政府采购管理暂行办法》(财库〔2017〕210号)
37	《财政部关于印发〈政府采购代理机构管理暂行办法〉的通知》(财库〔2018〕2号)
38	《财政部 发展改革委 生态环境部 市场监管总局关于调整优化节能产品 环境标志产品政府采购执行机制的通知》(财库〔2019〕9号)
39	《关于中央国家机关批量集中采购有关事宜的通知》(国机采〔2019〕3号)
40	《财政部 生态环境部关于印发环境标志产品政府采购品目清单的通知》(财库〔2019〕18号)
41	《财政部 发展改革委关于印发节能产品政府采购品目清单的通知》(财库〔2019〕19号)
42	《财政部关于促进政府采购公平竞争优化营商环境的通知》(财库〔2019〕38号)

续表

序号	主 要 制 度
43	《关于深入开展政府采购脱贫地区农副产品工作推进乡村产业振兴的实施意见》（财库〔2021〕20号）
44	《中央国家机关政府采购电子卖场管理暂行办法》（国机采〔2020〕6号）
45	《中央国家机关政府采购中心电子竞价管理办法》（国机采〔2020〕9号）
46	《中央国家机关政府采购中心供应商质疑答复实施细则》（国机采〔2020〕13号）

4. 国有资产管理

序号	主 要 制 度
1	《行政事业性国有资产管理条例》（中华人民共和国国务院令 第738号）
2	《国有资产评估管理办法》（中华人民共和国国务院令 第91号）
3	《党政机关办公用房管理办法》（中办发〔2017〕70号）
4	《行政单位国有资产管理暂行办法》（财政部令 第35号）
5	《事业单位国有资产管理暂行办法》（财政部令 第36号）
6	《关于开展中央行政事业单位国有资产处置事项公开工作的通知》（国管办发〔2021〕15号）
7	《财政部关于进一步加强和改进行政事业单位国有资产管理工作的通知》（财资〔2018〕108号）
8	《关于加强行政事业单位固定资产管理的通知》（财资〔2020〕97号）
9	《国家机关事务管理局关于印发〈中央行政事业单位资产配置计划管理暂行办法〉的通知》（国管资〔2018〕73号）
10	《中央行政事业单位国有资产处置管理办法》（财资〔2021〕127号）
11	《中央级事业单位国有资产使用管理暂行办法》（财教〔2009〕192号）
12	《中央行政事业单位国有资产处置管理办法》（国管资〔2009〕168号）
13	《关于进一步加强中央行政单位新增资产配置预算管理有关问题的通知》（财行发〔2010〕293号）
14	《事业单位及事业单位所办企业国有资产产权登记管理办法》（财教〔2012〕242号）
15	《行政事业单位资产清查核实管理办法》（财资〔2016〕1号）

第二章 相关法规制度

续表

序号	主　要　制　度
16	《中央行政事业单位国有资产配置管理办法》（财资〔2018〕98号）
17	《关于进一步规范和加强政府机关软件资产管理的意见》（财行〔2011〕7号）
18	《中央行政单位通用办公设备家具购置费预算标准（试行）》（财行〔2011〕78号）
19	《财政部关于进一步规范和加强行政事业单位国有资产管理的指导意见》（财资〔2015〕90号）
20	《中央行政单位通用办公设备家具配置标准》（财资〔2016〕27号）
21	《财政部关于印发〈行政事业单位资产清查核实管理办法〉的通知》（财资〔2016〕1号）

5. 基建财务管理

序号	主　要　制　度
1	《基本建设财务规则》（财政部令　第81号）
2	《建设工程价款结算暂行办法》（财建〔2004〕369号）
3	《基本建设项目竣工财务决算管理暂行办法》（财建〔2016〕503号）
4	《基本建设项目建设成本管理规定》（财建〔2016〕504号）
5	《建设工程质量保证金管理办法》（建质〔2017〕138号）
6	《中央基本建设项目竣工财务决算审核批复操作规程》（财办建〔2018〕2号）
7	《关于加快做好行政事业单位长期已使用在建工程转固工作的通知》（财建〔2019〕1号）
8	《中央预算内直接投资项目管理办法》（国家发展和改革委员会令　第7号）

6. 合同管理

序号	主　要　制　度
1	《中华人民共和国民法典》第三编　合同（2020年5月28日　第十三届全国人民代表大会第三次会议通过）
2	《中华人民共和国劳动合同法》（中华人民共和国主席令　第73号）
3	《中华人民共和国价格法》（中华人民共和国主席令　第92号）
4	《中华人民共和国仲裁法》（中华人民共和国主席令　第31号）

第二节 常用法规制度

7. 会计基础工作

序号	主要制度
1	《现金管理暂行条例》（中华人民共和国国务院令 第588号）
2	《政府会计准则——基本准则》（财政部令 第78号）
3	《政府会计制度——行政事业单位会计科目和报表》（财会〔2017〕25号）
4	《关于印发〈政府会计准则第1号——存货〉等4项具体准则的通知》（财会〔2016〕12号）
5	《关于印发〈政府会计准则第5号——公共基础设施〉的通知》（财会〔2017〕11号）
6	《关于印发〈政府会计准则第6号——政府储备物资〉的通知》（财会〔2017〕23号）
7	《关于印发〈政府会计准则第7号——会计调整〉的通知》（财会〔2018〕28号）
8	《关于印发〈政府会计准则第8号——负债〉的通知》（财会〔2018〕31号）
9	《关于印发〈政府会计准则第9号——财务报表编制和列报〉的通知》（财会〔2018〕37号）
10	《关于印发〈政府会计准则第10号——政府和社会资本合作项目合同〉的通知》（财会〔2019〕23号）
11	《关于印发〈政府会计制度——行政事业单位会计科目和报表〉与〈行政单位会计制度〉〈事业单位会计制度〉有关衔接问题处理规定的通知》（财会〔2018〕3号）
12	《财政部关于进一步做好政府会计准则制度新旧衔接和加强行政事业单位资产核算的通知》（财会〔2018〕34号）
13	《关于印发〈政府会计准则制度解释第1号〉的通知》（财会〔2019〕13号）
14	《关于印发〈政府会计准则制度解释第2号〉的通知》（财会〔2019〕24号）
15	《关于印发〈政府会计准则制度解释第3号〉的通知》（财会〔2020〕15号）
16	《中华人民共和国发票管理办法》（财政部令 第6号 2019年修订）
17	《会计基础工作规范》（财政部令 第98号 2019年修订）
18	《财政票据管理办法》（财政部令 第104号）
19	《事业单位成本核算基本指引》（财会〔2019〕25号）
20	《中央预算单位银行账户管理暂行办法》（财库〔2002〕48号）
21	《现金管理暂行条例实施细则》（1988年9月12日 中国人民银行发布）

第二章 相关法规制度

续表

序号	主 要 制 度
22	《人民币银行结算账户管理办法实施细则》(银发〔2005〕16号)
23	《〈中央预算单位银行账户管理暂行办法〉补充规定》(财库〔2006〕96号)
24	《行政事业单位资金往来结算票据使用管理暂行办法》(财综〔2010〕1号)
25	《关于调整中央预算单位银行账户管理有关事项的通知》(财库〔2016〕210号)
26	《中央预算单位资金存放管理实施办法》(财库〔2017〕176号)
27	《基层工会经费收支管理办法》(总工办发〔2017〕32号)

8. 综合

序号	主 要 制 度
1	《中华人民共和国会计法》(中华人民共和国主席令 第24号 2017年11月4日修订)
2	《中华人民共和国个人所得税法实施条例》(中华人民共和国国务院令 第707号)
3	《中国共产党纪律处分条例》(中共中央 2018年8月)
4	《财政违法行为处罚处分条例》(中华人民共和国国务院令 第427号)
5	《保障中小企业款项支付条例》(中华人民共和国国务院令 第728号)
6	《中央政治局关于改进工作作风、密切联系群众的八项规定》(中共中央政治局 2012年12月4日)
7	《中共中央政治局贯彻落实中央八项规定的实施细则》(中共中央政治局 2017年10月27日)
8	《关于在党政机关和事业单位开展"小金库"专项治理工作的实施办法》(中纪发〔2009〕7号)
9	《行政事业单位内部控制规范(试行)》(财会〔2012〕21号)
10	《财政部关于全面推进行政事业单位内部控制建设的指导意见》(财会〔2015〕24号)
11	《市场监管总局 国家发展改革委 工业和信息化部 民政部 财政部 国资委 银保监会关于进一步加强违规涉企收费治理工作的通知》(国市监竞争〔2019〕150号)
12	《财政部 科技部关于印发〈中央财政科技计划(专项、基金等)后补助管理办法〉的通知》(财教〔2019〕226号)

附　　录

国务院关于进一步深化预算管理制度改革的意见

国发〔2021〕5号

各省、自治区、直辖市人民政府，国务院各部委、各直属机构：

预算体现国家的战略和政策，反映政府的活动范围和方向，是推进国家治理体系和治理能力现代化的重要支撑，是宏观调控的重要手段。党的十八大以来，按照党中央、国务院决策部署，预算管理制度不断改革完善，为建立现代财政制度奠定了坚实基础。当前和今后一个时期，财政处于紧平衡状态，收支矛盾较为突出，加之预算管理中存在统筹力度不足、政府过紧日子意识尚未牢固树立、预算约束不够有力、资源配置使用效率有待提高、预算公开范围和内容仍需拓展等问题，影响了财政资源统筹和可持续性。为落实《中华人民共和国预算法》及其实施条例有关规定，规范管理、提高效率、挖掘潜力、释放活力，现就进一步深化预算管理制度改革提出以下意见。

一、总体要求

（一）指导思想。以习近平新时代中国特色社会主义思想为指导，深入贯彻党的十九大和十九届二中、三中、四中、五中全会精神，全面贯彻党的基本理论、基本路线、基本方略，坚持稳中求进工作总基调，立足新发展阶段、贯彻新发展理念、构建新发展格局，以推动高质量发展为主题，以深化供给侧结构性改革为主线，以改革创新为根本动力，以满足人民日益增长的美好生活需要为根本目的，更加有效保障和改善民生，进一步完善预算管理制度，更好发挥财政在国家治理中的基础和重要支柱作用，为全面建设社会主义现代化国家提供坚实保障。

(二) 基本原则。

坚持党的全面领导。将坚持和加强党的全面领导贯穿预算管理制度改革全过程。坚持以人民为中心，兜牢基本民生底线。坚持系统观念，加强财政资源统筹，集中力量办大事，坚决落实政府过紧日子要求，强化预算对落实党和国家重大政策的保障能力，实现有限公共资源与政策目标有效匹配。

坚持预算法定。增强法治观念，强化纪律意识，严肃财经纪律，更加注重强化约束，着力提升制度执行力，维护法律的权威性和制度的刚性约束力。明确地方和部门的主体责任，切实强化预算约束，加强对权力运行的制约和监督。

坚持目标引领。按照建立现代财税体制的要求，坚持目标导向和问题导向相结合，完善管理手段，创新管理技术，破除管理瓶颈，推进预算和绩效管理一体化，以信息化推进预算管理现代化，加强预算管理各项制度的系统集成、协同高效，提高预算管理规范化、科学化、标准化水平和预算透明度。

坚持底线思维。把防风险摆在更加突出的位置，统筹发展和安全、当前和长远，杜绝脱离实际的过高承诺，形成稳定合理的社会预期。加强政府债务和中长期支出事项管理，牢牢守住不发生系统性风险的底线。

二、加大预算收入统筹力度，增强财政保障能力

（三）规范政府收入预算管理。实事求是编制收入预算，考虑经济运行和实施减税降费政策等因素合理测算。严禁将财政收入规模、增幅纳入考核评比。严格落实各项减税降费政策，严禁收取过头税费、违规设置收费项目或提高收费标准。依照法律法规及时足额征收应征的预算收入，如实反映财政收入情况，提高收入质量，严禁虚收空转。不得违法违规制定实施各种形式的歧视性税费减免政策，维护全国统一市场和公平竞争。严禁将政府非税收入与征收单位支出挂钩。

（四）加强政府性资源统筹管理。将依托行政权力、国有资源（资产）获取的收入以及特许经营权拍卖收入等按规定全面纳入预算，加大预算统筹力度。完善收费基金清单管理，将列入清单的收费基金按规定

纳入预算。将应当由政府统筹使用的基金项目转列一般公共预算。合理确定国有资本收益上交比例。

（五）强化部门和单位收入统筹管理。各部门和单位要依法依规将取得的各类收入纳入部门或单位预算，未纳入预算的收入不得安排支出。各部门应当加强所属单位事业收入、事业单位经营收入等非财政拨款收入管理，在部门和单位预算中如实反映非财政拨款收入情况。加强行政事业性国有资产收入管理，资产出租、处置等收入按规定上缴国库或纳入单位预算。

（六）盘活各类存量资源。盘活财政存量资金，完善结余资金收回使用机制。新增资产配置要与资产存量挂钩，依法依规编制相关支出预算。严格各类资产登记和核算，所有资本性支出应当形成资产并予以全程登记。各级行政事业单位要将资产使用管理责任落实到人，确保资产安全完整、高效利用。推动国有资产共享共用，促进长期低效运转、闲置和超标准配置资产以及临时配置资产调剂使用，有条件的部门和地区可以探索建立公物仓，按规定处置不需使用且难以调剂的国有资产，提高财政资源配置效益。

三、规范预算支出管理，推进财政支出标准化

（七）加强重大决策部署财力保障。各级预算安排要将落实党中央、国务院重大决策部署作为首要任务，贯彻党的路线方针政策，增强对国家重大战略任务、国家发展规划的财力保障。完善预算决策机制和程序，各级预算、决算草案提请本级人大或其常委会审查批准前，应当按程序报本级党委和政府审议；各部门预算草案应当报本部门党组（党委）审议。

（八）合理安排支出预算规模。坚持量入为出原则，积极运用零基预算理念，打破支出固化僵化格局，合理确定支出预算规模，调整完善相关重点支出的预算编制程序，不再与财政收支增幅或生产总值层层挂钩。充分发挥财政政策逆周期调节作用，安排财政赤字和举借债务要与经济逆周期调节相适应，将政府杠杆率控制在合理水平，并预留应对经济周期变化的政策空间。

（九）大力优化财政支出结构。各级预算安排要突出重点，坚持"三

保"（保基本民生、保工资、保运转）支出在财政支出中的优先顺序，坚决兜住"三保"底线，不留硬缺口。严格控制竞争性领域财政投入，强化对具有正外部性创新发展的支持。不折不扣落实过紧日子要求，厉行节约办一切事业，建立节约型财政保障机制，精打细算，严控一般性支出。严禁违反规定乱开口子、随意追加预算。严格控制政府性楼堂馆所建设，严格控制和执行资产配置标准，暂时没有标准的要从严控制、避免浪费。清理压缩各种福利性、普惠性、基数化奖励。优化国有资本经营预算支出结构，强化资本金注入，推动国有经济布局优化和结构调整。

（十）完善财政资金直达机制。在保持现行财政体制、资金管理权限和保障主体责任基本稳定的前提下，稳步扩大直达资金范围。完善直达资金分配审核流程，加强对地方分配直达资金情况的监督，确保资金安排符合相关制度规定、体现政策导向。建立健全直达资金监控体系，加强部门协同联动，强化从资金源头到使用末端的全过程、全链条、全方位监管，资金监管"一竿子插到底"，确保资金直达使用单位、直接惠企利民，防止挤占挪用、沉淀闲置等，提高财政资金使用的有效性和精准性。

（十一）推进支出标准体系建设。建立国家基础标准和地方标准相结合的基本公共服务保障标准体系，由财政部会同中央有关职能部门按程序制定国家基础标准，地方结合公共服务状况、支出成本差异、财政承受能力等因素因地制宜制定地方标准，按程序报上级备案后执行。鼓励各地区结合实际在国家尚未出台基础标准的领域制定地方标准。各地区要围绕"三保"等基本需要研究制定县级标准。根据支出政策、项目要素及成本、财力水平等，建立不同行业、不同地区、分类分档的预算项目支出标准体系。根据经济社会发展、物价变动和财力变化等动态调整支出标准。加强对项目执行情况的分析和结果运用，将科学合理的实际执行情况作为制定和调整标准的依据。加快推进项目要素、项目文本、绩效指标等标准化规范化。将支出标准作为预算编制的基本依据，不得超标准编制预算。

四、严格预算编制管理，增强财政预算完整性

（十二）改进政府预算编制。上级政府应当依法依规提前下达转移支

付和新增地方政府债务限额预计数,增强地方预算编制的完整性、主动性。下级政府应当严格按照提前下达数如实编制预算,既不得虚列收支、增加规模,也不得少列收支、脱离监督。进一步优化转移支付体系,完善转移支付资金分配方法,健全转移支付定期评估和动态调整、退出机制,提高转移支付管理的规范性、科学性、合理性。规范国有资本经营预算编制,经本级人大或其常委会批准,国有资本规模较小或国有企业数量较少的市县可以不编制本级国有资本经营预算。

(十三)加强跨年度预算平衡。加强中期财政规划管理,进一步增强与国家发展规划的衔接,强化中期财政规划对年度预算的约束。对各类合规确定的中长期支出事项和跨年度项目,要根据项目预算管理等要求,将全生命周期内对财政支出的影响纳入中期财政规划。地方政府举借债务应当严格落实偿债资金来源,科学测算评估预期偿债收入,合理制定偿债计划,并在中期财政规划中如实反映。鼓励地方结合项目偿债收入情况,建立政府偿债备付金制度。

(十四)加强部门和单位预算管理。政府的全部收入和支出都应当依法纳入预算,执行统一的预算管理制度。落实部门和单位预算管理主体责任,部门和单位要对预算完整性、规范性、真实性以及执行结果负责。各部门要统筹各类资金资产,结合本部门非财政拨款收入情况统筹申请预算,保障合理支出需求。将项目作为部门和单位预算管理的基本单元,预算支出全部以项目形式纳入预算项目库,实施项目全生命周期管理,未纳入预算项目库的项目一律不得安排预算。有关部门负责安排的建设项目,要按规定纳入部门项目库并纳入预算项目库。实行项目标准化分类,规范立项依据、实施期限、支出标准、预算需求等要素。建立健全项目入库评审机制和项目滚动管理机制。做实做细项目储备,纳入预算项目库的项目应当按规定完成可行性研究论证、制定具体实施计划等各项前期工作,做到预算一经批准即可实施,并按照轻重缓急等排序,突出保障重点。推进运用成本效益分析等方法研究开展事前绩效评估。依法依规管理预算代编事项,除应急、救灾等特殊事项外,部门不得代编应由所属单位实施的项目预算。

(十五)完善政府财务报告体系。建立完善权责发生制政府综合财务报告制度，全面客观反映政府资产负债与财政可持续性情况。健全财政总预算会计制度，将财政财务信息内容从预算收支信息扩展至资产、负债、投资等信息。推动预算单位深化政府会计改革，全面有效实施政府会计标准体系，完善权责发生制会计核算基础。完善国有资产管理情况报告制度，做好与政府综合财务报告的衔接。

五、强化预算执行和绩效管理，增强预算约束力

（十六）强化预算对执行的控制。严格执行人大批准的预算，预算一经批准非经法定程序不得调整。对预算指标实行统一规范的核算管理，精准反映预算指标变化，实现预算指标对执行的有效控制。坚持先有预算后有支出，严禁超预算、无预算安排支出或开展政府采购，严禁将国库资金违规拨入财政专户。严禁出台溯及以前年度的增支政策，新的增支政策原则上通过以后年度预算安排支出。规范预算调剂行为。规范按权责发生制列支事项，市县级财政国库集中支付结余不再按权责发生制列支。严禁以拨代支，进一步加强地方财政暂付性款项管理，除已按规定程序审核批准的事项外，不得对未列入预算的项目安排支出。加强对政府投资基金设立和出资的预算约束，提高资金使用效益。加强国有资本管理与监督，确保国有资本安全和保值增值。

（十七）推动预算绩效管理提质增效。将落实党中央、国务院重大决策部署作为预算绩效管理重点，加强财政政策评估评价，增强政策可行性和财政可持续性。加强重点领域预算绩效管理，分类明确转移支付绩效管理重点，强化引导约束。加强对政府和社会资本合作、政府购买服务等项目的全过程绩效管理。加强国有资本资产使用绩效管理，提高使用效益。加强绩效评价结果应用，将绩效评价结果与完善政策、调整预算安排有机衔接，对低效无效资金一律削减或取消，对沉淀资金一律按规定收回并统筹安排。加大绩效信息公开力度，推动绩效目标、绩效评价结果向社会公开。

（十八）优化国库集中收付管理。对政府全部收入和支出实行国库集中收付管理。完善国库集中支付控制体系和集中校验机制，实行全流程电子支付，优化预算支出审核流程，全面提升资金支付效率。根据预算

收入进度和资金调度需要等,合理安排国债、地方政府债券的发行规模和节奏,节省资金成本。优化国债品种期限结构,发挥国债收益率曲线定价基准作用。完善财政收支和国库现金流量预测体系,建立健全库款风险预警机制,统筹协调国库库款管理、政府债券发行与国库现金运作。

(十九)拓展政府采购政策功能。建立政府采购需求标准体系,鼓励相关部门结合部门和行业特点提出政府采购相关政策需求,推动在政府采购需求标准中嵌入支持创新、绿色发展等政策要求。细化政府采购预算编制,确保与年度预算相衔接。建立支持创新产品及服务、中小企业发展等政策落实的预算编制和资金支付控制机制。对于适合以市场化方式提供的服务事项,应当依法依规实施政府购买服务,坚持费随事转,防止出现"一边购买服务,一边养人办事"的情况。

六、加强风险防控,增强财政可持续性

(二十)健全地方政府依法适度举债机制。健全地方政府债务限额确定机制,一般债务限额与一般公共预算收入相匹配,专项债务限额与政府性基金预算收入及项目收益相匹配。完善专项债券管理机制,专项债券必须用于有一定收益的公益性建设项目,建立健全专项债券项目全生命周期收支平衡机制,实现融资规模与项目收益相平衡,专项债券期限要与项目期限相匹配,专项债券项目对应的政府性基金收入、专项收入应当及时足额缴入国库,保障专项债券到期本息偿付。完善以债务率为主的政府债务风险评估指标体系,建立健全政府债务与项目资产、收益相对应的制度,综合评估政府偿债能力。加强风险评估预警结果应用,有效前移风险防控关口。依法落实到期法定债券偿还责任。健全地方政府债务信息公开及债券信息披露机制,发挥全国统一的地方政府债务信息公开平台作用,全面覆盖债券参与主体和机构,打通地方政府债券管理全链条,促进形成市场化融资自律约束机制。

(二十一)防范化解地方政府隐性债务风险。把防范化解地方政府隐性债务风险作为重要的政治纪律和政治规矩,坚决遏制隐性债务增量,妥善处置和化解隐性债务存量。完善常态化监控机制,进一步加强日常监督管理,决不允许新增隐性债务上新项目、铺新摊子。强化国有企事

业单位监管，依法健全地方政府及其部门向企事业单位拨款机制，严禁地方政府以企业债务形式增加隐性债务。严禁地方政府通过金融机构违规融资或变相举债。金融机构要审慎合规经营，尽职调查、严格把关，严禁要求或接受地方党委、人大、政府及其部门出具担保性质文件或者签署担保性质协议。清理规范地方融资平台公司，剥离其政府融资职能，对失去清偿能力的要依法实施破产重整或清算。健全市场化、法治化的债务违约处置机制，鼓励债务人、债权人协商处置存量债务，切实防范恶意逃废债，保护债权人合法权益，坚决防止风险累积形成系统性风险。加强督查审计问责，严格落实政府举债终身问责制和债务问题倒查机制。

（二十二）防范化解财政运行风险隐患。推进养老保险全国统筹，坚持精算平衡，加强基金运行监测，防范待遇支付风险。加强医疗、失业、工伤等社保基金管理，推进省级统筹，根据收支状况及时调整完善缴费和待遇政策，促进收支基本平衡。各地区出台涉及增加财政支出的重大政策或实施重大政府投资项目前，要按规定进行财政承受能力评估，未通过评估的不得安排预算。规范政府和社会资本合作项目管理。各部门出台政策时要考虑地方财政承受能力。除党中央、国务院统一要求以及共同事权地方应负担部分外，上级政府及其部门不得出台要求下级配套或以达标评比、考核评价等名目变相配套的政策。加强政府中长期支出事项管理，客观评估对财政可持续性的影响。

七、增强财政透明度，提高预算管理信息化水平

（二十三）改进预决算公开。加大各级政府预决算公开力度，大力推进财政政策公开。扩大部门预决算公开范围，各部门所属预算单位预算、决算及相关报表应当依法依规向社会公开。推进政府投资基金、收费基金、国有资本收益、政府采购意向等信息按规定向社会公开。建立民生项目信息公示制度。细化政府预决算公开内容，转移支付资金管理办法及绩效目标、预算安排情况等应当依法依规向社会公开。细化部门预决算公开内容，项目预算安排、使用情况等项目信息应当依法依规向社会公开。推进按支出经济分类公开政府预决算和部门预决算。

（二十四）发挥多种监督方式的协同效应。充分发挥党内监督的主导

作用，加强财会监督，促进财会监督与党内监督、监察监督、行政监督、司法监督、审计监督、统计监督、群众监督、舆论监督等协同发力。各级政府、各部门要依法接受各级人大及其常委会、审计部门的监督。推进人大预算联网监督工作。各级财政部门要做好财税法规和政策执行情况、预算管理有关监督工作，构建日常监管与专项监督协调配合的监督机制。强化监督结果运用，对监督发现的问题，严格依规依纪依法追究有关单位和人员责任，加大处理结果公开力度。

（二十五）实现中央和地方财政系统信息贯通。用信息化手段支撑中央和地方预算管理，规范各级预算管理工作流程等，统一数据标准，推动数据共享。以省级财政为主体加快建设覆盖本地区的预算管理一体化系统并与中央财政对接，动态反映各级预算安排和执行情况，力争2022年底全面运行。中央部门根据国家政务信息化建设进展同步推进相关信息系统建设。建立完善全覆盖、全链条的转移支付资金监控机制，实时记录和动态反映转移支付资金分配、拨付、使用情况，实现资金从预算安排源头到使用末端全过程来源清晰、流向明确、账目可查、账实相符。

（二十六）推进部门间预算信息互联共享。预算管理一体化系统集中反映单位基础信息和会计核算、资产管理、账户管理等预算信息，实现财政部门与主管部门共享共用。积极推动财政与组织、人力资源和社会保障、税务、人民银行、审计、公安、市场监管等部门实现基础信息按规定共享共用。落实部门和单位财务管理主体责任，强化部门对所属单位预算执行的监控管理职责。

各地区、各部门要充分认识到进一步深化预算管理制度改革的重要意义，把思想认识和行动统一到党中央、国务院的决策部署上来，增强"四个意识"、坚定"四个自信"、做到"两个维护"，主动谋划，精心组织，扎实推进改革。各地区要按照本意见要求，结合本地区实际，细化各项政策措施，切实加强制度建设，夯实改革基础，推进人才队伍建设，确保各项改革任务及时落地见效，推动预算管理水平再上新台阶。

国务院

2021年3月7日

党政机关厉行节约反对浪费条例

第一章 总 则

第一条 为了进一步弘扬艰苦奋斗、勤俭节约的优良作风,推进党政机关厉行节约反对浪费,建设节约型机关,根据国家有关法律法规和中央有关规定,制定本条例。

第二条 本条例适用于党的机关、人大机关、行政机关、政协机关、审判机关、检察机关,以及工会、共青团、妇联等人民团体和参照公务员法管理的事业单位。

第三条 本条例所称浪费,是指党政机关及其工作人员违反规定进行不必要的公务活动,或者在履行公务中超出规定范围、标准和要求,不当使用公共资金、资产和资源,给国家和社会造成损失的行为。

第四条 党政机关厉行节约反对浪费,应当遵循下列原则:坚持从严从简,勤俭办一切事业,降低公务活动成本;坚持依法依规,遵守国家法律法规和党内法规制度的相关规定,严格按程序办事;坚持总量控制,科学设定相关标准,严格控制经费支出总额,加强厉行节约绩效考评;坚持实事求是,从实际出发安排公务活动,取消不必要的公务活动,保证正常公务活动;坚持公开透明,除涉及国家秘密事项外,公务活动中的资金、资产、资源使用等情况应予公开,接受各方面监督;坚持深化改革,通过改革创新破解体制机制障碍,建立健全厉行节约反对浪费工作长效机制。

第五条 中共中央办公厅、国务院办公厅负责统筹协调、指导检查全国党政机关厉行节约反对浪费工作,建立协调联络机制承办具体事务。地方各级党委办公厅(室)、政府办公厅(室)负责指导检查本地区党政机关厉行节约反对浪费工作。

纪检监察机关和组织人事、宣传、外事、发展改革、财政、审计、机关事务管理等部门根据职责分工,依法依规履行对厉行节约反对浪费相关工作的管理、监督等职责。

第六条 各级党委和政府应当加强对厉行节约反对浪费工作的组织领导。党政机关领导班子主要负责人对本地区、本部门、本单位的厉行节约反对浪费工作负总责，其他成员根据工作分工，对职责范围内的厉行节约反对浪费工作负主要领导责任。

第二章 经 费 管 理

第七条 党政机关应当加强预算编制管理，按照综合预算的要求，将各项收入和支出全部纳入部门预算。

党政机关依法取得的罚没收入、行政事业性收费、政府性基金、国有资产收益和处置等非税收入，必须按规定及时足额上缴国库，严禁以任何形式隐瞒、截留、挤占、挪用、坐支或者私分，严禁转移到机关所属工会、培训中心、服务中心等单位账户使用。

第八条 党政机关应当遵循先有预算、后有支出的原则，严格执行预算，严禁超预算或者无预算安排支出，严禁虚列支出、转移或者套取预算资金。

严格控制国内差旅费、因公临时出国（境）费、公务接待费、公务用车购置及运行费、会议费、培训费等支出。年度预算执行中不予追加，因特殊需要确需追加的，由财政部门审核后按程序报批。

建立预算执行全过程动态监控机制，完善预算执行管理办法，建立健全预算绩效管理体系，增强预算执行的严肃性，提高预算执行的准确率，防止年底突击花钱等现象发生。

第九条 推进政府会计改革，进一步健全会计制度，准确核算机关运行经费，全面反映行政成本。

第十条 财政部门应当会同有关部门，根据国内差旅、因公临时出国（境）、公务接待、会议、培训等工作特点，综合考虑经济发展水平、有关货物和服务的市场价格水平，制定分地区的公务活动经费开支范围和开支标准。

加强相关开支标准之间的衔接，建立开支标准调整机制，定期根据有关货物和服务的市场价格变动情况调整相关开支标准，增强开支标准的协调性、规范性、科学性。

严格开支范围和标准,严格支出报销审核,不得报销任何超范围、超标准以及与相关公务活动无关的费用。

第十一条 全面实行公务卡制度。健全公务卡强制结算目录,党政机关国内发生的公务差旅费、公务接待费、公务用车购置及运行费、会议费、培训费等经费支出,除按规定实行财政直接支付或者银行转账外,应当使用公务卡结算。

第十二条 党政机关采购货物、工程和服务,应当遵循公开透明、公平竞争、诚实信用原则。

政府采购应当依法完整编制采购预算,严格执行经费预算和资产配置标准,合理确定采购需求,不得超标准采购,不得超出办公需要采购服务。

严格执行政府采购程序,不得违反规定以任何方式和理由指定或者变相指定品牌、型号、产地。采购公开招标数额标准以上的货物、工程和服务,应当进行公开招标,确需改变采购方式的,应当严格执行有关公示和审批程序。列入政府集中采购目录范围的,应当委托集中采购机构代理采购,并逐步实行批量集中采购。严格控制协议供货采购的数量和规模,不得以协议供货拆分项目的方式规避公开招标。

党政机关应当按照政府采购合同规定的采购需求组织验收。政府采购监督管理部门应当逐步建立政府采购结果评价制度,对政府采购的资金节约、政策效能、透明程度以及专业化水平进行综合、客观评价。

加快政府采购管理交易平台建设,推进电子化政府采购。

第三章 国内差旅和因公临时出国(境)

第十三条 党政机关应当建立健全并严格执行国内差旅内部审批制度,从严控制国内差旅人数和天数,严禁无明确公务目的的差旅活动,严禁以公务差旅为名变相旅游,严禁异地部门间无实质内容的学习交流和考察调研。

第十四条 国内差旅人员应当严格按规定乘坐交通工具、住宿、就餐,费用由所在单位承担。

差旅人员住宿、就餐由接待单位协助安排的,必须按标准交纳住宿费、餐费。差旅人员不得向接待单位提出正常公务活动以外的要求,不得接受礼金、礼品和土特产品等。

第十五条 统筹安排年度因公临时出国计划,严格控制团组数量和规模,不得安排照顾性、无实质内容的一般性出访,不得安排考察性出访,严禁集中安排赴热门国家和地区出访,严禁以各种名义变相公款出国旅游。严格执行因公临时出国限量管理规定,不得把出国作为个人待遇、安排轮流出国。严格控制跨地区、跨部门团组。

组织、外专等有关部门应当加强出国培训总体规划和监督管理,严格控制出国培训规模,科学设置培训项目,择优选派培训对象,提高出国培训的质量和实效。

第十六条 外事管理部门应当加强因公临时出国审核审批管理,对违反规定、不适合成行的团组予以调整或者取消。

加强因公临时出国经费预算总额控制,严格执行经费先行审核制度。无出国经费预算安排的不予批准,确有特殊需要的,按规定程序报批。严禁违反规定使用出国经费预算以外资金作为出国经费,严禁向所属单位、企业、我国驻外机构等摊派或者转嫁出国费用。

第十七条 出国团组应当按规定标准安排交通工具和食宿,不得违反规定乘坐民航包机,不得乘坐私人、企业和外国航空公司包机,不得安排超标准住房和用车,不得擅自增加出访国家或者地区,不得擅自绕道旅行,不得擅自延长在国外停留时间。

出国期间,不得与我国驻外机构和其他中资机构、企业之间用公款互赠礼品或者纪念品,不得用公款相互宴请。

第十八条 严格根据工作需要编制出境计划,加强因公出境审批和管理,不得安排出境考察,不得组织无实质内容的调研、会议、培训等活动。

严格遵守因公出境经费预算、支出、使用、核算等财务制度,不得接受超标准接待和高消费娱乐,不得接受礼金、贵重礼品、有价证券、支付凭证等。

第四章 公 务 接 待

第十九条 建立健全国内公务接待集中管理制度。党政机关公务接待管理部门应当加强对国内公务接待工作的管理和指导。

第二十条 党政机关应当建立公务接待审批控制制度，对无公函的公务活动不予接待，严禁将非公务活动纳入接待范围。

第二十一条 党政机关应当严格执行国内公务接待标准，实行接待费支出总额控制制度。

接待单位应当严格按标准安排接待对象的住宿用房，协助安排用餐的按标准收取餐费，不得在接待费中列支应当由接待对象承担的费用，不得以举办会议、培训等名义列支、转移、隐匿接待费开支。

建立国内公务接待清单制度，如实反映接待对象、公务活动、接待费用等情况。接待清单作为财务报销的凭证之一并接受审计。

第二十二条 外宾接待工作应当遵循服务外交、友好对等、务实节俭的原则。外宾邀请单位应当严格按照有关规定安排接待活动，从严从紧控制外宾团组和接待费用。

第二十三条 有关部门和地方应当参照国内公务接待标准，制定招商引资等活动的接待办法，严格审批，强化管理，严禁超规格、超标准接待，严禁扩大接待范围、增加接待项目，严禁以招商引资等名义变相安排公务接待。

第二十四条 党政机关不得以任何名义新建、改建、扩建所属宾馆、招待所等具有接待功能的设施或者场所。

建立接待资源共享机制，推进机关所属接待、培训场所的集中统一管理和利用。健全服务经营机制，推行机关所属接待、培训场所企业化管理，降低服务经营成本。

积极推进国内公务接待服务社会化改革，有效利用社会资源为国内公务接待提供住宿、餐饮、用车等服务。

第五章 公 务 用 车

第二十五条 坚持社会化、市场化方向，改革公务用车制度，合理有效配置公务用车资源，创新公务交通分类提供方式，保障公务出行，降低行政成本，建立符合国情的新型公务用车制度。

改革公务用车实物配给方式，取消一般公务用车，保留必要的执法执勤、机要通信、应急和特种专业技术用车及按规定配备的其他车辆。

普通公务出行由公务人员自主选择,实行社会化提供。取消的一般公务用车,采取公开招标、拍卖等方式公开处置。

适度发放公务交通补贴,不得以车改补贴的名义变相发放福利。

第二十六条　党政机关应当从严配备实行定向化保障的公务用车,不得以特殊用途等理由变相超编制、超标准配备公务用车,不得以任何方式换用、借用、占用下属单位或者其他单位和个人的车辆,不得接受企事业单位和个人赠送的车辆。

严格按规定配备专车,不得擅自扩大专车配备范围或者变相配备专车。

从严控制执法执勤用车的配备范围、编制和标准。执法执勤用车配备应当严格限制在一线执法执勤岗位,机关内部管理和后勤岗位以及机关所属事业单位一律不得配备。

第二十七条　公务用车实行政府集中采购,应当选用国产汽车,优先选用新能源汽车。

公务用车严格按照规定年限更新,已到更新年限尚能继续使用的应当继续使用,不得因领导干部职务晋升、调任等原因提前更新。

公务用车保险、维修、加油等实行政府采购,降低运行成本。

第二十八条　除涉及国家安全、侦查办案等有保密要求的特殊工作用车外,执法执勤用车应当喷涂明显的统一标识。

第二十九条　根据公务活动需要,严格按规定使用公务用车,严禁以任何理由挪用或者固定给个人使用执法执勤、机要通信等公务用车,领导干部亲属和身边工作人员不得因私使用配备给领导干部的公务用车。

第六章　会　议　活　动

第三十条　党政机关应当精简会议,严格执行会议费开支范围和标准。

党政机关会议实行分类管理、分级审批。财政部门应当会同机关事务管理等部门制定本级党政机关会议费管理办法,从严控制会议数量、会期和参会人员规模。完善并严格执行严禁党政机关到风景名胜区开会制度规定。

第三十一条 会议召开场所实行政府采购定点管理。会议住宿用房以标准间为主,用餐安排自助餐或者工作餐。

会议期间,不得安排宴请,不得组织旅游以及与会议无关的参观活动,不得以任何名义发放纪念品。

完善会议费报销制度。未经批准以及超范围、超标准开支的会议费用,一律不予报销。严禁违规使用会议费购置办公设备,严禁列支公务接待费等与会议无关的任何费用,严禁套取会议资金。

第三十二条 建立健全培训审批制度,严格控制培训数量、时间、规模,严禁以培训名义召开会议。

严格执行分类培训经费开支标准,严格控制培训经费支出范围,严禁在培训经费中列支公务接待费、会议费等与培训无关的任何费用。严禁以培训名义进行公款宴请、公款旅游活动。

第三十三条 未经批准,党政机关不得以公祭、历史文化、特色物产、单位成立、行政区划变更、工程奠基或者竣工等名义举办或者委托、指派其他单位举办各类节会、庆典活动,不得举办论坛、博览会、展会活动。严禁使用财政性资金举办营业性文艺晚会。从严控制举办大型综合性运动会和各类赛会。

经批准的节会、庆典、论坛、博览会、展会、运动会、赛会等活动,应当严格控制规模和经费支出,不得向下属单位摊派费用,不得借举办活动发放各类纪念品,不得超出规定标准支付费用邀请名人、明星参与活动。为举办活动专门配备的设备在活动结束后应当及时收回。

第三十四条 严格控制和规范各类评比达标表彰活动,实行中央和省(自治区、直辖市)两级审批制度。评比达标表彰项目费用由举办单位承担,不得以任何方式向相关单位和个人收取费用。

第七章 办公用房

第三十五条 党政机关办公用房建设应当从严控制。凡是违反规定的拟建办公用房项目,必须坚决终止;凡是未按照规定程序履行审批手续、擅自开工建设的办公用房项目,必须停建并予以没收;凡是超规模、超标准、超投资概算建设的办公用房项目，应当根据具体情况限期腾退超标准面积或者全部没收、拍卖。

党政机关办公用房应当严格管理，推进办公用房资源的公平配置和集约使用。凡是超过规定面积标准占有、使用办公用房以及未经批准租用办公用房的，必须腾退；凡是未经批准改变办公用房使用功能的，原则上应当恢复原使用功能。严禁出租出借办公用房，已经出租出借的，到期必须收回；租赁合同未到期的，租金收入应当按照收支两条线管理。

第三十六条　党政机关新建、改建、扩建、购置、置换、维修改造、租赁办公用房，必须严格按规定履行审批程序。采取置换方式配给办公用房的，应当执行新建办公用房各项标准，不得以未使用政府预算建设资金、资产整合等名义规避审批。

第三十七条　党政机关办公用房建设项目应当按照朴素、实用、安全、节能原则，严格执行办公用房建设标准、单位综合造价标准和公共建筑节能设计标准，符合土地利用和城市规划要求。党政机关办公楼不得追求成为城市地标建筑，严禁配套建设大型广场、公园等设施。

第三十八条　党政机关办公用房建设项目投资，统一由政府预算建设资金安排。土地收益和资产转让收益应当按照有关规定实行收支两条线管理，不得直接用于办公用房建设。

党政机关办公用房维修改造项目所需投资，统一列入预算由财政资金安排解决，未经审批的项目不得安排预算。

第三十九条　办公用房建设应当严格执行工程招投标和政府采购有关规定，加强对工程项目的全过程监理和审计监督。加快推进办公用房建设项目代建制。

办公用房因使用时间较长、设施设备老化、功能不全，不能满足办公需求的，可以进行维修改造。维修改造项目应当以消除安全隐患、恢复和完善使用功能、降低能源资源消耗为重点，严格履行审批程序，严格执行维修改造标准。

第四十条　建立健全办公用房集中统一管理制度，对办公用房实行统一调配、统一权属登记。

党政机关应当严格按照有关标准和本单位"三定"方案，从严核定、使用办公用房。超标部分应当移交同级机关事务管理部门用于统一调剂。

新建、调整办公用房的单位，应当按照"建新交旧"、"调新交旧"的原则，在搬入新建或者新调整办公用房的同时，将原办公用房腾退移交机关事务管理部门统一调剂使用。

因机构增设、职能调整确需增加办公用房的，应当在本单位现有办公用房中解决；本单位现有办公用房不能满足需要的，由机关事务管理部门整合办公用房资源调剂解决；无法调剂、确需租用解决的，应当严格履行报批手续，不得以变相补偿方式租用由企业等单位提供的办公用房。

第四十一条　党政机关领导干部应当按照标准配置使用一处办公用房，确因工作需要另行配置办公用房的，应当严格履行审批程序。领导干部不得长期租用宾馆、酒店房间作为办公用房。配置使用的办公用房，在退休或者调离时应当及时腾退并由原单位收回。

第八章　资　源　节　约

第四十二条　党政机关应当节约集约利用资源，加强全过程节约管理，提高能源、水、粮食、办公家具、办公设备、办公用品等的利用效率和效益，统筹利用土地，杜绝浪费行为。

第四十三条　对能源、水的使用实行分类定额和目标责任管理。推广应用节能技术产品，淘汰高耗能设施设备，重点推广应用新能源和可再生能源。积极使用节水型器具，建设节水型单位。

健全节能产品政府采购政策，严格执行节能产品政府强制采购和优先采购制度。

第四十四条　优化办公家具、办公设备等资产的配置和使用，通过调剂方式盘活存量资产，节约购置资金。已到更新年限尚能继续使用的，不得报废处置。

对产生的非涉密废纸、废弃电器电子产品等废旧物品进行集中回收处理，促进循环利用；涉及国家秘密的，按照有关保密规定进行销毁。

第四十五条　党政机关政务信息系统建设应当统筹规划，统一组织实施，防止重复建设和频繁升级。

建立共享共用机制,加强资源整合,推动重要政务信息系统互联互通、信息共享和业务协同,降低软件开发、系统维护和升级等方面费用,防止资源浪费。

积极利用信息化手段,推行无纸化办公,减少一次性办公用品消耗。

第九章 宣 传 教 育

第四十六条 宣传部门应当把厉行节约反对浪费作为重要宣传内容,充分发挥各级各类媒体作用,重视运用互联网等新兴媒体,通过新闻报道、文化作品、公益广告等形式,广泛宣传中华民族勤俭节约的优秀品德,宣传阐释相关制度规定,宣传推广厉行节约的经验做法和先进典型,倡导绿色低碳消费理念和健康文明生活方式。

第四十七条 党政机关应当把加强厉行节约反对浪费教育作为作风建设的重要内容,融入干部队伍建设和机关日常管理之中,建立健全常态化工作机制。对各种铺张浪费现象和行为,应当严肃批评、督促改正。

纪检监察机关应当不定期曝光铺张浪费的典型案例,发挥警示教育作用。

组织人事部门和党校、行政学院、干部学院应当把厉行节约反对浪费作为干部教育培训的重要内容,创新教育方法,切实增强教育培训的针对性和实效性。

第四十八条 党政机关应当围绕建设节约型机关,组织开展形式多样、便于参与的活动,引导干部职工增强节约意识、珍惜物力财力,积极培育和形成崇尚节约、厉行节约、反对浪费的机关文化,为在全社会形成节俭之风发挥示范表率作用。

第十章 监 督 检 查

第四十九条 各级党委和政府应当建立厉行节约反对浪费监督检查机制,明确监督检查的主体、职责、内容、方法、程序等,加强经常性督促检查,针对突出问题开展重点检查、暗访等专项活动。

下级党委和政府应当每年向上级党委和政府报告本地区厉行节约反

对浪费工作情况，党委和政府所属部门、单位应当每年向本级党委和政府报告本部门、本单位厉行节约反对浪费工作情况。报告可结合领导班子年度考核和工作报告一并进行。

第五十条　领导干部厉行节约反对浪费工作情况，应当列为领导班子民主生活会和领导干部述职述廉的重要内容并接受评议。

第五十一条　党委办公厅（室）、政府办公厅（室）负责统筹协调相关部门开展对厉行节约反对浪费工作的督促检查。每年至少组织开展一次专项督查，并将督查情况在适当范围内通报。专项督查可以与党风廉政建设责任制检查考核、年终党建工作考核等相结合，督查考核结果应当按照干部管理权限送纪检监察机关和组织人事部门，作为干部管理监督、选拔任用的依据。

第五十二条　纪检监察机关应当加强对厉行节约反对浪费工作的监督检查，受理群众举报和有关部门移送的案件线索，及时查处违纪违法问题。

中央和省、自治区、直辖市党委巡视组应当按照有关规定，加强对有关党组织领导班子及其成员厉行节约反对浪费工作情况的巡视监督。

第五十三条　财政部门应当加强对党政机关预算编制、执行等财政、财务、政府采购和会计事项的监督检查，依法处理发现的违规问题，并及时向本级党委和政府汇报监督检查结果。

审计部门应当加大对党政机关公务支出和公款消费的审计力度，依法处理、督促整改违规问题，并将涉嫌违纪违法问题移送有关部门查处。

第五十四条　党政机关应当建立健全厉行节约反对浪费信息公开制度。除依照法律法规和有关要求须保密的内容和事项外，下列内容应当按照及时、方便、多样的原则，以适当方式进行公开：

（一）预算和决算信息；

（二）政府采购文件、采购预算、中标成交结果、采购合同等情况；

（三）国内公务接待的批次、人数、经费总额等情况；

（四）会议的名称、主要内容、支出金额等情况；

（五）培训的项目、内容、人数、经费等情况；

（六）节会、庆典、论坛、博览会、展会、运动会、赛会等活动举办信息；

（七）办公用房建设、维修改造、使用、运行费用支出等情况；

（八）公务支出和公款消费的审计结果；

（九）其他需要公开的内容。

第五十五条　推动和支持人民代表大会及其常务委员会依法严格审查批准党政机关公务支出预算，加强对预算执行情况的监督。发挥人大代表的监督作用，通过提出意见、建议、批评以及询问、质询等方式加强对党政机关厉行节约反对浪费工作的监督。

支持人民政协对党政机关厉行节约反对浪费工作的监督，自觉接受并积极支持政协委员通过调研、视察、提案等方式加强对党政机关厉行节约反对浪费工作的监督。

第五十六条　重视各级各类媒体在厉行节约反对浪费方面的舆论监督作用。建立舆情反馈机制，及时调查处理媒体曝光的违规违纪违法问题。

发挥群众对党政机关及其工作人员铺张浪费行为的监督作用，认真调查处理群众反映的问题。

第十一章　责　任　追　究

第五十七条　建立党政机关厉行节约反对浪费工作责任追究制度。

对违反本条例规定造成浪费的，应当依纪依法追究相关人员的责任，对负有领导责任的主要负责人或者有关领导干部实行问责。

第五十八条　有下列情形之一的，追究相关人员的责任：

（一）未经审批列支财政性资金的；

（二）采取弄虚作假等手段违规取得审批的；

（三）违反审批要求擅自变通执行的；

（四）违反管理规定超标准或者以虚假事项开支的；

（五）利用职务便利假公济私的；

（六）有其他违反审批、管理、监督规定行为的。

第五十九条　有下列情形之一的，追究主要负责人或者有关领导干部的责任：

（一）本地区、本部门、本单位铺张浪费、奢侈奢华问题严重，对发现的问题查处不力，干部群众反映强烈的；

（二）指使、纵容下属单位或者人员违反本条例规定造成浪费的；

（三）不履行内部审批、管理、监督职责造成浪费的；

（四）不按规定及时公开本地区、本部门、本单位有关厉行节约反对浪费工作信息的；

（五）其他对铺张浪费问题负有领导责任的。

第六十条 违反本条例规定造成浪费的，根据情节轻重，由有关部门依照职责权限给予批评教育、责令作出检查、诫勉谈话、通报批评或者调离岗位、责令辞职、免职、降职等处理。

应当追究党纪政纪责任的，依照《中国共产党纪律处分条例》、《行政机关公务员处分条例》等有关规定给予相应的党纪政纪处分。

涉嫌违法犯罪的，依法追究法律责任。

第六十一条 违反本条例规定获得的经济利益，应当予以收缴或者纠正。

违反本条例规定，用公款支付、报销应由个人支付的费用，应当责令退赔。

第六十二条 受到责任追究的人员对处理决定不服的，可以按照相关规定向有关机关提出申诉。受理申诉机关应当依据有关规定认真受理并作出结论。

申诉期间，不停止处理决定的执行。

第十二章 附 则

第六十三条 各省、自治区、直辖市党委和政府，中央和国家机关各部委，可以根据本条例，结合实际制定实施细则。有关职能部门应当根据各自职责，制定完善相关配套制度。

国有企业、国有金融企业、不参照公务员法管理的事业单位，参照本条例执行。

中国人民解放军和中国人民武装警察部队按照军队有关规定执行。

第六十四条 本条例由中共中央办公厅、国务院办公厅会同有关部门负责解释。

第六十五条 本条例自发布之日起施行。1997年5月25日发布的《中共中央、国务院关于党政机关厉行节约制止奢侈浪费行为的若干规定》同时废止。其他有关党政机关厉行节约反对浪费的规定，凡与本条例不一致的，按照本条例执行。

行政事业性国有资产管理条例

中华人民共和国国务院令 第738号

第一章 总 则

第一条 为了加强行政事业性国有资产管理与监督，健全国有资产管理体制，推进国家治理体系和治理能力现代化，根据全国人民代表大会常务委员会关于加强国有资产管理情况监督的决定，制定本条例。

第二条 行政事业性国有资产，是指行政单位、事业单位通过以下方式取得或者形成的资产：

（一）使用财政资金形成的资产；

（二）接受调拨或者划转、置换形成的资产；

（三）接受捐赠并确认为国有的资产；

（四）其他国有资产。

第三条 行政事业性国有资产属于国家所有，实行政府分级监管、各部门及其所属单位直接支配的管理体制。

第四条 各级人民政府应当建立健全行政事业性国有资产管理机制，加强对本级行政事业性国有资产的管理，审查、批准重大行政事业性国有资产管理事项。

第五条 国务院财政部门负责制定行政事业单位国有资产管理规章制度并负责组织实施和监督检查，牵头编制行政事业性国有资产管理情况报告。

国务院机关事务管理部门和有关机关事务管理部门会同有关部门依法依规履行相关中央行政事业单位国有资产管理职责，制定中央行政事业单位国有资产管理具体制度和办法并组织实施,接受国务院财政部门的指导和监督检查。

相关部门根据职责规定,按照集中统一、分类分级原则,加强中央行政事业单位国有资产管理,优化管理手段,提高管理效率。

第六条 各部门根据职责负责本部门及其所属单位国有资产管理工作,应当明确管理责任,指导、监督所属单位国有资产管理工作。

各部门所属单位负责本单位行政事业性国有资产的具体管理,应当建立和完善内部控制管理制度。

第七条 各部门及其所属单位管理行政事业性国有资产应当遵循安全规范、节约高效、公开透明、权责一致的原则,实现实物管理与价值管理相统一,资产管理与预算管理、财务管理相结合。

第二章 资产配置、使用和处置

第八条 各部门及其所属单位应当根据依法履行职能和事业发展的需要,结合资产存量、资产配置标准、绩效目标和财政承受能力配置资产。

第九条 各部门及其所属单位应当合理选择资产配置方式,资产配置重大事项应当经可行性研究和集体决策,资产价值较高的按照国家有关规定进行资产评估,并履行审批程序。

资产配置包括调剂、购置、建设、租用、接受捐赠等方式。

第十条 县级以上人民政府应当组织建立、完善资产配置标准体系,明确配置的数量、价值、等级、最低使用年限等标准。

资产配置标准应当按照勤俭节约、讲求绩效和绿色环保的要求,根据国家有关政策、经济社会发展水平、市场价格变化、科学技术进步等因素适时调整。

第十一条 各部门及其所属单位应当优先通过调剂方式配置资产。不能调剂的,可以采用购置、建设、租用等方式。

第十二条 行政单位国有资产应当用于本单位履行职能的需要。

除法律另有规定外,行政单位不得以任何形式将国有资产用于对外投资或者设立营利性组织。

第十三条　事业单位国有资产应当用于保障事业发展、提供公共服务。

第十四条　各部门及其所属单位应当加强对本单位固定资产、在建工程、流动资产、无形资产等各类国有资产的管理，明确管理责任，规范使用流程，加强产权保护，推进相关资产安全有效使用。

第十五条　各部门及其所属单位应当明确资产使用人和管理人的岗位责任。

资产使用人、管理人应当履行岗位责任，按照规程合理使用、管理资产，充分发挥资产效能。资产需要维修、保养、调剂、更新、报废的，资产使用人、管理人应当及时提出。

资产使用人、管理人发生变化的，应当及时办理资产交接手续。

第十六条　各部门及其所属单位接受捐赠的资产，应当按照捐赠约定的用途使用。捐赠人意愿不明确或者没有约定用途的，应当统筹安排使用。

第十七条　事业单位利用国有资产对外投资应当有利于事业发展和实现国有资产保值增值，符合国家有关规定，经可行性研究和集体决策，按照规定权限和程序进行。

事业单位应当明确对外投资形成的股权及其相关权益管理责任，按照规定将对外投资形成的股权纳入经营性国有资产集中统一监管体系。

第十八条　县级以上人民政府及其有关部门应当建立健全国有资产共享共用机制，采取措施引导和鼓励国有资产共享共用，统筹规划有效推进国有资产共享共用工作。

各部门及其所属单位应当在确保安全使用的前提下，推进本单位大型设备等国有资产共享共用工作，可以对提供方给予合理补偿。

第十九条　各部门及其所属单位应当根据履行职能、事业发展需要和资产使用状况，经集体决策和履行审批程序，依据处置事项批复等相关文件及时处置行政事业性国有资产。

第二十条　各部门及其所属单位应当将依法罚没的资产按照国家规定公开拍卖或者按照国家有关规定处理，所得款项全部上缴国库。

第二十一条　各部门及其所属单位应当对下列资产及时予以报废、

报损：

（一）因技术原因确需淘汰或者无法维修、无维修价值的资产；

（二）涉及盘亏、坏账以及非正常损失的资产；

（三）已超过使用年限且无法满足现有工作需要的资产；

（四）因自然灾害等不可抗力造成毁损、灭失的资产。

第二十二条 各部门及其所属单位发生分立、合并、改制、撤销、隶属关系改变或者部分职能、业务调整等情形，应当根据国家有关规定办理相关国有资产划转、交接手续。

第二十三条 国家设立的研究开发机构、高等院校对其持有的科技成果的使用和处置，依照《中华人民共和国促进科技成果转化法》、《中华人民共和国专利法》和国家有关规定执行。

第三章 预 算 管 理

第二十四条 各部门及其所属单位购置、建设、租用资产应当提出资产配置需求，编制资产配置相关支出预算，并严格按照预算管理规定和财政部门批复的预算配置资产。

第二十五条 行政单位国有资产出租和处置等收入，应当按照政府非税收入和国库集中收缴制度的有关规定管理。

除国家另有规定外，事业单位国有资产的处置收入应当按照政府非税收入和国库集中收缴制度的有关规定管理。

事业单位国有资产使用形成的收入，由本级人民政府财政部门规定具体管理办法。

第二十六条 各部门及其所属单位应当及时收取各类资产收入，不得违反国家规定，多收、少收、不收、侵占、私分、截留、占用、挪用、隐匿、坐支。

第二十七条 各部门及其所属单位应当在决算中全面、真实、准确反映其国有资产收入、支出以及国有资产存量情况。

第二十八条 各部门及其所属单位应当按照国家规定建立国有资产绩效管理制度，建立健全绩效指标和标准，有序开展国有资产绩效管理工作。

第二十九条　县级以上人民政府投资建设公共基础设施，应当依法落实资金来源，加强预算约束，防范政府债务风险，并明确公共基础设施的管理维护责任单位。

第四章　基　础　管　理

第三十条　各部门及其所属单位应当按照国家规定设置行政事业性国有资产台账，依照国家统一的会计制度进行会计核算，不得形成账外资产。

第三十一条　各部门及其所属单位采用建设方式配置资产的，应当在建设项目竣工验收合格后及时办理资产交付手续，并在规定期限内办理竣工财务决算，期限最长不得超过1年。

各部门及其所属单位对已交付但未办理竣工财务决算的建设项目，应当按照国家统一的会计制度确认资产价值。

第三十二条　各部门及其所属单位对无法进行会计确认入账的资产，可以根据需要组织专家参照资产评估方法进行估价，并作为反映资产状况的依据。

第三十三条　各部门及其所属单位应当明确资产的维护、保养、维修的岗位责任。因使用不当或者维护、保养、维修不及时造成资产损失的，应当依法承担责任。

第三十四条　各部门及其所属单位应当定期或者不定期对资产进行盘点、对账。出现资产盘盈盘亏的，应当按照财务、会计和资产管理制度有关规定处理，做到账实相符和账账相符。

第三十五条　各部门及其所属单位处置资产应当及时核销相关资产台账信息，同时进行会计处理。

第三十六条　除国家另有规定外，各部门及其所属单位将行政事业性国有资产进行转让、拍卖、置换、对外投资等，应当按照国家有关规定进行资产评估。

行政事业性国有资产以市场化方式出售、出租的，依照有关规定可以通过相应公共资源交易平台进行。

第三十七条　有下列情形之一的，各部门及其所属单位应当对行政事业性国有资产进行清查：

（一）根据本级政府部署要求；

（二）发生重大资产调拨、划转以及单位分立、合并、改制、撤销、隶属关系改变等情形；

（三）因自然灾害等不可抗力造成资产毁损、灭失；

（四）会计信息严重失真；

（五）国家统一的会计制度发生重大变更，涉及资产核算方法发生重要变化；

（六）其他应当进行资产清查的情形。

第三十八条　各部门及其所属单位资产清查结果和涉及资产核实的事项，应当按照国务院财政部门的规定履行审批程序。

第三十九条　各部门及其所属单位在资产清查中发现账实不符、账账不符的，应当查明原因予以说明，并随同清查结果一并履行审批程序。各部门及其所属单位应当根据审批结果及时调整资产台账信息，同时进行会计处理。

由于资产使用人、管理人的原因造成资产毁损、灭失的，应当依法追究相关责任。

第四十条　各部门及其所属单位对需要办理权属登记的资产应当依法及时办理。对有账簿记录但权证手续不全的行政事业性国有资产，可以向本级政府有关主管部门提出确认资产权属申请，及时办理权属登记。

第四十一条　各部门及其所属单位之间，各部门及其所属单位与其他单位和个人之间发生资产纠纷的，应当依照有关法律法规规定采取协商等方式处理。

第四十二条　国务院财政部门应当建立全国行政事业性国有资产管理信息系统，推行资产管理网上办理，实现信息共享。

第五章　资　产　报　告

第四十三条　国家建立行政事业性国有资产管理情况报告制度。

国务院向全国人民代表大会常务委员会报告全国行政事业性国有资产管理情况。

县级以上地方人民政府按照规定向本级人民代表大会常务委员会报告行政事业性国有资产管理情况。

第四十四条 行政事业性国有资产管理情况报告，主要包括资产负债总量，相关管理制度建立和实施，资产配置、使用、处置和效益，推进管理体制机制改革等情况。

行政事业性国有资产管理情况按照国家有关规定向社会公开。

第四十五条 各部门所属单位应当每年编制本单位行政事业性国有资产管理情况报告，逐级报送相关部门。

各部门应当汇总编制本部门行政事业性国有资产管理情况报告，报送本级政府财政部门。

第四十六条 县级以上地方人民政府财政部门应当每年汇总本级和下级行政事业性国有资产管理情况，报送本级政府和上一级政府财政部门。

第六章 监 督

第四十七条 县级以上人民政府应当接受本级人民代表大会及其常务委员会对行政事业性国有资产管理情况的监督，组织落实本级人民代表大会及其常务委员会审议提出的整改要求，并向本级人民代表大会及其常务委员会报告整改情况。

乡、民族乡、镇人民政府应当接受本级人民代表大会对行政事业性国有资产管理情况的监督。

第四十八条 县级以上人民政府对下级政府的行政事业性国有资产管理情况进行监督。下级政府应当组织落实上一级政府提出的监管要求，并向上一级政府报告落实情况。

第四十九条 县级以上人民政府财政部门应当对本级各部门及其所属单位行政事业性国有资产管理情况进行监督检查，依法向社会公开检查结果。

第五十条 县级以上人民政府审计部门依法对行政事业性国有资产管理情况进行审计监督。

第五十一条 各部门应当建立健全行政事业性国有资产监督管理制

度,根据职责对本行业行政事业性国有资产管理依法进行监督。

各部门所属单位应当制定行政事业性国有资产内部控制制度,防控行政事业性国有资产管理风险。

第五十二条 公民、法人或者其他组织发现违反本条例的行为,有权向有关部门进行检举、控告。接受检举、控告的有关部门应当依法进行处理,并为检举人、控告人保密。

任何单位或者个人不得压制和打击报复检举人、控告人。

第七章 法 律 责 任

第五十三条 各部门及其所属单位有下列行为之一的,责令改正,情节较重的,对负有直接责任的主管人员和其他直接责任人员依法给予处分:

(一)配置、使用、处置国有资产未按照规定经集体决策或者履行审批程序;

(二)超标准配置国有资产;

(三)未按照规定办理国有资产调剂、调拨、划转、交接等手续;

(四)未按照规定履行国有资产拍卖、报告、披露等程序;

(五)未按照规定期限办理建设项目竣工财务决算;

(六)未按照规定进行国有资产清查;

(七)未按照规定设置国有资产台账;

(八)未按照规定编制、报送国有资产管理情况报告。

第五十四条 各部门及其所属单位有下列行为之一的,责令改正,有违法所得的没收违法所得,情节较重的,对负有直接责任的主管人员和其他直接责任人员依法给予处分;构成犯罪的,依法追究刑事责任:

(一)非法占有、使用国有资产或者采用弄虚作假等方式低价处置国有资产;

(二)违反规定将国有资产用于对外投资或者设立营利性组织;

(三)未按照规定评估国有资产导致国家利益损失;

(四)其他违反本条例规定造成国有资产损失的行为。

第五十五条 各部门及其所属单位在国有资产管理工作中有违反预

算管理规定行为的，依照《中华人民共和国预算法》及其实施条例、《财政违法行为处罚处分条例》等法律、行政法规追究责任。

第五十六条 各部门及其所属单位的工作人员在国有资产管理工作中滥用职权、玩忽职守、徇私舞弊或者有浪费国有资产等违法违规行为的，由有关部门依法给予处分；构成犯罪的，依法追究刑事责任。

第八章 附 则

第五十七条 除国家另有规定外，社会组织直接支配的行政事业性国有资产管理，依照本条例执行。

第五十八条 货币形式的行政事业性国有资产管理，按照预算管理有关规定执行。

执行企业财务、会计制度的事业单位以及事业单位对外投资的全资企业或者控股企业的资产管理，不适用本条例。

第五十九条 公共基础设施、政府储备物资、国有文物文化等行政事业性国有资产管理的具体办法，由国务院财政部门会同有关部门制定。

第六十条 中国人民解放军、中国人民武装警察部队直接支配的行政事业性国有资产管理，依照中央军事委员会有关规定执行。

第六十一条 本条例自2021年4月1日起施行。

党政机关办公用房管理办法

中办发〔2017〕70号

第一章 总 则

第一条 为了进一步规范党政机关办公用房管理，推进办公用房资源合理配置和节约集约使用，保障正常办公，降低行政成本，促进党风廉政建设和节约型机关建设，根据《党政机关厉行节约反对浪费条例》、《机关事务管理条例》、《机关团体建设楼堂馆所管理条例》等有关规定，制定本办法。

第二条 本办法适用于各级党政机关办公用房的规划、权属、配置、使用、维修、处置等管理工作。

本办法所称党政机关,是指党的机关、人大机关、行政机关、政协机关、监察机关、审判机关、检察机关,以及工会、共青团、妇联等人民团体和参照公务员法管理的事业单位。

本办法所称办公用房,是指党政机关占有、使用或者可以确认属于机关资产的,为保障党政机关正常运行需要设置的基本工作场所,包括办公室、服务用房、设备用房和附属用房。

第三条 党政机关办公用房管理应当遵循下列原则:

(一)依法合规,严格执行法律法规和党内有关制度规定,强化监督管理;

(二)科学规划,统筹机关办公和公共服务需求,优化布局和功能;

(三)规范配置,科学制定标准,严格审核程序,合理保障需求;

(四)有效利用,统筹调剂余缺,及时依规处置,避免闲置浪费;

(五)厉行节约,注重庄重朴素、经济适用,节约能源资源。

第四条 建立健全党政机关办公用房集中统一管理制度,统一规划、统一权属、统一配置、统一处置。县级以上党政机关办公用房有关管理部门根据职责分工,负责本级党政机关办公用房管理工作,指导下级党政机关办公用房管理工作。

中央和国家机关办公用房管理,由归口的机关事务管理部门负责规划、权属、调剂、使用监管、处置、维修等,国家发展改革委负责建设项目审批、建设标准制定以及投资安排等,财政部负责预算安排、指导开展资产管理等。中央和国家机关所属垂直管理机构、派出机构和参照公务员法管理的事业单位办公用房的权属、使用、维修等有关管理工作,由归口的机关事务管理部门委托行政主管部门负责。

地方各级党政机关办公用房管理的职责分工,由各省、自治区、直辖市参照前款规定,结合本地区实际情况合理确定相关机构承担办公用房管理职责。

各级党政机关是办公用房的使用单位,负责本单位占有、使用办公用房的内部管理和日常维护。

第二章 权 属 管 理

第五条 党政机关办公用房的房屋所有权、土地使用权等不动产权利（以下统称办公用房权属），统一登记至本级机关事务管理部门名下。

中央和国家机关所属垂直管理机构、派出机构和参照公务员法管理的事业单位办公用房权属应当登记在行政主管部门名下。地方各级党政机关所属垂直管理机构、派出机构办公用房权属的登记主体由各省、自治区、直辖市规定。

涉及国家秘密、国家安全等特殊情况的，经机关事务管理部门核准，可以将办公用房权属登记在使用单位名下。

因历史资料缺失、权属不清等问题无法登记的，由机关事务管理部门协调有关部门进行办公用房权属备案，使用单位不得自行处置。

第六条 建立健全党政机关办公用房清查盘点制度。使用单位应当建立本单位办公用房资产管理分台账，资产信息发生变更的，及时调整更新。机关事务管理部门应当建立本级党政机关办公用房资产管理总台账，定期组织清查盘点，确保总台账信息与使用单位分台账信息账账相符，与办公用房实际状况账实相符，与权属证书信息账证相符。

第七条 建立健全党政机关办公用房管理信息统计报告制度。

各级机关事务管理部门应当建立健全本级党政机关办公用房管理信息系统，定期统计汇总办公用房管理情况，报上级机关事务管理部门，并送同级发展改革、财政部门。

国家机关事务管理局、中共中央直属机关事务管理局应当会同有关部门，建立全国党政机关办公用房信息数据库，并纳入国家数据共享交换平台，实现与发展改革、财政、国土资源、住房城乡建设等部门共享共用。各省、自治区、直辖市应当统筹推进本地区办公用房管理信息系统建设，实现上下一体、互联互通、动态管理。

第八条 建立健全党政机关办公用房档案管理制度。使用单位应当加强本单位办公用房档案管理，及时归集权属、建设、维修等原始档案，并移交产权单位。产权单位应当加强办公用房档案的收集、保存和利用，确保档案完整。

第三章　配　置　管　理

第九条　县级以上机关事务管理、发展改革、财政部门应当会同有关部门，结合人员编制情况、办公与业务需要等，编制本级党政机关办公用房配置保障规划，优化办公用房布局，具备条件的逐步推进集中或者相对集中办公，共用配套附属设施。

地方各级人民政府编制土地利用总体规划和城乡规划时，应当统筹安排本级党政机关办公用房用地。县级以上党政机关的驻在地人民政府应当有效保障上级党政机关办公用房用地需求。

第十条　党政机关办公用房配置应当严格执行相关标准，从严核定面积。

国家发展改革委会同住房城乡建设部、财政部，制定和完善党政机关办公用房建设标准，并实行标准动态调整。

第十一条　党政机关办公用房配置方式包括调剂、置换、租用和建设。

第十二条　使用单位需要配置办公用房的，由机关事务管理部门优先整合现有办公用房资源调剂解决。

第十三条　采取置换方式配置办公用房的，应当严格履行审批程序，执行新建办公用房各项标准，确保符合办公用房各类功能要求，并按规定组织资产评估，置换所得超出面积标准的办公用房由机关事务管理部门统一调剂，置换所得收益按照非税收入有关规定管理。

置换旧房的，由机关事务管理部门会同发展改革、财政部门报同级人民政府审批；置换新房的，应当严格履行建设审批程序。不得以置换名义量身打造办公用房，不得以未使用政府预算建设资金、资产整合等名义规避审批。

第十四条　无法调剂或者置换解决办公用房的，可以面向市场租用，但应当严格按照规定履行审批程序。

需租用办公用房的，由使用单位提出申请，经机关事务管理部门核准后，报财政部门审核安排预算；或者由机关事务管理部门统筹本级党政机关办公用房使用需求，制定租用方案，报财政部门审核安排预算后，统一租赁并统筹安排使用。

任何单位不得以变相补偿方式租用由企业等单位提供的办公用房。

各级财政部门会同机关事务管理部门，制定本级党政机关办公用房租金标准，并实行标准动态调整。

第十五条 无法调剂、置换、租用办公用房，或者涉及国家秘密、国家安全等特殊情况的，可以采取建设方式解决，但应当按照国家有关政策从严控制，严格履行审批程序。党政机关办公用房建设包括新建、扩建、改建、购置。

中共中央直属机关办公用房建设项目由归口的机关事务管理部门审核同意后统一申报，由国家发展改革委核报国务院审批。

中央国家机关本级办公用房建设项目，由国家发展改革委核报国务院审批，申报前应当由归口的机关事务管理部门出具必要性审查意见。

中央国家机关所属垂直管理机构、派出机构办公用房建设项目，厅（局）级及以上单位的项目由国家发展改革委审批，申报前应当由归口的机关事务管理部门出具必要性审查意见；厅（局）级以下单位的项目由行政主管部门审批，并报国家发展改革委和归口的机关事务管理部门备案。

中央国家机关所属参照公务员法管理的事业单位的办公用房建设项目，由国务院、国家发展改革委和行政主管部门按照中央预算内投资审批权限分别负责审批，其中由国务院、国家发展改革委审批的项目，申报前应当由归口的机关事务管理部门出具必要性审查意见。

省、自治区、直辖市及计划单列市本级党政机关办公用房建设项目，由国家发展改革委核报国务院审批；地方其他党政机关办公用房建设项目，由省级人民政府审批。

县级党政机关直属单位和乡（镇）级党政机关办公用房建设项目，可以由省级人民政府根据实际情况委托市级人民政府审批。

地方各级党政机关所属垂直管理机构、派出机构和参照公务员法管理的事业单位办公用房建设项目的审批程序，由各省、自治区、直辖市规定。

第十六条 党政机关办公用房配置所需资金，应当通过政府预算安排，不得接受任何形式赞助或者捐款，不得搞任何形式集资或者摊派，不得向其他任何单位借款，不得让施工单位垫资，严禁挪用各类专项资金。

土地收益和资产转让收益按照非税收入有关规定管理，不得直接用于办公用房配置。涉及新增资产的，应当向财政部门申报新增资产配置预算。

第十七条 新配置办公用房的党政机关，应当在搬入新办公用房后1个月内，将超出核定面积的原有办公用房腾退移交同级机关事务管理部门统一调剂使用，不得继续占用或者自行处置，不得自行安排其他单位使用。

第四章 使 用 管 理

第十八条 机关事务管理部门应当与使用单位签订办公用房使用协议，核发办公用房分配使用凭证。

办公用房分配使用凭证可以按照有关规定用于办理使用单位法人登记、集体户籍、大中修项目施工许可等，不得用于出租、出借、经营。

第十九条 使用单位应当严格按照有关规定在核定面积内合理安排使用办公用房，不得擅自改变办公用房使用功能，不得调整给其他单位使用。办公用房安排使用情况应当按年度通过政务内网、公示栏等平台进行内部公示；领导干部办公用房配备情况应当按年度报机关事务管理部门备案，严禁超标准配备、使用办公用房。

领导干部在不同单位同时任职的，应当在主要任职单位安排1处办公用房；主要任职单位与兼职单位相距较远且经常到兼职单位工作的，经严格审批后，可以由兼职单位再安排1处小于标准面积的办公用房，并在免去兼任职务后2个月内腾退兼职单位安排的办公用房。

工作人员调离或者退休的，使用单位应当在办理调离或者退休手续后1个月内收回其办公用房。

第二十条 党政机关工作人员办公室具备条件的，应当采用大开间等形式，提高办公用房利用率。

会议室、接待室等服务用房，可以采取可拆卸式隔断设计，提高空间使用的灵活性。

第二十一条　项目批复中已经明确和机关一并建设办公用房的事业单位，按照面积标准核定后可以继续无偿使用机关办公用房。

公益一类事业单位已经占用的机关办公用房，按照面积标准核定后可以继续无偿使用。公益二类事业单位已经占用的机关办公用房，应当按照规定予以腾退；确有困难的，经机关事务管理部门批准，可以继续有偿使用，租金收益按照非税收入有关规定管理。事业单位已经新建、购置办公用房或者租用其他房屋办公的，应当在6个月内将原有办公用房腾退移交机关事务管理部门。

生产经营类事业单位、国有企业和行业协会商会等社团组织，原则上不得占用党政机关办公用房。

第二十二条　党政机关办公用房使用单位机构、编制调整的，机关事务管理部门应当重新核定其办公用房面积。超出面积标准的，使用单位应当在6个月内将超出部分的办公用房腾退移交机关事务管理部门。

党政机关转为企业的，应当在办理企业工商注册后6个月内将原有办公用房腾退移交机关事务管理部门。转企单位确有困难的，经机关事务管理部门批准，可以继续有偿使用，租金收益按照非税收入有关规定管理；新建、购置或者租用办公用房的，应当在6个月内将原有办公用房腾退移交机关事务管理部门。

党政机关撤销的，应当在6个月内将原有办公用房腾退移交机关事务管理部门。

第二十三条　建立健全政府向社会购买物业服务机制，逐步实现办公用房物业服务社会化、专业化，具备条件的逐步推进统一物业管理服务。

机关事务管理部门应当会同有关部门，按照经济、适度的原则，制定本级党政机关办公用房物业服务内容、服务标准和费用定额。

第二十四条　鼓励有条件的地区探索试行办公用房租金制，逐步推进办公用房经费预算管理和实物资产管理相结合。

第五章　维　修　管　理

第二十五条　党政机关办公用房维修包括日常维修和大中修。中央和国家机关办公用房维修标准由归口的机关事务管理部门、财政部会同住房城乡建设部制定,地方各级党政机关办公用房维修标准由各省、自治区、直辖市结合实际制定,并建立标准动态调整机制。

第二十六条 使用单位负责办公用房的日常检查和维修,所需资金通过部门预算安排。

第二十七条 党政机关办公用房因使用时间较长、设施设备老化、功能不全、存在安全隐患等原因需要大中修的,使用单位向机关事务管理部门提出申请;机关事务管理部门结合办公用房建筑年代、历史维修记录、老化损坏程度、单位建筑面积能耗水平和使用单位的实际需求,统筹安排办公用房大中修项目,报财政部门审核安排预算。

办公用房大中修项目应当严格按照规定履行审批程序,未经审批的项目,不得安排预算。中央和国家机关本级办公用房大中修项目,由归口的机关事务管理部门审批。中央和国家机关所属垂直管理机构、派出机构和参照公务员法管理的事业单位办公用房大中修项目,机关事务管理部门委托行政主管部门审批,其中厅(局)级及以上单位办公用房大中修项目审批情况应当报归口的机关事务管理部门备案。地方各级党政机关办公用房大中修项目的审批程序,由各省、自治区、直辖市规定。

第六章 处置利用管理

第二十八条 党政机关办公用房有下列情形之一闲置的,可以按照有关规定采取调剂使用、转换用途、置换、出租、拍卖、拆除等方式及时处置利用:

(一)同级党政机关办公用房总量满足使用需求,仍有余量的;

(二)因地理位置、周边环境、房屋结构等原因,不适合继续作为办公用房使用的;

(三)因城乡规划调整等需要拆迁的;

(四)经专业机构鉴定属于危房,且无加固改造价值的;

(五)其他原因导致办公用房闲置的。

处置利用党政机关办公用房涉及权属、用途等变更的,应当依法办理相关手续。

第二十九条 同一区域内闲置办公用房具备条件的，应当加强跨系统、跨层级调剂使用。

中央和国家机关所属垂直管理机构、派出机构之间调剂使用的，由行政主管部门审核提出意见，经归口的机关事务管理部门批准后实施，调剂使用情况报财政部备案。

中央和国家机关所属垂直管理机构、派出机构与地方各级党政机关之间调剂使用的，由行政主管部门会同有关地方人民政府审核提出意见，经归口的机关事务管理部门会同财政部批准后实施。

地方同级或者上下级党政机关之间，以及地方各级党政机关所属垂直管理机构、派出机构之间调剂使用的，参照前两款规定办理。

第三十条 具备条件的，机关事务管理部门可以商有关部门将闲置办公用房转为便民服务、社区活动等公益场所，或者按照有关规定置换为其他符合国家政策和需要的资产。

机关事务管理部门可以通过公共资源交易平台统一招租，租金收益按照非税收入有关规定管理。党政机关如有需要，应当及时收回出租的办公用房，统筹调剂使用。使用单位不得擅自出租办公用房。

第三十一条 闲置办公用房无法通过调剂使用、转换用途、置换、出租等方式处置利用的，机关事务管理部门报财政部门批准后，可以通过公共资源交易平台依法公开拍卖，拍卖收益按照非税收入有关规定管理。

第七章 监　督　问　责

第三十二条 党政机关办公用房使用单位应当建立本单位内部使用管理制度，加强监督检查和责任追究，及时发现和纠正违规问题。

党政机关办公用房有关管理部门应当根据职责分工，加强办公用房监管，严格履行相关管理程序，对使用单位的办公用房违规管理使用问题及时按照规定移交有关部门和单位查处。

纪检监察机关应当及时受理群众举报和有关部门移送的办公用房管理案件线索，严肃查处违规违纪问题。

第三十三条 建立健全党政机关办公用房巡检考核制度。

附录

县级以上机关事务管理、发展改革、财政部门会同有关部门，定期对本级党政机关（含所属垂直管理机构、派出机构）办公用房使用情况以及下级党政机关办公用房管理情况进行专项联合巡检，及时发现和纠正违规问题。

办公用房专项巡检应当与党风廉政建设责任制检查考核、政府绩效考核以及党政领导班子和领导干部年度考核相结合，巡检考核结果作为干部管理监督、选拔任用的依据。

第三十四条 建立健全党政机关办公用房管理信息公开制度。除依照法律法规和有关要求需要保密的内容和事项外，办公用房建设、使用、维修、处置利用、运行费用支出等情况，应当在政府门户网站等公共平台定期公开，主动接受社会监督。

第三十五条 建立健全党政机关办公用房管理责任追究制度，对有令不行、有禁不止的，依照有关规定严肃追究相关人员责任。

管理部门有下列情形之一的，依纪依法追究相关人员责任：

（一）违规审批项目或者安排投资计划、预算的；

（二）不按照规定履行调剂、置换、租用、建设等审批程序的；

（三）为使用单位超标准配置办公用房的；

（四）不按照规定处置办公用房的；

（五）办公用房管理信息统计报送中瞒报、漏报的；

（六）对发现的违规问题不及时处理的；

（七）有其他违反办公用房管理规定情形的。

使用单位有下列情形之一的，依纪依法追究相关人员责任：

（一）擅自将办公用房权属登记至本单位或者所属单位名下，或者不配合办理权属登记的；

（二）未经批准建设或者大中修办公用房的；

（三）不按规定腾退移交办公用房的；

（四）未经批准租用、借用办公用房的；

（五）擅自改变办公用房使用功能或者处置办公用房的；

（六）擅自安排企事业单位、社会组织等使用机关办公用房的；

（七）为工作人员超标准配备办公用房，或者未经批准配备两处以上办公用房的；

（八）有其他违反办公用房管理规定情形的。

第八章 附 则

第三十六条 党政机关本级的技术业务用房以及机关办公区内的技术业务用房，权属统一登记至本级机关事务管理部门名下，从严控制使用范围和用途，原则上不得调整用作办公用房。

党政机关本级的技术业务用房建设项目以及机关办公区内的技术业务用房建设项目，应当严格按规定履行审批程序，项目申报前由机关事务管理部门出具土地、人防等审查意见。

住房城乡建设部会同国家发展改革委、有关业务主管部门，制定和完善各类技术业务用房建设标准，合理区分办公用房和技术业务用房。

第三十七条 各省、自治区、直辖市以及中央和国家机关各部门，应当根据本办法，结合实际制定具体管理办法。

第三十八条 各民主党派机关办公用房管理适用本办法。

不参照公务员法管理的事业单位办公用房管理办法，另行制定。

第三十九条 本办法由国家机关事务管理局、中共中央直属机关事务管理局、国家发展改革委和财政部负责解释。

第四十条 本办法自2017年12月5日起施行。其他有关党政机关办公用房管理的规定，凡与本办法不一致的，按照本办法执行。

党政机关公务用车管理办法

中办发〔2017〕71号

第一章 总 则

第一条 为了进一步规范党政机关公务用车管理，有效保障公务活动，促进党风廉政建设和节约型机关建设，根据《党政机关厉行节约反对浪费条例》《机关事务管理条例》等有关规定，制定本办法。

第二条 本办法适用于党的机关、人大机关、行政机关、政协机关、监察机关、审判机关、检察机关，以及工会、共青团、妇联等人民团体和参照公务员法管理的事业单位。

第三条　本办法所称公务用车，是指党政机关配备的用于定向保障公务活动的机动车辆，包括机要通信用车、应急保障用车、执法执勤用车、特种专业技术用车以及其他按照规定配备的公务用车。

机要通信用车是指用于传递、运送机要文件和涉密载体的机动车辆。

应急保障用车是指用于处理突发事件、抢险救灾或者其他紧急公务的机动车辆。

执法执勤用车是指中央批准的执法执勤部门（系统）用于一线执法执勤公务的机动车辆。

特种专业技术用车是指固定搭载专业技术设备、用于执行特殊工作任务的机动车辆。

第四条　党政机关公务用车管理遵循统一管理、定向保障、经济适用、节能环保的原则。

第五条　党政机关公务用车实行统一制度规范、分级分类管理。党政机关公务用车主管部门负责本级党政机关公务用车管理工作，根据职责实行统一编制、统一标准、统一购置经费、统一采购配备管理；指导监督下级党政机关公务用车管理工作。

第二章　编制和标准管理

第六条　党政机关公务用车实行编制管理。车辆编制根据机构设置、人员编制和工作需要等因素确定。

机要通信用车、应急保障用车和其他按照规定配备的公务用车编制由公务用车主管部门会同有关部门确定。

执法执勤用车、特种专业技术用车编制由财政部门会同有关部门确定，并送公务用车主管部门备案。

第七条　党政机关配备公务用车应当严格执行以下标准：

（一）机要通信用车配备价格12万元以内、排气量1.6升（含）以下的轿车或者其他小型客车。

（二）应急保障用车和其他按照规定配备的公务用车配备价格18万元

以内、排气量1.8升（含）以下的轿车或者其他小型客车。确因情况特殊，可以适当配备价格25万元以内、排气量3.0升（含）以下的其他小型客车、中型客车或者价格45万元以内的大型客车。

（三）执法执勤用车配备价格12万元以内、排气量1.6升（含）以下的轿车或者其他小型客车，因工作需要可以配备价格18万元以内、排气量1.8升（含）以下的轿车或者其他小型客车。确因情况特殊，可以适当配备价格25万元以内、排气量3.0升（含）以下的其他小型客车、中型客车或者价格45万元以内的大型客车。

（四）特种专业技术用车配备标准由有关部门会同财政部门按照保障工作需要、厉行节约的原则确定。

公务用车配备新能源轿车的，价格不得超过18万元。

上述配备标准应当根据公务保障需要、汽车行业技术发展、市场价格变化等因素适时调整。

第八条　严格控制执法执勤用车的配备范围、编制和标准。执法执勤用车配备应当严格限定在一线执法执勤岗位。

第三章　配备和经费管理

第九条　公务用车主管部门根据公务用车配备更新标准和现状，编制年度公务用车配备更新计划。

第十条　财政部门根据年度公务用车配备更新计划，按照预算管理有关规定统筹安排购置经费，列入公务用车主管部门预算。

第十一条　财政部门会同公务用车主管部门制定公务用车运行费用定额标准，统筹安排公务用车运行费用，列入党政机关部门预算。

第十二条　公务用车主管部门按照政府采购法律法规和国家有关政策规定，统一组织实施公务用车集中采购。

第十三条　党政机关应当配备使用国产汽车，带头使用新能源汽车，按照规定逐步扩大新能源汽车配备比例。

第十四条　地方各级党政机关确因工作需要超出规定标准配备公务用车的，必须报省级公务用车主管部门批准。

党政机关原则上不配备越野车。确因工作需要，按照程序报批后，可以适当配备国产越野车。越野车不得作为领导干部固定用车。

第十五条 除涉及国家安全、侦查办案等有保密要求的特殊工作用车外,党政机关公务用车产权注册登记所有人应当为本机关法人,不得将公务用车登记在下属单位、企业或者个人名下。

第四章 使用和处置管理

第十六条 党政机关应当加强公务用车使用管理,严格按照规定使用公务用车,严禁公车私用、私车公养,不得既领取公务交通补贴又违规使用公务用车。

第十七条 党政机关应当推进公务用车服务平台建设。各地区应当结合实际,将各类公务用车纳入平台集中管理,采用信息化手段统筹调度、高效使用,鼓励通过社会化专业机构提高平台管理运行效率。

第十八条 党政机关应当推进公务用车标识化管理。除涉及国家安全、侦查办案和其他有保密要求的特殊工作用车外,公务用车应当统一标识。

第十九条 党政机关应当建立公务用车管理台账,加强相关证照档案的保存和管理。

各省、自治区、直辖市以及中央和国家机关公务用车主管部门应当建立统一的公务用车管理信息系统,提高公务用车配备使用管理信息化水平。

第二十条 党政机关应当建立健全公务用车使用管理制度,严格执行,加强监督,降低运行成本。

严格公务用车使用时间、事由、地点、里程、油耗、费用等信息登记和公示制度。严格执行回单位或者其他指定地点停放制度,节假日期间除工作需要外应当封存停驶。

实行公务用车保险、维修、加油政府集中采购和定点保险、定点维修、定点加油制度,健全公务用车油耗、运行费用单车核算和年度绩效评价制度。

第二十一条 党政机关应当减少公务用车长途行驶,工作人员到外地办理公务,除特殊情况外,应当乘用公共交通工具。外事接待、会议和集体活动用车主要通过社会租赁方式解决。

第二十二条　公务用车使用年限超过8年的可以更新；达到更新年限仍能继续使用的，应当继续使用。因安全等原因确需提前更新的，应当严格履行审批手续。

公务用车按照规定更新后，可以采取拍卖、厂家回收、报废等方式规范处置旧车。处置收入按照非税收入有关规定管理。

第五章　监督问责

第二十三条　党政机关应当建立公务用车配备更新和使用情况统计报告制度。各省、自治区、直辖市公务用车主管部门负责统计汇总本地区公务用车配备更新和使用情况。国家机关事务管理局、中共中央直属机关事务管理局负责统计汇总中央和国家机关公务用车配备更新和使用情况。

第二十四条　党政机关应当严格执行公务用车配备使用管理各项规定，将公务用车配备更新、使用、处置和经费预算执行等情况纳入内部审计、政务公开和政务诚信建设范围，接受社会监督。

公务用车主管部门应当加强对党政机关公务用车配备更新、使用、处置等情况的监督检查，定期通报或者公示相关情况。

财政、审计部门应当加强对公务用车经费预算管理使用情况的监督检查，依法处理、督促整改违规问题，并将涉嫌违纪违法问题移送有关部门查处。

公安交通管理部门应当定期与公务用车主管部门交换公务用车注册登记信息、使用状态等情况。

纪检监察机关应当及时受理群众举报和有关部门移送的公务用车管理问题线索，严肃查处违纪违法问题。

第二十五条　公务用车主管部门有下列情形之一的，依纪依法追究相关人员责任：

（一）违规核定公务用车编制的；

（二）违规审批超编制、超标准配备公务用车的；

（三）违规审批未到年限更新公务用车的；

（四）违规安排公务用车经费预算的；

（五）有其他未按规定履行管理监督职责行为的。

第二十六条 党政机关有下列情形之一的，依纪依法追究相关人员责任：

（一）超编制、超标准配备公务用车的；

（二）违反规定将公务用车登记在下属单位、企业或者个人名下的；

（三）公车私用、私车公养，或者既领取公务交通补贴又违规使用公务用车的；

（四）换用、借用、占用下属单位或者其他单位和个人的车辆，或者擅自接受企事业单位和个人赠送车辆的；

（五）挪用或者固定给个人使用执法执勤、机要通信等公务用车的；

（六）为公务用车增加高档配置或者豪华内饰的；

（七）在车辆维修等费用中虚列名目或者夹带其他费用，为非本单位车辆报销运行维护费用的；

（八）违规处置公务用车的；

（九）有其他违反公务用车配备使用管理规定行为的。

第六章 附 则

第二十七条 本办法所称小型客车、中型客车、大型客车等，依据中华人民共和国公共安全行业标准 GA 802—2014《机动车类型 术语和定义》界定。

第二十八条 各省、自治区、直辖市以及中央和国家机关各部门，应当根据本办法，结合实际制定具体管理办法。

第二十九条 中央和国家机关所属垂直管理机构、派出机构公务用车由行政主管部门依照本办法进行管理。

各民主党派机关公务用车管理适用本办法。

不参照公务员法管理的事业单位公务用车，按照本办法的原则管理。

第三十条 本办法由国家机关事务管理局、中共中央直属机关事务管理局会同有关部门负责解释。

第三十一条 本办法自 2017 年 12 月 5 日起施行。中共中央办公厅、国务院办公厅2011年1月6日印发的《党政机关公务用车配备使用管理办法》同时废止。

党政机关国内公务接待管理规定

中办发〔2013〕22号

第一条 为了规范党政机关国内公务接待管理，厉行勤俭节约，反对铺张浪费，加强党风廉政建设，根据《党政机关厉行节约反对浪费条例》规定，制定本规定。

第二条 本规定适用于各级党的机关、人大机关、行政机关、政协机关、审判机关、检察机关，以及工会、共青团、妇联等人民团体和参照公务员法管理事业单位的国内公务接待行为。

本规定所称国内公务，是指出席会议、考察调研、执行任务、学习交流、检查指导、请示汇报工作等公务活动。

第三条 国内公务接待应当坚持有利公务、务实节俭、严格标准、简化礼仪、高效透明、尊重少数民族风俗习惯的原则。

第四条 各级党政机关公务接待管理部门应当结合当地实际，完善国内公务接待管理制度，制定国内公务接待标准。

县级以上党政机关公务接待管理部门负责管理本级党政机关国内公务接待工作，指导下级党政机关国内公务接待工作。

乡镇党委、政府应当加强国内公务接待管理，严格执行有关管理规定和开支标准。

第五条 各级党政机关应当加强公务外出计划管理，科学安排和严格控制外出的时间、内容、路线、频率、人员数量，禁止异地部门间没有特别需要的一般性学习交流、考察调研，禁止重复性考察，禁止以各种名义和方式变相旅游，禁止违反规定到风景名胜区举办会议和活动。

公务外出确需接待的，派出单位应当向接待单位发出公函，告知内容、行程和人员。

第六条 接待单位应当严格控制国内公务接待范围，不得用公款报销或者支付应由个人负担的费用。

国家工作人员不得要求将休假、探亲、旅游等活动纳入国内公务接待范围。

第七条 接待单位应当根据规定的接待范围,严格接待审批控制,对能够合并的公务接待统筹安排。无公函的公务活动和来访人员一律不予接待。

公务活动结束后,接待单位应当如实填写接待清单,并由相关负责人审签。接待清单包括接待对象的单位、姓名、职务和公务活动项目、时间、场所、费用等内容。

第八条 国内公务接待不得在机场、车站、码头和辖区边界组织迎送活动,不得跨地区迎送,不得张贴悬挂标语横幅,不得安排群众迎送,不得铺设迎宾地毯;地区、部门主要负责人不得参加迎送。严格控制陪同人数,不得层层多人陪同。

接待单位安排的活动场所、活动项目和活动方式,应当有利于公务活动开展。安排外出考察调研的,应当深入基层、深入群众,不得走过场、搞形式主义。

第九条 接待住宿应当严格执行差旅、会议管理的有关规定,在定点饭店或者机关内部接待场所安排,执行协议价格。出差人员住宿费应当回本单位凭据报销,与会人员住宿费按会议费管理有关规定执行。

住宿用房以标准间为主,接待省部级干部可以安排普通套间。接待单位不得超标准安排接待住房,不得额外配发洗漱用品。

第十条 接待对象应当按照规定标准自行用餐。确因工作需要,接待单位可以安排工作餐一次,并严格控制陪餐人数。接待对象在10人以内的,陪餐人数不得超过3人;超过10人的,不得超过接待对象人数的三分之一。

工作餐应当供应家常菜,不得提供鱼翅、燕窝等高档菜肴和用野生保护动物制作的菜肴,不得提供香烟和高档酒水,不得使用私人会所、高消费餐饮场所。

第十一条 国内公务接待的出行活动应当安排集中乘车,合理使用车型,严格控制随行车辆。

接待单位应当严格按照有关规定使用警车,不得违反规定实行交通管控。确因安全需要安排警卫的，应当按照规定的警卫界限、警卫规格执行，合理安排警力，尽可能缩小警戒范围，不得清场闭馆。

第十二条 各级党政机关应当加强对国内公务接待经费的预算管理，合理限定接待费预算总额。公务接待费用应当全部纳入预算管理，单独列示。

禁止在接待费中列支应当由接待对象承担的差旅、会议、培训等费用，禁止以举办会议、培训为名列支、转移、隐匿接待费开支；禁止向下级单位及其他单位、企业、个人转嫁接待费用，禁止在非税收入中坐支接待费用；禁止借公务接待名义列支其他支出。

第十三条 县级以上地方党委、政府应当根据当地经济发展水平、市场价格等实际情况，按照当地会议用餐标准制定本级国内公务接待工作餐开支标准，并定期进行调整。接待住宿应当按照差旅费管理有关规定，执行接待对象在当地的差旅住宿费标准。接待开支标准应当报上一级党政机关公务接待管理部门、财政部门备案。

第十四条 接待费报销凭证应当包括财务票据、派出单位公函和接待清单。

接待费资金支付应当严格按照国库集中支付制度和公务卡管理有关规定执行。具备条件的地方应当采用银行转账或者公务卡方式结算，不得以现金方式支付。

第十五条 机关内部接待场所应当建立健全服务经营机制，推行企业化管理，推进劳动、用工和分配制度与市场接轨，建立市场化的接待费结算机制，降低服务经营成本，提高资产使用效率，逐步实现自负盈亏、自我发展。

各级党政机关不得以任何名义新建、改建、扩建内部接待场所，不得对机关内部接待场所进行超标准装修或者装饰、超标准配置家具和电器。推进机关内部接待场所集中统一管理和利用，建立资源共享机制。

第十六条 接待单位不得超标准接待，不得组织旅游和与公务活动无关的参观，不得组织到营业性娱乐、健身场所活动，不得安排专场文艺演出，不得以任何名义赠送礼金、有价证券、纪念品和土特产品等。

第十七条 县级以上党政机关公务接待管理部门应当会同有关部门

加强对本级党政机关各部门和下级党政机关国内公务接待工作的监督检查。监督检查的主要内容包括：

（一）国内公务接待规章制度制定情况；

（二）国内公务接待标准执行情况；

（三）国内公务接待经费管理使用情况；

（四）国内公务接待信息公开情况；

（五）机关内部接待场所管理使用情况。

党政机关各部门应当定期汇总本部门国内公务接待情况，报同级党政机关公务接待管理部门、财政部门、纪检监察机关备案。

第十八条 财政部门应当对党政机关国内公务接待经费开支和使用情况进行监督检查。审计部门应当对党政机关国内公务接待经费进行审计，并加强对机关内部接待场所的审计监督。

第十九条 县级以上党政机关公务接待管理部门应当会同财政部门按年度组织公开本级国内公务接待制度规定、标准、经费支出、接待场所、接待项目等有关情况，接受社会监督。

第二十条 各级党政机关应当将国内公务接待工作纳入问责范围。纪检监察机关应当加强对国内公务接待违规违纪行为的查处，严肃追究接待单位相关负责人、直接责任人的党纪责任、行政责任并进行通报，涉嫌犯罪的移送司法机关依法追究刑事责任。

第二十一条 积极推进国内公务接待服务社会化改革，有效利用社会资源为国内公务接待提供住宿、用餐、用车等服务。推行接待用车定点服务制度。

第二十二条 地方各级党委、政府应当依照本规定制定本地区国内公务接待管理办法。

第二十三条 地方各级政府因招商引资等工作需要，接待除国家工作人员以外的其他因公来访人员，应当参照本规定实行单独管理，明确标准，控制经费总额，注重实际效益，加强审批管理，强化审计监督，杜绝奢侈浪费。严禁扩大接待范围、增加接待项目，严禁以招商引资为名变相安排公务接待。

第二十四条 国有企业、国有金融企业和不参照公务员法管理的事业单位参照本规定执行。

第二十五条　本规定由国家机关事务管理局会同有关部门负责解释。

第二十六条　本规定自发布之日起施行。2006年10月20日中共中央办公厅、国务院办公厅印发的《党政机关国内公务接待管理规定》同时废止。

基本建设财务规则

财政部令　第81号

第一章　总　　则

第一条　为了规范基本建设财务行为，加强基本建设财务管理，提高财政资金使用效益，保障财政资金安全，制定本规则。

第二条　本规则适用于行政事业单位的基本建设财务行为，以及国有和国有控股企业使用财政资金的基本建设财务行为。

基本建设是指以新增工程效益或者扩大生产能力为主要目的的新建、续建、改扩建、迁建、大型维修改造工程及相关工作。

第三条　基本建设财务管理应当严格执行国家有关法律、行政法规和财务规章制度，坚持勤俭节约、量力而行、讲求实效，正确处理资金使用效益与资金供给的关系。

第四条　基本建设财务管理的主要任务是：

（一）依法筹集和使用基本建设项目（以下简称项目）建设资金，防范财务风险；

（二）合理编制项目资金预算，加强预算审核，严格预算执行；

（三）加强项目核算管理，规范和控制建设成本；

（四）及时准确编制项目竣工财务决算，全面反映基本建设财务状况；

（五）加强对基本建设活动的财务控制和监督，实施绩效评价。

第五条　财政部负责制定并指导实施基本建设财务管理制度。

各级财政部门负责对基本建设财务活动实施全过程管理和监督。

第六条 各级项目主管部门（含一级预算单位，下同）应当会同财政部门，加强本部门或者本行业基本建设财务管理和监督，指导和督促项目建设单位做好基本建设财务管理的基础工作。

第七条 项目建设单位应当做好以下基本建设财务管理的基础工作：

（一）建立、健全本单位基本建设财务管理制度和内部控制制度；

（二）按项目单独核算，按照规定将核算情况纳入单位账簿和财务报表；

（三）按照规定编制项目资金预算，根据批准的项目概（预）算做好核算管理，及时掌握建设进度，定期进行财产物资清查，做好核算资料档案管理；

（四）按照规定向财政部门、项目主管部门报送基本建设财务报表和资料；

（五）及时办理工程价款结算，编报项目竣工财务决算，办理资产交付使用手续；

（六）财政部门和项目主管部门要求的其他工作。

按照规定实行代理记账和项目代建制的，代理记账单位和代建单位应当配合项目建设单位做好项目财务管理的基础工作。

第二章 建设资金筹集与使用管理

第八条 建设资金是指为满足项目建设需要筹集和使用的资金，按照来源分为财政资金和自筹资金。其中，财政资金包括一般公共预算安排的基本建设投资资金和其他专项建设资金，政府性基金预算安排的建设资金，政府依法举债取得的建设资金，以及国有资本经营预算安排的基本建设项目资金。

第九条 财政资金管理应当遵循专款专用原则，严格按照批准的项目预算执行，不得挤占挪用。

财政部门应当会同项目主管部门加强项目财政资金的监督管理。

第十条 财政资金的支付，按照国库集中支付制度有关规定和合同约定，综合考虑项目财政资金预算、建设进度等因素执行。

第十一条 项目建设单位应当根据批准的项目概（预）算、年度投资计划和预算、建设进度等控制项目投资规模。

第十二条 项目建设单位在决策阶段应当明确建设资金来源，落实建设资金，合理控制筹资成本。非经营性项目建设资金按照国家有关规定筹集；经营性项目在防范风险的前提下，可以多渠道筹集。

具体项目的经营性和非经营性性质划分，由项目主管部门会同财政部门根据项目建设目的、运营模式和盈利能力等因素核定。

第十三条 核定为经营性项目的，项目建设单位应当按照国家有关固定资产投资项目资本管理的规定，筹集一定比例的非债务性资金作为项目资本。

在项目建设期间，项目资本的投资者除依法转让、依法终止外，不得以任何方式抽走出资。

经营性项目的投资者以实物、知识产权、土地使用权等非货币财产作价出资的，应当委托具有专业能力的资产评估机构依法评估作价。

第十四条 项目建设单位取得的财政资金，区分以下情况处理：

经营性项目具备企业法人资格的，按照国家有关企业财务规定处理。不具备企业法人资格的，属于国家直接投资的，作为项目国家资本管理；属于投资补助的，国家拨款时对权属有规定的，按照规定执行，没有规定的，由项目投资者享有；属于有偿性资助的，作为项目负债管理。

经营性项目取得的财政贴息，项目建设期间收到的，冲减项目建设成本；项目竣工后收到的，按照国家财务、会计制度的有关规定处理。

非经营性项目取得的财政资金，按照国家行政、事业单位财务、会计制度的有关规定处理。

第十五条 项目收到的社会捐赠，有捐赠协议或者捐赠者有指定要求的，按照协议或者要求处理；无协议和要求的，按照国家财务、会计制度的有关规定处理。

第三章 预 算 管 理

第十六条 项目建设单位编制项目预算应当以批准的概算为基础，按照项目实际建设资金需求编制，并控制在批准的概算总投资规模、范围和标准以内。

项目建设单位应当细化项目预算，分解项目各年度预算和财政资金预算需求。涉及政府采购的，应当按照规定编制政府采购预算。

项目资金预算应当纳入项目主管部门的部门预算或者国有资本经营预算统一管理。列入部门预算的项目，一般应当从项目库中产生。

第十七条 项目建设单位应当根据项目概算、建设工期、年度投资和自筹资金计划、以前年度项目各类资金结转情况等，提出项目财政资金预算建议数，按照规定程序经项目主管部门审核汇总报财政部门。

项目建设单位根据财政部门下达的预算控制数编制预算，由项目主管部门审核汇总报财政部门，经法定程序审核批复后执行。

第十八条 项目建设单位应当严格执行项目财政资金预算。对发生停建、缓建、迁移、合并、分立、重大设计变更等变动事项和其他特殊情况确需调整的项目，项目建设单位应当按照规定程序报项目主管部门审核后，向财政部门申请调整项目财政资金预算。

第十九条 财政部门应当加强财政资金预算审核和执行管理，严格预算约束。

财政资金预算安排应当以项目以前年度财政资金预算执行情况、项目预算评审意见和绩效评价结果作为重要依据。项目财政资金未按预算要求执行的，按照有关规定调减或者收回。

第二十条 项目主管部门应当按照预算管理规定，督促和指导项目建设单位做好项目财政资金预算编制、执行和调整，严格审核项目财政资金预算、细化预算和预算调整的申请，及时掌握项目预算执行动态，跟踪分析项目进度，按照要求向财政部门报送执行情况。

第四章 建设成本管理

第二十一条 建设成本是指按照批准的建设内容由项目建设资金安排的各项支出，包括建筑安装工程投资支出、设备投资支出、待摊投资支出和其他投资支出。

建筑安装工程投资支出是指项目建设单位按照批准的建设内容发生的建筑工程和安装工程的实际成本。

设备投资支出是指项目建设单位按照批准的建设内容发生的各种设备的实际成本。

待摊投资支出是指项目建设单位按照批准的建设内容发生的，应当分摊计入相关资产价值的各项费用和税金支出。

其他投资支出是指项目建设单位按照批准的建设内容发生的房屋购置支出，基本畜禽、林木等的购置、饲养、培育支出，办公生活用家具、器具购置支出，软件研发和不能计入设备投资的软件购置等支出。

第二十二条 项目建设单位应当严格控制建设成本的范围、标准和支出责任，以下支出不得列入项目建设成本：

（一）超过批准建设内容发生的支出；

（二）不符合合同协议的支出；

（三）非法收费和摊派；

（四）无发票或者发票项目不全、无审批手续、无责任人员签字的支出；

（五）因设计单位、施工单位、供货单位等原因造成的工程报废等损失，以及未按照规定报经批准的损失；

（六）项目符合规定的验收条件之日起3个月后发生的支出；

（七）其他不属于本项目应当负担的支出。

第二十三条 财政资金用于项目前期工作经费部分，在项目批准建设后，列入项目建设成本。

没有被批准或者批准后又被取消的项目，财政资金如有结余，全部缴回国库。

第五章 基建收入管理

第二十四条 基建收入是指在基本建设过程中形成的各项工程建设副产品变价收入、负荷试车和试运行收入以及其他收入。

工程建设副产品变价收入包括矿山建设中的矿产品收入，油气、油田钻井建设中的原油气收入，林业工程建设中的路影材收入，以及其他项目建设过程中产生或者伴生的副产品、试验产品的变价收入。

负荷试车和试运行收入包括水利、电力建设移交生产前的供水、供电、供热收入，原材料、机电轻纺、农林建设移交生产前的产品收入，交通临时运营收入等。

其他收入包括项目总体建设尚未完成或者移交生产，但其中部分工程简易投产而发生的经营性收入等。

符合验收条件而未按照规定及时办理竣工验收的经营性项目所实现的收入，不得作为项目基建收入管理。

第二十五条 项目所取得的基建收入扣除相关费用并依法纳税后，其净收入按照国家财务、会计制度的有关规定处理。

第二十六条 项目发生的各项索赔、违约金等收入，首先用于弥补工程损失，结余部分按照国家财务、会计制度的有关规定处理。

第六章 工程价款结算管理

第二十七条 工程价款结算是指依据基本建设工程发承包合同等进行工程预付款、进度款、竣工价款结算的活动。

第二十八条 项目建设单位应当严格按照合同约定和工程价款结算程序支付工程款。竣工价款结算一般应当在项目竣工验收后2个月内完成，大型项目一般不得超过3个月。

第二十九条 项目建设单位可以与施工单位在合同中约定按照不超过工程价款结算总额的5％预留工程质量保证金，待工程交付使用缺陷责任期满后清算。资信好的施工单位可以用银行保函替代工程质量保证金。

第三十条 项目主管部门应当会同财政部门加强工程价款结算的监督，重点审查工程招投标文件、工程量及各项费用的计取、合同协议、施工变更签证、人工和材料价差、工程索赔等。

第七章 竣工财务决算管理

第三十一条 项目竣工财务决算是正确核定项目资产价值、反映竣工项目建设成果的文件，是办理资产移交和产权登记的依据，包括竣工财务决算报表、竣工财务决算说明书以及相关材料。

项目竣工财务决算应当数字准确、内容完整。竣工财务决算的编制要求另行规定。

第三十二条 项目年度资金使用情况应当按照要求编入部门决算或者国有资本经营决算。

第三十三条 项目建设单位在项目竣工后,应当及时编制项目竣工财务决算,并按照规定报送项目主管部门。

项目设计、施工、监理等单位应当配合项目建设单位做好相关工作。

建设周期长、建设内容多的大型项目,单项工程竣工具备交付使用条件的,可以编报单项工程竣工财务决算,项目全部竣工后应当编报竣工财务总决算。

第三十四条 在编制项目竣工财务决算前,项目建设单位应当认真做好各项清理工作,包括账目核对及账务调整、财产物资核实处理、债权实现和债务清偿、档案资料归集整理等。

第三十五条 在编制项目竣工财务决算时,项目建设单位应当按照规定将待摊投资支出按合理比例分摊计入交付使用资产价值、转出投资价值和待核销基建支出。

第三十六条 项目竣工财务决算审核、批复管理职责和程序要求由同级财政部门确定。

第三十七条 财政部门和项目主管部门对项目竣工财务决算实行先审核、后批复的办法,可以委托预算评审机构或者有专业能力的社会中介机构进行审核。对符合条件的,应当在6个月内批复。

第三十八条 项目一般不得预留尾工工程,确需预留尾工工程的,尾工工程投资不得超过批准的项目概(预)算总投资的5%。

项目主管部门应当督促项目建设单位抓紧实施项目尾工工程,加强对尾工工程资金使用的监督管理。

第三十九条 已具备竣工验收条件的项目,应当及时组织验收,移交生产和使用。

第四十条 项目隶属关系发生变化时,应当按照规定及时办理财务关系划转,主要包括各项资金来源、已交付使用资产、在建工程、结余资金、各项债权及债务等的清理交接。

第八章　资产交付管理

第四十一条　资产交付是指项目竣工验收合格后，将形成的资产交付或者转交生产使用单位的行为。

交付使用的资产包括固定资产、流动资产、无形资产等。

第四十二条　项目竣工验收合格后应当及时办理资产交付使用手续，并依据批复的项目竣工财务决算进行账务调整。

第四十三条　非经营性项目发生的江河清障疏浚、航道整治、飞播造林、退耕还林（草）、封山（沙）育林（草）、水土保持、城市绿化、毁损道路修复、护坡及清理等不能形成资产的支出，以及项目未被批准、项目取消和项目报废前已发生的支出，作为待核销基建支出处理；形成资产产权归属本单位的，计入交付使用资产价值；形成资产产权不归属本单位的，作为转出投资处理。

非经营性项目发生的农村沼气工程、农村安全饮水工程、农村危房改造工程、游牧民定居工程、渔民上岸工程等涉及家庭或者个人的支出，形成资产产权归属家庭或者个人的，作为待核销基建支出处理；形成资产产权归属本单位的，计入交付使用资产价值；形成资产产权归属其他单位的，作为转出投资处理。

第四十四条　非经营性项目为项目配套建设的专用设施，包括专用道路、专用通讯设施、专用电力设施、地下管道等，产权归属本单位的，计入交付使用资产价值；产权不归属本单位的，作为转出投资处理。

非经营性项目移民安置补偿中由项目建设单位负责建设并形成的实物资产，产权归属集体或者单位的，作为转出投资处理；产权归属移民的，作为待核销基建支出处理。

第四十五条　经营性项目发生的项目取消和报废等不能形成资产的支出，以及设备采购和系统集成（软件）中包含的交付使用后运行维护等费用，按照国家财务、会计制度的有关规定处理。

第四十六条　经营性项目为项目配套建设的专用设施，包括专用铁路线、专用道路、专用通讯设施、专用电力设施、地下管道、专用码头等，项目建设单位应当与有关部门明确产权关系，并按照国家财务、会计制度的有关规定处理。

第九章 结余资金管理

第四十七条 结余资金是指项目竣工结余的建设资金，不包括工程抵扣的增值税进项税额资金。

第四十八条 经营性项目结余资金，转入单位的相关资产。

非经营性项目结余资金，首先用于归还项目贷款。如有结余，按照项目资金来源属于财政资金的部分，应当在项目竣工验收合格后3个月内，按照预算管理制度有关规定收回财政。

第四十九条 项目终止、报废或者未按照批准的建设内容建设形成的剩余建设资金中，按照项目实际资金来源比例确认的财政资金应当收回财政。

第十章 绩效评价

第五十条 项目绩效评价是指财政部门、项目主管部门根据设定的项目绩效目标，运用科学合理的评价方法和评价标准，对项目建设全过程中资金筹集、使用及核算的规范性、有效性，以及投入运营效果等进行评价的活动。

第五十一条 项目绩效评价应当坚持科学规范、公正公开、分级分类和绩效相关的原则，坚持经济效益、社会效益和生态效益相结合的原则。

第五十二条 项目绩效评价应当重点对项目建设成本、工程造价、投资控制、达产能力与设计能力差异、偿债能力、持续经营能力等实施绩效评价，根据管理需要和项目特点选用社会效益指标、财务效益指标、工程质量指标、建设工期指标、资金来源指标、资金使用指标、实际投资回收期指标、实际单位生产（营运）能力投资指标等评价指标。

第五十三条 财政部门负责制定项目绩效评价管理办法，对项目绩效评价工作进行指导和监督，选择部分项目开展重点绩效评价，依法公开绩效评价结果。绩效评价结果作为项目财政资金预算安排和资金拨付的重要依据。

第五十四条 项目主管部门会同财政部门按照有关规定,制定本部门或者本行业项目绩效评价具体实施办法,建立具体的绩效评价指标体系,确定项目绩效目标,具体组织实施本部门或者本行业绩效评价工作,并向财政部门报送绩效评价结果。

第十一章 监 督 管 理

第五十五条 项目监督管理主要包括对项目资金筹集与使用、预算编制与执行、建设成本控制、工程价款结算、竣工财务决算编报审核、资产交付等的监督管理。

第五十六条 项目建设单位应当建立、健全内部控制和项目财务信息报告制度,依法接受财政部门和项目主管部门等的财务监督管理。

第五十七条 财政部门和项目主管部门应当加强项目的监督管理,采取事前、事中、事后相结合,日常监督与专项监督相结合的方式,对项目财务行为实施全过程监督管理。

第五十八条 财政部门应当加强对基本建设财政资金形成的资产的管理,按照规定对项目资产开展登记、核算、评估、处置、统计、报告等资产管理基础工作。

第五十九条 对于违反本规则的基本建设财务行为,依照《预算法》、《财政违法行为处罚处分条例》等有关规定追究责任。

第十二章 附 则

第六十条 接受国家经常性资助的社会力量举办的公益服务性组织和社会团体的基本建设财务行为,以及非国有企业使用财政资金的基本建设财务行为,参照本规则执行。

使用外国政府及国际金融组织贷款的基本建设财务行为执行本规则。国家另有规定的,从其规定。

第六十一条 项目建设内容仅为设备购置的,不执行本规则;项目建设内容以设备购置、房屋及其他建筑物购置为主并附有部分建筑安装工程的,可以简化执行本规则。

经营性项目的项目资本中,财政资金所占比例未超过50%的,项目建设单位可以简化执行本规则,但应当按照要求向财政部门、项目主管部门报送相关财务资料。国家另有规定的,从其规定。

第六十二条 中央项目主管部门和各省、自治区、直辖市、计划单列市财政厅（局）可以根据本规则,结合本行业、本地区的项目情况,制定具体实施办法并报财政部备案。

第六十三条 本规则自2016年9月1日起施行。2002年9月27日财政部发布的《基本建设财务管理规定》（财建〔2002〕394号）及其解释同时废止。

本规则施行前财政部制定的有关规定与本规则不一致的,按照本规则执行。《企业财务通则》（财政部令第41号）、《金融企业财务规则》（财政部令第42号）、《事业单位财务规则》（财政部令第68号）和《行政单位财务规则》（财政部令第71号）另有规定的,从其规定。

会计基础工作规范

财政部令 第98号

第一章 总 则

第一条 为了加强会计基础工作,建立规范的会计工作秩序,提高会计工作水平,根据《中华人民共和国会计法》的有关规定,制定本规范。

第二条 国家机关、社会团体、企业、事业单位、个体工商户和其他组织的会计基础工作,应当符合本规范的规定。

第三条 各单位应当依据有关法规、法规和本规范的规定,加强会计基础工作,严格执行会计法规制度,保证会计工作依法有序地进行。

第四条 单位领导人对本单位的会计基础工作负有领导责任。

第五条 各省、自治区、直辖市财政厅（局）要加强对会计基础工作的管理和指导,通过政策引导、经验交流、监督检查等措施,促进基层单位加强会计基础工作,不断提高会计工作水平。

国务院各业务主管部门根据职责权限管理本部门的会计基础工作。

第二章 会计机构和会计人员

第一节 会计机构设置和会计人员配备

第六条 各单位应当根据会计业务的需要设置会计机构;不具备单独设置会计机构条件的,应当在有关机构中配备专职会计人员。

事业行政单位会计机构的设置和会计人员的配备,应当符合国家统一事业行政单位会计制度的规定。

设置会计机构,应当配备会计机构负责人;在有关机构中配备专职会计人员,应当在专职会计人员中指定会计主管人员。

会计机构负责人、会计主管人员的任免,应当符合《中华人民共和国会计法》和有关法律的规定。

第七条 会计机构负责人、会计主管人员应当具备下列基本条件:

(一)坚持原则,廉洁奉公;

(二)具备会计师以上专业技术职务资格或者从事会计工作不少于三年;

(三)熟悉国家财经法律、法规、规章和方针、政策,掌握本行业业务管理的有关知识;

(四)有较强的组织能力;

(五)身体状况能够适应本职工作的要求。

第八条 没有设置会计机构或者配备会计人员的单位,应当根据《代理记账管理办法》的规定,委托会计师事务所或者持有代理记账许可证书的代理记账机构进行代理记账。

第九条 大、中型企业、事业单位、业务主管部门应当根据法律和国家有关规定设置总会计师。总会计师由具有会计师以上专业技术资格的人员担任。

总会计师行使《总会计师条例》规定的职责、权限。

总会计师的任命(聘任)、免职(解聘)依照《总会计师条例》和有关法律的规定办理。

第十条 各单位应当根据会计业务需要配备会计人员,督促其遵守职业道德和国家统一的会计制度。

第十一条　各单位应当根据会计业务需要设置会计工作岗位。

会计工作岗位一般可分为：会计机构负责人或者会计主管人员，出纳，财产物资核算，工资核算，成本费用核算，财务成果核算，资金核算，往来结算，总账报表，稽核，档案管理等。开展会计电算化和管理会计的单位，可以根据需要设置相应工作岗位，也可以与其他工作岗位相结合。

第十二条　会计工作岗位，可以一人一岗、一人多岗或者一岗多人。但出纳人员不得兼管稽核、会计档案保管和收入、费用、债权债务账目的登记工作。

第十三条　会计人员的工作岗位应当有计划地进行轮换。

第十四条　会计人员应当具备必要的专业知识和专业技能，熟悉国家有关法律、法规、规章和国家统一会计制度，遵守职业道德。

会计人员应当按照国家有关规定参加会计业务的培训。各单位应当合理安排会计人员的培训，保证会计人员每年有一定时间用于学习和参加培训。

第十五条　各单位领导人应当支持会计机构、会计人员依法行使职权；对忠于职守，坚持原则，做出显著成绩的会计机构、会计人员，应当给予精神的和物质的奖励。

第十六条　国家机关、国有企业、事业单位任用会计人员应当实行回避制度。

单位领导人的直系亲属不得担任本单位的会计机构负责人、会计主管人员。会计机构负责人、会计主管人员的直系亲属不得在本单位会计机构中担任出纳工作。

需要回避的直系亲属为：夫妻关系、直系血亲关系、三代以内旁系血亲以及配偶亲关系。

第二节　会计人员职业道德

第十七条　会计人员在会计工作中应当遵守职业道德，树立良好的职业品质、严谨的工作作风，严守工作纪律，努力提高工作效率和工作质量。

第十八条　会计人员应当热爱本职工作，努力钻研业务，使自己的知识和技能适应所从事工作的要求。

第十九条 会计人员应当熟悉财经法律、法规、规章和国家统一会计制度,并结合会计工作进行广泛宣传。

第二十条 会计人员应当按照会计法规、法规和国家统一会计制度规定的程序和要求进行会计工作,保证所提供的会计信息合法、真实、准确、及时、完整。

第二十一条 会计人员办理会计事务应当实事求是、客观公正。

第二十二条 会计人员应当熟悉本单位的生产经营和业务管理情况,运用掌握的会计信息和会计方法,为改善单位内部管理、提高经济效益服务。

第二十三条 会计人员应当保守本单位的商业秘密。除法律规定和单位领导人同意外,不能私自向外界提供或者泄露单位的会计信息。

第二十四条 财政部门、业务主管部门和各单位应当定期检查会计人员遵守职业道德的情况,并作为会计人员晋升、晋级、聘任专业职务、表彰奖励的重要考核依据。

会计人员违反职业道德的,由所在单位进行处理。

第三节 会计工作交接

第二十五条 会计人员工作调动或者因故离职,必须将本人所经管的会计工作全部移交给接替人员。没有办清交接手续的,不得调动或者离职。

第二十六条 接替人员应当认真接管移交工作,并继续办理移交的未了事项。

第二十七条 会计人员办理移交手续前,必须及时做好以下工作:

(一)已经受理的经济业务尚未填制会计凭证的,应当填制完毕。

(二)尚未登记的账目,应当登记完毕,并在最后一笔余额后加盖经办人员印章。

(三)整理应该移交的各项资料,对未了事项写出书面材料。

(四)编制移交清册,列明应当移交的会计凭证、会计账簿、会计报表、印章、现金、有价证券、支票簿、发票、文件、其他会计资料和物品等内容;实行会计电算化的单位,从事该项工作的移交人员还应当在移交清册中列明会计软件及密码、会计软件数据磁盘（磁带等）及有关资料、实物等内容。

第二十八条 会计人员办理交接手续，必须有监交人负责监交。一般会计人员交接，由单位会计机构负责人、会计主管人员负责监交；会计机构负责人、会计主管人员交接，由单位领导人负责监交，必要时可由上级主管部门派人会同监交。

第二十九条 移交人员在办理移交时，要按移交清册逐项移交；接替人员要逐项核对点收。

（一）现金、有价证券要根据会计账簿有关记录进行点交。库存现金、有价证券必须与会计账簿记录保持一致。不一致时，移交人员必须限期查清。

（二）会计凭证、会计账簿、会计报表和其他会计资料必须完整无缺。如有短缺，必须查清原因，并在移交清册中注明，由移交人员负责。

（三）银行存款账户余额要与银行对账单核对，如不一致，应当编制银行存款余额调节表调节相符，各种财产物资和债权债务的明细账户余额要与总账有关账户余额核对相符；必要时，要抽查个别账户的余额，与实物核对相符，或者与往来单位、个人核对清楚。

（四）移交人员经管的票据、印章和其他实物等，必须交接清楚；移交人员从事会计电算化工作的，要对有关电子数据在实际操作状态下进行交接。

第三十条 会计机构负责人、会计主管人员移交时，还必须将全部财务会计工作、重大财务收支和会计人员的情况等，向接替人员详细介绍。对需要移交的遗留问题，应当写出书面材料。

第三十一条 交接完毕后，交接双方和监交人员要在移交注册上签名或者盖章。并应在移交注册上注明：单位名称，交接日期，交接双方和监交人员的职务、姓名，移交清册页数以及需要说明的问题和意见等。

移交清册一般应当填制一式三份，交接双方各执一份，存档一份。

第三十二条 接替人员应当继续使用移交的会计账簿，不得自行另立新账，以保持会计记录的连续性。

第三十三条 会计人员临时离职或者因病不能工作且需要接替或者

代理的，会计机构负责人、会计主管人员或者单位领导人必须指定有关人员接替或者代理，并办理交接手续。

临时离职或者因病不能工作的会计人员恢复工作的，应当与接替或者代理人员办理交接手续。

移交人员因病或者其他特殊原因不能亲自办理移交的，经单位领导人批准，可由移交人员委托他人代办移交，但委托人应当承担本规范第三十五条规定的责任。

第三十四条 单位撤销时，必须留有必要的会计人员，会同有关人员办理清理工作，编制决算。未移交前，不得离职。接收单位和移交日期由主管部门确定。

单位合并、分立的，其会计工作交接手续比照上述有关规定办理。

第三十五条 移交人员对所移交的会计凭证、会计账簿、会计报表和其他有关资料的合法性、真实性承担法律责任。

第三章 会 计 核 算

第一节 会 计 核 算 一 般 要 求

第三十六条 各单位应当按照《中华人民共和国会计法》和国家统一会计制度的规定建立会计账册，进行会计核算，及时提供合法、真实、准确、完整的会计信息。

第三十七条 各单位发生的下列事项，应当及时办理会计手续、进行会计核算：

（一）款项和有价证券的收付；

（二）财物的收发、增减和使用；

（三）债权债务的发生和结算；

（四）资本、基金的增减；

（五）收入、支出、费用、成本的计算；

（六）财务成果的计算和处理；

（七）其他需要办理会计手续、进行会计核算的事项。

第三十八条 各单位的会计核算应当以实际发生的经济业务为依据，按照规定的会计处理方法进行，保证会计指标的口径一致、相互可比和会计处理方法的前后各期相一致。

第三十九条 会计年度自公历1月1日起至12月31日止。

第四十条 会计核算以人民币为记账本位币。

收支业务以外国货币为主的单位，也可以选定某种外国货币作为记账本位币，但是编制的会计报表应当折算为人民币反映。

境外单位向国内有关部门编报的会计报表，应当折算为人民币反映。

第四十一条 各单位根据国家统一会计制度的要求，在不影响会计核算要求、会计报表指标汇总和对外统一会计报表的前提下，可以根据实际情况自行设置和使用会计科目。

事业行政单位会计科目的设置和使用，应当符合国家统一事业行政单位会计制度的规定。

第四十二条 会计凭证、会计账簿、会计报表和其他会计资料的内容和要求必须符合国家统一会计制度的规定，不得伪造、变造会计凭证和会计账簿，不得设置账外账，不得报送虚假会计报表。

第四十三条 各单位对外报送的会计报表格式由财政部统一规定。

第四十四条 实行会计电算化的单位，对使用的会计软件及其生成的会计凭证、会计账簿、会计报表和其他会计资料的要求，应当符合财政部关于会计电算化的有关规定。

第四十五条 各单位的会计凭证、会计账簿、会计报表和其他会计资料，应当建立档案，妥善保管。会计档案建档要求、保管期限、销毁办法等依据《会计档案管理办法》的规定进行。

实行会计电算化的单位，有关电子数据、会计软件资料等应当作为会计档案进行管理。

第四十六条 会计记录的文字应当使用中文，少数民族自治地区可以同时使用少数民族文字。中国境内的外商投资企业、外国企业和其他外国经济组织也可以同时使用某种外国文字。

第二节 填制会计凭证

第四十七条 各单位办理本规范第三十七条规定的事项，必须取得或者填制原始凭证，并及时送交会计机构。

第四十八条 原始凭证的基本要求是：

（一）原始凭证的内容必须具备：凭证的名称；填制凭证的日期；填制凭证单位名称或者填制人姓名；经办人员的签名或者盖章；接受凭证单位名称；经济业务内容；数量、单价和金额。

（二）从外单位取得的原始凭证，必须盖有填制单位的公章；从个人取得的原始凭证，必须有填制人员的签名或者盖章。自制原始凭证必须有经办单位领导人或者其指定的人员签名或者盖章。对外开出的原始凭证，必须加盖本单位公章。

（三）凡填有大写和小写金额的原始凭证，大写与小写金额必须相符。购买实物的原始凭证，必须有验收证明。支付款项的原始凭证，必须有收款单位和收款人的收款证明。

（四）一式几联的原始凭证，应当注明各联的用途，只能以一联作为报销凭证。

一式几联的发票和收据，必须用双面复写纸（发票和收据本身具备复写纸功能的除外）套写，并连续编号。作废时应当加盖"作废"戳记，连同存根一起保存，不得撕毁。

（五）发生销货退回的，除填制退货发票外，还必须有退货验收证明；退款时，必须取得对方的收款收据或者汇款银行的凭证，不得以退货发票代替收据。

（六）职工公出借款凭据，必须附在记账凭证之后。收回借款时，应当另开收据或者退还借据副本，不得退还原借款收据。

（七）经上级有关部门批准的经济业务，应当将批准文件作为原始凭证附件。如果批准文件需要单独归档的，应当在凭证上注明批准机关名称、日期和文件字号。

第四十九条 原始凭证不得涂改、挖补。发现原始凭证有错误的，应当由开出单位重开或者更正，更正处应当加盖开出单位的公章。

第五十条 会计机构、会计人员要根据审核无误的原始凭证填制记账凭证。

记账凭证可以分为收款凭证、付款凭证和转账凭证，也可以使用通用记账凭证。

第五十一条 记账凭证的基本要求是：

（一）记账凭证的内容必须具备：填制凭证的日期；凭证编号；经济业务摘要；会计科目；金额；所附原始凭证张数；填制凭证人员、稽核人员、记账人员、会计机构负责人、会计主管人员签名或者盖章。收款和付款记账凭证还应当由出纳人员签名或者盖章。

以自制的原始凭证或者原始凭证汇总表代替记账凭证的，也必须具备记账凭证应有的项目。

（二）填制记账凭证时，应当对记账凭证进行连续编号。一笔经济业务需要填制两张以上记账凭证的，可以采用分数编号法编号。

（三）记账凭证可以根据每一张原始凭证填制，或者根据若干张同类原始凭证汇总填制，也可以根据原始凭证汇总表填制。但不得将不同内容和类别的原始凭证汇总填制在一张记账凭证上。

（四）除结账和更正错误的记账凭证可以不附原始凭证外，其他记账凭证必须附有原始凭证。如果一张原始凭证涉及几张记账凭证，可以把原始凭证附在一张主要的记账凭证后面，并在其他记账凭证上注明附有该原始凭证的记账凭证的编号或者附原始凭证复印机。

一张原始凭证所列支出需要几个单位共同负担的，应当将其他单位负担的部分，开给对方原始凭证分割单，进行结算。原始凭证分割单必须具备原始凭证的基本内容：凭证名称、填制凭证日期、填制凭证单位名称或者填制人姓名、经办人的签名或者盖章、接受凭证单位名称、经济业务内容、数量、单价、金额和费用分摊情况等。

（五）如果在填制记账凭证时发生错误，应当重新填制。

已经登记入账的记账凭证，在当年内发现填写错误时，可以用红字填写一张与原内容相同的记账凭证，在摘要栏注明"注销某月某日某号凭证"字样，同时再用蓝字重新填制一张正确的记账凭证，注明"订正某月某日某号凭证"字样。如果会计科目没有错误，只是金额错误，也可以将正确数字与错误数字之间的差额，另编一张调整的记账凭证，调增金额用蓝字，调减金额用红字。发现以前年度记账凭证有错误的，应当用蓝字填制一张更正的记账凭证。

（六）记账凭证填制完经济业务事项后，如有空行，应当自金额栏最后一笔金额数字下的空行处至合计数上的空行处划线注销。

第五十二条 填制会计凭证，字迹必须清晰、工整，并符合下列要求：

（一）阿拉伯数字应当一个一个地写，不得连笔写。阿拉伯金额数字前面应当书写货币币种符号或者货币名称简写和币种符号。币种符号与阿拉伯金额数字之间不得留有空白。凡阿拉伯数字前写有币种符号的，数字后面不再写货币单位。

（二）所有以元为单位（其他货币种类为货币基本单位，下同）的阿拉伯数字，除表示单价等情况外，一律填写到角分；无角分的，角位和分位可写"00"，或者符号"——"；有角无分的，分位应当写"0"，不得用符号"——"代替。

（三）汉字大写数字金额如零、壹、贰、叁、肆、伍、陆、柒、捌、玖、拾、佰、仟、万、亿等，一律用正楷或者行书体书写，不得用0、一、二、三、四、五、六、七、八、九、十等简化字代替，不得任意自造简化字。大写金额数字到元或者角为止的，在"元"或者"角"字之后应当写"整"字或者"正"字；大写金额数字有分的，分字后面不写"整"或者"正"字。

（四）大写金额数字前未印有货币名称的，应当加填货币名称，货币名称与金额数字之间不得留有空白。

（五）阿拉伯金额数字中间有"0"时，汉字大写金额要写"零"字；阿拉伯数字金额中间连续有几个"0"时，汉字大写金额中可以只写一个"零"字；阿拉伯金额数字元位是"0"，或者数字中间连续有几个"0"、元位也是"0"但角位不是"0"时，汉字大写金额可以只写一个"零"字，也可以不写"零"字。

第五十三条 实行会计电算化的单位，对于机制记账凭证，要认真审核，做到会计科目使用正确，数字准确无误。打印出的机制记账凭证要加盖制单人员、审核人员、记账人员及会计机构负责人、会计主管人员印章或者签字。

第五十四条 各单位会计凭证的传递程序应当科学、合理，具体办法由各单位根据会计业务需要自行规定。

第五十五条 会计机构、会计人员要妥善保管会计凭证。

（一）会计凭证应当及时传递，不得积压。

（二）会计凭证登记完毕后，应当按照分类和编号顺序保管，不得散乱丢失。

（三）记账凭证应当连同所附的原始凭证或者原始凭证汇总表，按照编号顺序，折叠整齐，按期装订成册，并加具封面，注明单位名称、年度、月份和起讫日期、凭证种类、起讫号码，由装订人在装订线封签外签名或者盖章。

对于数量过多的原始凭证，可以单独装订保管，在封面上注明记账凭证日期、编号、种类，同时在记账凭证上注明"附件另订"和原始凭证名称及编号。

各种经济合同、存出保证金收据以及涉外文件等重要原始凭证，应当另编目录，单独登记保管，并在有关的记账凭证和原始凭证上相互注明日期和编号。

（四）原始凭证不得外借，其他单位如因特殊原因需要使用原始凭证时，经本单位会计机构负责人、会计主管人员批准，可以复制。向外单位提供的原始凭证复制件，应当在专设的登记簿上登记，并由提供人员和收取人员共同签名或者盖章。

（五）从外单位取得的原始凭证如有遗失，应当取得原开出单位盖有公章的证明，并注明原来凭证的号码、金额和内容等，由经办单位会计机构负责人、会计主管人员和单位领导人批准后，才能代作原始凭证。如果确实无法取得证明的，如火车、轮船、飞机票等凭证，由当事人写出详细情况，由经办单位会计机构负责人、会计主管人员和单位领导人批准后，代作原始凭证。

第三节 登记会计账簿

第五十六条 各单位应当按照国家统一会计制度的规定和会计业务的需要设置会计账簿。会计账簿包括总账、明细账、日记账和其他辅助性账簿。

第五十七条 现金日记账和银行存款日记账必须采用订本式账簿。不得用银行对账单或者其他方法代替日记账。

第五十八条 实行会计电算化的单位，用计算机打印的会计账簿必须连续编号，经审核无误后装订成册，并由记账人员和会计机构负责人、会计主管人员签字或者盖章。

第五十九条 启用会计账簿时，应当在账簿封面上写明单位名称和账簿名称。在账簿扉页上应当附启用表，内容包括：启用日期、账簿页数、记账人员和会计机构负责人、会计主管人员姓名，并加盖名章和单位公章。记账人员或者会计机构负责人、会计主管人员调动工作时，应当注明交接日期、接办人员或者监交人员姓名，并由交接双方人员签名或者盖章。

启用订本式账簿，应当从第一页到最后一页顺序编定页数，不得跳页、缺号。使用活页式账页，应当按账户顺序编号，并须定期装订成册。装订后再按实际使用的账页顺序编定页码。另加目录，记明每个账户的名称和页次。

第六十条 会计人员应当根据审核无误的会计凭证登记会计账簿。登记账簿的基本要求是：

（一）登记会计账簿时，应当将会计凭证日期、编号、业务内容摘要、金额和其他有关资料逐项记入账内，做到数字准确、摘要清楚、登记及时、字迹工整。

（二）登记完毕后，要在记账凭证上签名或者盖章，并注明已经登账的符号，表示已经记账。

（三）账簿中书写的文字和数字上面要留有适当空格，不要写满格；一般应占格距的二分之一。

（四）登记账簿要用蓝黑墨水或者碳素墨水书写，不得使用圆珠笔（银行的复写账簿除外）或者铅笔书写。

（五）下列情况，可以用红色墨水记账：

1. 按照红字冲账的记账凭证，冲销错误记录；

2. 在不设借贷等栏的多栏式账页中，登记减少数；

3. 在三栏式账户的余额栏前，如未印明余额方向的，在余额栏内登记负数余额；

4. 根据国家统一会计制度的规定可以用红字登记的其他会计记录。

（六）各种账簿按页次顺序连续登记，不得跳行、隔页。如果发生跳行、隔页，应当将空行、空页划线注销，或者注明"此行空白"、"此页空白"字样，并由记账人员签名或者盖章。

（七）凡需要结出余额的账户，结出余额后，应当在"借或贷"等栏内写明"借"或者"贷"等字样。没有余额的账户，应当在"借或贷"等栏内写"平"字，并在余额栏内用"Q"表示。

现金日记账和银行存款日记账必须逐日结出余额。

（八）每一账页登记完毕结转下页时，应当结出本页合计数及余额，写在本页最后一行和下页第一行有关栏内，并在摘要栏内注明"过次页"和"承前页"字样；也可以将本页合计数及金额只写在下页第一行有关栏内，并在摘要栏内注明"承前页"字样。

对需要结计本月发生额的账户，结计"过次页"的本页合计数应当为自本月初起至本页末止的发生额合计数；对需要结计本年累计发生额的账户，结计"过次页"的本页合计数应当为自年初起至本页末止的累计数；对既不需要结计本月发生额也不需要结计本年累计发生额的账户，可以只将每页末的余额结转次页。

第六十一条 账簿记录发生错误，不准涂改、挖补、刮擦或者用药水消除字迹，不准重新抄写，必须按照下列方法进行更正：

（一）登记账簿时发生错误，应当将错误的文字或者数字划红线注销，但必须使原有字迹仍可辨认；然后在划线上方填写正确的文字或者数字，并由记账人员在更正处盖章。对于错误的数字，应当全部划红线更正，不得只更正其中的错误数字。对于文字错误，可只划去错误的部分。

（二）由于记账凭证错误而使账簿记录发生错误，应当按更正的记账凭证登记账簿。

第六十二条 各单位应当定期对会计账簿记录的有关数字与库存实物、货币资金、有价证券、往来单位或者个人等进行相互核对，保证账证相符、账账相符、账实相符。对账工作每年至少进行一次。

（一）账证核对。核对会计账簿记录与原始凭证、记账凭证的时间、凭证字号、内容、金额是否一致，记账方向是否相符。

（二）账账核对。核对不同会计账簿之间的账簿记录是否相符，包括：总账有关账户的余额核对，总账与明细账核对，总账与日记账核对，会计部门的财产物资明细账与财产物资保管和使用部门的有关明细账核对等。

（三）账实核对。核对会计账簿记录与财产等实有数额是否相符。包括：现金日记账账面余额与现金实际库存数相核对；银行存款日记账账面余额定期与银行对账单相核对；各种财物明细账账面余额与财物实存数额相核对；各种应收、应付款明细账账面余额与有关债务、债权单位或者个人核对等。

第六十三条 各单位应当按照规定定期结账。

（一）结账前，必须将本期内所发生的各项经济业务全部登记入账。

（二）结账时，应当结出每个账户的期末余额。需要结出当月发生额的，应当在摘要栏内注明"本月合计"字样，并在下面通栏划单红线。需要结出本年累计发生额的，应当在摘要栏内注明"本年累计"字样，并在下面通栏划单红线；12月末的"本年累计"就是全年累计发生额。全年累计发生额下面应当通栏划双红线。年度终了结账时，所有总账账户都应当结出全年发生额和年末余额。

（三）年度终了，要把各账户的余额结转到下一会计年度，并在摘要栏注明"结转下年"字样；在下一会计年度新建有关会计账簿的第一行余额栏内填写上年结转的余额，并在摘要栏注明"上年结转"字样。

第四节 编制财务报告

第六十四条 各单位必须按照国家统一会计制度的规定，定期编制财务报告。

财务报告包括会计报表及其说明。会计报表包括会计报表主表、会计报表附表、会计报表附注。

第六十五条 各单位对外报送的财务报告应当根据国家统一会计制度规定的格式和要求编制。

单位内部使用的财务报告，其格式和要求由各单位自行规定。

第六十六条 会计报表应当根据登记完整、核对无误的会计账簿记录和其他有关资料编制，做到数字真实、计算准确、内容完整、说明清楚。

任何人不得篡改或者授意、指使、强令他人篡改会计报表的有关数字。

第六十七条　会计报表之间、会计报表各项目之间，凡有对应关系的数字，应当相互一致。本期会计报表与上期会计报表之间有关的数字应当相互衔接。如果不同会计年度会计报表中各项目的内容和核算方法有变更的，应当在年度会计报表中加以说明。

第六十八条　各单位应当按照国家统一会计制度的规定认真编写会计报表附注及其说明，做到项目齐全，内容完整。

第六十九条　各单位应当按照国家规定的期限对外报送财务报告。

对外报送的财务报告，应当依次编写页码，加具封面，装订成册，加盖公章。封面上应当注明：单位名称，单位地址，财务报告所属年度、季度、月度，送出日期，并由单位领导人、总会计师、会计机构负责人、会计主管人员签名或者盖章。

单位领导人对财务报告的合法性、真实性负法律责任。

第七十条　根据法律和国家有关规定应当对财务报告进行审计的，财务报告编制单位应当先行委托注册会计师进行审计，并将注册会计师出具的审计报告随同财务报告按照规定的期限报送有关部门。

第七十一条　如果发现对外报送的财务报告有错误，应当及时办理更正手续。除更正本单位留存的财务报告外，并应同时通知接受财务报告的单位更正。错误较多的，应当重新编报。

第四章　会　计　监　督

第七十二条　各单位的会计机构、会计人员对本单位的经济活动进行会计监督。

第七十三条　会计机构、会计人员进行会计监督的依据是：

（一）财经法律、法规、规章；

（二）会计法律、法规和国家统一会计制度；

（三）各省、自治区、直辖市财政厅（局）和国务院业务主管部门根据《中华人民共和国会计法》和国家统一会计制度制定的具体实施办法或者补充规定；

（四）各单位根据《中华人民共和国会计法》和国家统一会计制度制定的单位内部会计管理制度；

（五）各单位内部的预算、财务计划、经济计划、业务计划等。

第七十四条 会计机构、会计人员应当对原始凭证进行审核和监督。

对不真实、不合法的原始凭证，不予受理。对弄虚作假、严重违法的原始凭证，在不予受理的同时，应当予以扣留，并及时向单位领导人报告，请求查明原因，追究当事人的责任。

对记载不准确、不完整的原始凭证，予以退回，要求经办人员更正、补充。

第七十五条 会计机构、会计人员对伪造、变造、故意毁灭会计账簿或者账外设账行为，应当制止和纠正；制止和纠正无效的，应当向上级主管单位报告，请求作出处理。

第七十六条 会计机构、会计人员应当对实物、款项进行监督，督促建立并严格执行财产清查制度。发现账簿记录与实物、款项不符时，应当按照国家有关规定进行处理。超出会计机构、会计人员职权范围的，应当立即向本单位领导报告，请求查明原因，作出处理。

第七十七条 会计机构、会计人员对指使、强令编造、篡改财务报告行为，应当制止和纠正；制止和纠正无效的，应当向上级主管单位报告，请求处理。

第七十八条 会计机构、会计人员应当对财务收支进行监督。

（一）对审批手续不全的财务收支，应当退回，要求补充、更正。

（二）对违反规定不纳入单位统一会计核算的财务收支，应当制止和纠正。

（三）对违反国家统一的财政、财务、会计制度规定的财务收支，不予办理。

（四）对认为是违反国家统一的财政、财务、会计制度规定的财务收支，应当制止和纠正；制止和纠正无效的，应当向单位领导人提出书面意见请求处理。

单位领导人应当在接到书面意见起十日内作出书面决定，并对决定承担责任。

（五）对违反国家统一的财政、财务、会计制度规定的财务收支，不予制止和纠正，又不向单位领导人提出书面意见的，也应当承担责任。

（六）对严重违反国家利益和社会公众利益的财务收支，应当向主管单位或者财政、审计、税务机关报告。

第七十九条 会计机构、会计人员对违反单位内部会计管理制度的经济活动，应当制止和纠正；制止和纠正无效的，向单位领导人报告，请求处理。

第八十条 会计机构、会计人员应当对单位制定的预算、财务计划、经济计划、业务计划的执行情况进行监督。

第八十一条 各单位必须依照法律和国家有关规定接受财政、审计、税务等机关的监督，如实提供会计凭证、会计账簿、会计报表和其他会计资料以及有关情况，不得拒绝、隐匿、谎报。

第八十二条 按照法律规定应当委托注册会计师进行审计的单位，应当委托注册会计师进行审计，并配合注册会计师的工作，如实提供会计凭证、会计账簿、会计报表和其他会计资料以及有关情况，不得拒绝、隐匿、谎报，不得示意注册会计师出具不当的审计报告。

第五章　内部会计管理制度

第八十三条 各单位应当根据《中华人民共和国会计法》和国家统一会计制度的规定，结合单位类型和内容管理的需要，建立健全相应的内部会计管理制度。

第八十四条 各单位制定内部会计管理制度应当遵循下列原则：

（一）应当执行法律、法规和国家统一的财务会计制度。

（二）应当体现本单位的生产经营、业务管理的特点和要求。

（三）应当全面规范本单位的各项会计工作，建立健全会计基础，保证会计工作的有序进行。

（四）应当科学、合理，便于操作和执行。

（五）应当定期检查执行情况。

（六）应当根据管理需要和执行中的问题不断完善。

第八十五条 各单位应当建立内部会计管理体系。主要内容包括：单位领导人、总会计师对会计工作的领导职责；会计部门及其会计机构负责人、会计主管人员的职责、权限；会计部门与其他职能部门的关系；

会计核算的组织形式等。

第八十六条 各单位应当建立会计人员岗位责任制度。主要内容包括：会计人员的工作岗位设置；各会计工作岗位的职责和标准；各会计工作岗位的人员和具体分工；会计工作岗位轮换办法；对各会计工作岗位的考核办法。

第八十七条 各单位应当建立账务处理程序制度。主要内容包括：会计科目及其明细科目的设置和使用；会计凭证的格式、审核要求和传递程序；会计核算方法；会计账簿的设置；编制会计报表的种类和要求；单位会计指标体系。

第八十八条 各单位应当建立内部牵制制度。主要内容包括：内部牵制制度的原则；组织分工；出纳岗位的职责和限制条件；有关岗位的职责和权限。

第八十九条 各单位应当建立稽核制度。主要内容包括：稽核工作的组织形式和具体分工；稽核工作的职责、权限；审核会计凭证和复核会计账簿、会计报表的方法。

第九十条 各单位应当建立原始记录管理制度。主要内容包括：原始记录的内容和填制方法；原始记录的格式；原始记录的审核；原始记录填制人的责任；原始记录签署、传递、汇集要求。

第九十一条 各单位应当建立定额管理制度。主要内容包括：定额管理的范围；制定和修订定额的依据、程序和方法；定额的执行；定额考核和奖惩办法等。

第九十二条 各单位应当建立计量验收制度。主要内容包括：计量检测手段和方法；计量验收管理的要求；计量验收人员的责任和奖惩办法。

第九十三条 各单位应当建立财产清查制度。主要内容包括：财产清查的范围；财产清查的组织；财产清查的期限和方法；对财产清查中发现问题的处理办法；对财产管理人员的奖惩办法。

第九十四条 各单位应当建立财务收支审批制度。主要内容包括：财务收支审批人员和审批权限；财务收支审批程序；财务收支审批人员的责任。

第九十五条 实行成本核算的单位应当建立成本核算制度。主要内容包括：成本核算的对象；成本核算的方法和程序；成本分析等。

第九十六条 各单位应当建立财务会计分析制度。主要内容包括：财务会计分析的主要内容；财务会计分析的基本要求和组织程序；财务会计分析的具体方法；财务会计分析报告的编写要求等。

第六章 附 则

第九十七条 本规范所称国家统一会计制度，是指由财政部制定、或者财政部与国务院有关部门联合制定、或者经财政部审核批准的在全国范围内统一执行的会计规章、准则、办法等规范性文件。

本规范所称会计主管人员，是指不设置会计机构、只在其他机构中设置专职会计人员的单位行使会计机构负责人职权的人员。

本规范第三章第二节和第三节关于填制会计凭证、登记会计账簿的规定，除特别指出外，一般适用于手工记账。实行会计电算化的单位，填制会计凭证和登记会计账簿的有关要求，应当符合财政部关于会计电算化的有关规定。

第九十八条 各省、自治区、直辖市财政厅（局）、国务院各业务主管部门可以根据本规范的原则，结合本地区、本部门的具体情况，制定具体实施办法，报财政部备案。

第九十九条 本规范由财政部负责解释、修改。

第一百条 本规范自公布之日起实施。1984年4月24日财政部发布的《会计人员工作规则》同时废止。

中央和国家机关差旅费管理办法

财行〔2013〕531号

第一章 总 则

第一条 为加强和规范中央和国家机关国内差旅费管理，推进厉行节约反对浪费，根据《党政机关厉行节约反对浪费条例》，制定本办法。

第二条 本办法适用于中央和国家机关，以及参照公务员法管理的事业单位（以下简称中央单位）。

本办法所称中央和国家机关，是指党中央各部门，国务院各部委、各直属机构，全国人大常委会办公厅，全国政协办公厅，最高人民法院，最高人民检察院，各人民团体、各民主党派中央和全国工商联。

第三条 差旅费是指工作人员临时到常驻地以外地区公务出差所发生的城市间交通费、住宿费、伙食补助费和市内交通费。

第四条 中央单位应当建立健全公务出差审批制度。出差必须按规定报经单位有关领导批准，从严控制出差人数和天数；严格差旅费预算管理，控制差旅费支出规模；严禁无实质内容、无明确公务目的的差旅活动，严禁以任何名义和方式变相旅游，严禁异地部门间无实质内容的学习交流和考察调研。

第五条 财政部按照分地区、分级别、分项目的原则制定差旅费标准，并根据经济社会发展水平、市场价格及消费水平变动情况适时调整。

第二章 城市间交通费

第六条 城市间交通费是指工作人员因公到常驻地以外地区出差乘坐火车、轮船、飞机等交通工具所发生的费用。

第七条 出差人员应当按规定等级乘坐交通工具。乘坐交通工具的等级见下表：

交通工具级别	火车（含高铁、动车、全列软席列车）	轮船（不包括旅游船）	飞机	其他交通工具（不包括出租小汽车）
部级及相当职务人员	火车软席（软座、软卧），高铁/动车商务座，全列软席列车一等软座	一等舱	头等舱	凭据报销
司局级及相当职务人员	火车软席（软座、软卧），高铁/动车一等座，全列软席列车一等软座	二等舱	经济舱	凭据报销
其余人员	火车硬席（硬座、硬卧），高铁/动车二等座，全列软席列车二等软座	三等舱	经济舱	凭据报销

部级及相当职务人员出差，因工作需要，随行一人可乘坐同等级交通工具。

未按规定等级乘坐交通工具的，超支部分由个人自理。

第八条　到出差目的地有多种交通工具可选择时，出差人员在不影响公务、确保安全的前提下，应当选乘经济便捷的交通工具。

第九条　乘坐飞机的，民航发展基金、燃油附加费可以凭据报销。

第十条　乘坐飞机、火车、轮船等交通工具的，每人次可以购买交通意外保险一份。所在单位统一购买交通意外保险的，不再重复购买。

第三章　住　宿　费

第十一条　住宿费是指工作人员因公出差期间入住宾馆（包括饭店、招待所，下同）发生的房租费用。

第十二条　财政部分地区制定住宿费限额标准。各省、自治区、直辖市和计划单列市财政厅（局）根据当地经济社会发展水平、市场价格、消费水平等因素，提出所在市（省会城市、直辖市、计划单列市，下同）的住宿费限额标准报财政部，经财政部统筹研究提出意见反馈地方审核确认后，由财政部统一发布作为中央单位工作人员到相关地区出差的住宿费限额标准。

对于住宿价格季节性变化明显的城市，住宿费限额标准在旺季可适当上浮一定比例，具体规定由财政部另行发布。

第十三条　部级及相当职务人员住普通套间，司局级及以下人员住单间或标准间。

第十四条　出差人员应当在职务级别对应的住宿费标准限额内，选择安全、经济、便捷的宾馆住宿。

第四章　伙食补助费

第十五条　伙食补助费是指对工作人员在因公出差期间给予的伙食补助费用。

第十六条　伙食补助费按出差自然（日历）天数计算，按规定标准包干使用。

第十七条　财政部分地区制定伙食补助费标准。各省、自治区、直辖市和计划单列市财政厅（局）负责根据当地经济社会发展水平、市场价格、消费水平等因素，参照所在市公务接待工作餐、会议用餐等标准提出伙食补助费标准报财政部，经财政部统筹研究提出意见反馈地方审核确认后，由财政部统一发布作为中央单位工作人员到相关地区出差的伙食补助费标准。

第十八条　出差人员应当自行用餐。凡由接待单位统一安排用餐的，应当向接待单位交纳伙食费。

第五章　市内交通费

第十九条　市内交通费是指工作人员因公出差期间发生的市内交通费用。

第二十条　市内交通费按出差自然（日历）天数计算，每人每天80元包干使用。

第二十一条　出差人员由接待单位或其他单位提供交通工具的，应向接待单位或其他单位交纳相关费用。

第六章　报销管理

第二十二条　出差人员应当严格按规定开支差旅费，费用由所在单位承担，不得向下级单位、企业或其他单位转嫁。

第二十三条　城市间交通费按乘坐交通工具的等级凭据报销，订票费、经批准发生的签转或退票费、交通意外保险费凭据报销。

住宿费在标准限额之内凭发票据实报销。

伙食补助费按出差目的地的标准报销，在途期间的伙食补助费按当天最后到达目的地的标准报销。

市内交通费按规定标准报销。

未按规定开支差旅费的，超支部分由个人自理。

第二十四条　工作人员出差结束后应当及时办理报销手续。差旅费报销时应当提供出差审批单、机票、车票、住宿费发票等凭证。

住宿费、机票支出等按规定用公务卡结算。

第二十五条　财务部门应当严格按规定审核差旅费开支,对未经批准出差以及超范围、超标准开支的费用不予报销。

实际发生住宿而无住宿费发票的,不得报销住宿费以及城市间交通费、伙食补助费和市内交通费。

第七章　监　督　问　责

第二十六条　各单位应当加强对本单位工作人员出差活动和经费报销的内控管理,对本单位出差审批制度、差旅费预算及规模控制负责,相关领导、财务人员等对差旅费报销进行审核把关,确保票据来源合法,内容真实完整、合规。对未经批准擅自出差、不按规定开支和报销差旅费的人员进行严肃处理。

一级预算单位应当强化对所属预算单位的监督检查,发现问题及时处理,重大问题向财政部报告。

各单位应当自觉接受审计部门对出差活动及相关经费支出的审计监督。

第二十七条　财政部会同有关部门对中央单位差旅费管理和使用情况进行监督检查。主要内容包括:

(一)单位差旅审批制度是否健全,出差活动是否按规定履行审批手续;

(二)差旅费开支范围和标准是否符合规定;

(三)差旅费报销是否符合规定;

(四)是否向下级单位、企业或其他单位转嫁差旅费;

(五)差旅费管理和使用的其他情况。

第二十八条　出差人员不得向接待单位提出正常公务活动以外的要求,不得在出差期间接受违反规定用公款支付的宴请、游览和非工作需要的参观,不得接受礼品、礼金和土特产品等。

第二十九条　违反本办法规定,有下列行为之一的,依法依规追究相关单位和人员的责任:

(一)单位无出差审批制度或出差审批控制不严的;

(二)虚报冒领差旅费的;

(三)擅自扩大差旅费开支范围和提高开支标准的;

（四）不按规定报销差旅费的；

（五）转嫁差旅费的；

（六）其他违反本办法行为的。

有前款所列行为之一的，由财政部会同有关部门责令改正，违规资金应予追回，并视情况予以通报。对直接责任人和相关负责人，报请其所在单位按规定给予行政处分。涉嫌违法的，移送司法机关处理。

第八章 附 则

第三十条 工作人员外出参加会议、培训，举办单位统一安排食宿的，会议、培训期间的食宿费和市内交通费由会议、培训举办单位按规定统一开支；往返会议、培训地点的差旅费由所在单位按照规定报销。

第三十一条 不参照公务员法管理的事业单位参照本办法执行。

各单位应当根据本办法，结合本单位实际情况制定具体操作规定。

中国人民解放军和中国人民武装警察部队的差旅费管理办法参照本办法另行规定。

第三十二条 本办法由财政部负责解释。

第三十三条 本办法自 2014 年 1 月 1 日起施行。2006 年 11 月 13 日发布的《财政部关于印发〈中央国家机关和事业单位差旅费管理办法〉的通知》（财行〔2006〕313 号）同时废止，其他有关中央国家机关和事业单位差旅费管理规定与本办法不一致的，按照本办法执行。

关于印发《中央和国家机关差旅费管理办法有关问题的解答》的通知

财办行〔2014〕90 号

1. 出差人员由接待单位统一安排食宿的如何交伙食费？

除接待单位按照《党政机关国内公务接待管理规定》安排的一次工作餐外，出差人员就餐应当自行解决。接待单位协助安排就餐的，出差人员应当在差旅费管理办法规定的标准内向接待单位交纳相应的伙食费。接待单位应向出差人员出具接收凭证（不作报销依据），收取的伙食费用

关于印发《中央和国家机关差旅费管理办法有关问题的解答》的通知

于抵顶接待单位的招待费支出。

2．出差人员由接待单位或其他单位提供交通工具的如何交市内交通费？

市内交通应由出差人员自行解决。接待单位提供交通工具的，出差人员应当在差旅费管理办法规定的标准内向接待单位交纳市内交通费。接待单位应向出差人员出具接收凭证（不作报销依据），收取的市内交通费用于抵顶接待单位的车辆运行支出。

3．出差人员实际发生住宿而无住宿发票的差旅费如何报销？

出差人员实际发生住宿而无住宿费发票的，如果是住在自己家里的，或到边远地区出差，无法取得住宿费发票的，由出差人员说明情况并经所在部门领导批准，可以报销城市间交通费、伙食补助费和市内交通费，其他情况一般不予报销差旅费。

4．中央在京单位工作人员到远郊区县开展公务活动如何报销差旅费？

中央在京单位工作人员到远郊区县参加会议、培训的，不报销住宿费、伙食补助费和市内交通费；到远郊区县开展其他公务活动且实际发生住宿、伙食、交通等费用的，按照差旅费管理办法的规定标准报销。统一安排伙食、交通工具的，不再报销伙食补助费和市内交通费。

北京市远郊区县是指门头沟区、房山区、通州区、顺义区、昌平区、大兴区、怀柔区、平谷区、密云县、延庆县。

5．工作人员调动搬迁路费如何报销？

中央和国家机关工作人员因调动工作发生的城市间交通费、住宿费、伙食补助费和市内交通费，由调入单位按照差旅费管理办法的规定予以一次性报销。随迁家属和搬迁家具发生的费用由调动人员自理。

6．出差人员符合乘坐火车软卧条件而改乘软座的是否给予补助？

差旅费管理办法规定的交通工具等级是出差人员可以乘坐交通工具的上限。出差人员应严格按照差旅费管理办法规定的等级乘坐相应交通工具，符合乘坐火车软卧条件而改乘软座的，不给予补助。

7．经单位领导批准工作人员出差期间回家省亲办事的差旅费如何报销？

工作人员出差期间回家省亲办事的，城市间交通费按不高于从出差目的地返回单位按规定乘坐相应交通工具的票价予以报销，超出部分由个人自理；伙食补助费和市内交通费按从出差目的地返回单位的天数（扣除回家省亲办事的天数）和规定标准予以报销。

8. 参加会议、培训的差旅费如何报销？

到常驻地以外参加会议、培训的，会议、培训期间执行会议和培训费的相关制度。往返会议、培训地点发生的城市间交通费、伙食补助费和市内交通费按照差旅费管理办法的规定报销。其中，伙食补助费和市内交通费按往返各 1 天计发，当天往返的按 1 天计发。

9. 出差乘坐飞机的，从驻地到机场的交通费如何报销？

新修订的差旅费管理办法对市内交通费实行包干办法，按出差自然天数每人每天 80 元包干使用。往返驻地和机场的交通费在按规定发放的市内交通费内统筹解决，不再另外报销。

10. 出差人员是否可以乘坐全列软席列车软卧？

出差人员原则上乘坐全列软席列车软座，但在晚 8 时至次日晨 7 时期间乘车时间 6 小时以上的，或连续乘车超过 12 小时的，经单位领导批准，可以乘坐软卧，按照软卧车票报销。

11. 中央和国家机关工作人员出差是否还要入住定点饭店？

新修订的《中央和国家机关差旅费管理办法》不要求出差人员必须入住定点饭店，从 2015 年起，财政部也不再组织招标采购出差的定点饭店。

12. 司局级以下级别人员是否要求 2 人住 1 间房？

新修订的差旅费管理办法实行分地区按级别制定每人每天住宿费开支标准，在规定标准之内出差人员可以自行选择与其级别相适应的房间类型，对 2 人住 1 间房不再作硬性规定。

中央和国家机关会议费管理办法

财行〔2016〕214 号

第一章 总 则

第一条 为进一步加强和规范中央和国家机关会议费管理，精简会议，改进会风，提高会议效率和质量，节约会议经费开支，制定本办法。

第二条 中央和国家机关会议的分类、审批和会议费管理等，适用本办法。

本办法所称中央和国家机关,是指党中央各部门,国务院各部委、各直属机构,全国人大常委会办公厅,全国政协办公厅,最高人民法院,最高人民检察院,各人民团体、各民主党派中央和全国工商联(以下简称各单位)。

第三条 各单位召开会议应当坚持厉行节约、反对浪费、规范简朴、务实高效的原则,严格控制会议数量和规模,规范会议费管理。

第四条 各单位召开的会议实行分类管理、分级审批。

第五条 各单位应当严格会议费预算管理,控制会议费预算规模。会议费预算应当细化到具体会议项目,执行中不得突破。会议费应当纳入部门预算,并单独列示。

第二章 会议分类和审批

第六条 中央和国家机关会议分类如下:

一类会议。是以党中央和国务院名义召开的,要求省、自治区、直辖市、计划单列市或中央部门负责同志参加的会议。

二类会议。是党中央和国务院各部委、各直属机构,最高人民法院,最高人民检察院,各人民团体召开的,要求省、自治区、直辖市、计划单列市有关厅(局)或本系统、直属机构负责同志参加的会议。

三类会议。是党中央和国务院各部委、各直属机构,最高人民法院,最高人民检察院,各人民团体及其所属内设机构召开的,要求省、自治区、直辖市、计划单列市有关厅(局)或本系统机构有关人员参加的会议。

四类会议。是指除上述一、二、三类会议以外的其他业务性会议,包括小型研讨会、座谈会、评审会等。

第七条 中央和国家机关会议按以下程序和要求进行审批:

一类会议。应当由主办单位报经党中央和国务院批准。会议总务、经费预算及费用结算等工作分别由中共中央直属机关事务管理局(以下简称中直管理局)和国家机关事务管理局(以下简称国管局)负责。

二类会议。党中央和国务院各部委、各直属机构,各人民团体应当于每年12月底前,将下一年度会议计划(包括会议名称、召开的理由、主要内容、时间地点、代表人数、工作人员数、所需经费及列支渠道等)送财政部审核会签,按程序经中央办公厅、国务院办公厅审核后报批。各单位召开二类会议原则上每年不超过1次。

三类会议。各单位应当建立会议计划编报和审批制度,年度会议计划(包括会议数量、会议名称、召开的理由、主要内容、时间地点、代表人数、工作人员数、所需经费及列支渠道等)经单位领导办公会或党组(党委)会审批后执行。

四类会议。由单位分管领导审核后列入单位年度会议计划。

年度会议计划一经批准,原则上不得调整。对党中央、国务院交办等确需临时增加的会议,按规定程序报批。

第八条 一类会议会期按照批准文件,根据工作需要从严控制;二、三、四类会议会期均不得超过2天;传达、布置类会议会期不得超过1天。

会议报到和离开时间,一、二、三类会议合计不得超过2天,四类会议合计不得超过1天。

第九条 各单位应当严格控制会议规模。

一类会议参会人员按照批准文件,根据会议性质和主要内容确定,严格限定会议代表和工作人员数量。

二类会议参会人员不得超过300人,其中,工作人员控制在会议代表人数的15%以内;不请省、自治区、直辖市和中央部门主要负责同志、分管负责同志出席。

三类会议参会人员不得超过150人,其中,工作人员控制在会议代表人数的10%以内。

四类会议参会人员视内容而定,一般不得超过50人。

第十条 全国人大常委会办公厅、全国政协办公厅、各民主党派中央和全国工商联的会议分类、审批事项、会期及参会人员等,由上述部门依据法律法规、章程规定,参照第六条至第九条作出规定,并报财政部备案。

第十一条 各单位召开会议应当改进会议形式,充分运用电视电话、网络视频等现代信息技术手段，降低会议成本，提高会议效率。

传达、布置类会议优先采取电视电话、网络视频会议方式召开。电视电话、网络视频会议的主会场和分会场应当控制规模，节约费用支出。

第十二条　不能够采用电视电话、网络视频召开的会议实行定点管理。各单位会议应当到定点会议场所召开，按照协议价格结算费用。未纳入定点范围，价格低于会议综合定额标准的单位内部会议室、礼堂、宾馆、招待所、培训中心，可优先作为本单位或本系统会议场所。

无外地代表且会议规模能够在单位内部会议室安排的会议，原则上在单位内部会议室召开，不安排住宿。

第十三条　参会人员以在京单位为主的会议不得到京外召开。各单位不得到党中央、国务院明令禁止的风景名胜区召开会议。

第三章　会议费开支范围、标准和报销支付

第十四条　会议费开支范围包括会议住宿费、伙食费、会议场地租金、交通费、文件印刷费、医药费等。

前款所称交通费是指用于会议代表接送站，以及会议统一组织的代表考察、调研等发生的交通支出。

会议代表参加会议发生的城市间交通费，按照差旅费管理办法的规定回单位报销。

第十五条　会议费开支实行综合定额控制，各项费用之间可以调剂使用。

会议费综合定额标准如下：

单位：元/人天

会议类别	住宿费	伙食费	其他费用	合计
一类会议	500	150	110	760
二类会议	400	150	100	650
三、四类会议	340	130	80	550

综合定额标准是会议费开支的上限。各单位应在综合定额标准以内结算报销。

第十六条 一类会议费在部门预算专项经费中列支,二、三、四类会议费原则上在部门预算公用经费中列支。

会议费由会议召开单位承担,不得向参会人员收取,不得以任何方式向下属机构、企事业单位、地方转嫁或摊派。

第十七条 各单位在会议结束后应当及时办理报销手续。会议费报销时应当提供会议审批文件、会议通知及实际参会人员签到表、定点会议场所等会议服务单位提供的费用原始明细单据、电子结算单等凭证。财务部门要严格按规定审核会议费开支,对未列入年度会议计划,以及超范围、超标准开支的经费不予报销。

第十八条 各单位会议费支付,应当严格按照国库集中支付制度和公务卡管理制度的有关规定执行,以银行转账或公务卡方式结算,禁止以现金方式结算。

具备条件的,会议费应当由单位财务部门直接结算。

第四章 会议费公示和年度报告制度

第十九条 各单位应当将非涉密会议的名称、主要内容、参会人数、经费开支等情况在单位内部公示或提供查询,具备条件的应当向社会公开。

第二十条 一级预算单位应当于每年3月底前,将本级和下属预算单位上年度会议计划和执行情况(包括会议名称、主要内容、时间地点、代表人数、工作人员数、经费开支及列支渠道等)汇总后报财政部。党中央各部门同时抄送中直管理局,国务院各部门同时抄送国管局。

第二十一条 财政部对各单位报送的会议年度报告进行汇总分析,针对执行中存在的问题,及时完善相关制度。

第五章 管 理 职 责

第二十二条 财政部的主要职责是:

(一)会同国管局、中直管理局等部门制定或修订中央本级会议费管理办法,并对执行情况进行监督检查;

(二)按规定对各单位报送的二类会议计划进行审核会签;

（三）对会议费支付结算实施动态监控；

（四）对各单位报送的会议年度报告进行汇总分析，提出加强管理的措施。

第二十三条 国管局的主要职责是：

（一）配合财政部制定或修订中央和国家机关会议费管理办法；

（二）负责国务院召开的一类会议的总务工作；

（三）配合财政部对国务院各部委、各直属机构会议费执行情况进行监督检查。

第二十四条 中直管理局的主要职责是：

（一）配合财政部制定或修订中央和国家机关会议费管理办法；

（二）负责党中央召开的一类会议的总务工作；

（三）配合财政部对中央各部门会议费执行情况进行监督检查。

第二十五条 各单位的主要职责是：

（一）负责制定本单位会议费管理的实施细则；

（二）负责单位年度会议计划编制和三类、四类会议的审批管理；

（三）负责安排会议预算并按规定管理、使用会议费，做好相应的财务管理和会计核算工作，对内部会议费报销进行审核把关，确保票据来源合法，内容真实、完整、合规；

（四）按规定报送会议年度报告，加强对本单位会议费使用的内控管理。

第六章　监督检查和责任追究

第二十六条 财政部、国管局、中直管理局会同有关部门对各单位会议费管理和使用情况进行监督检查。主要内容包括：

（一）会议计划的编报、审批是否符合规定；

（二）会议费开支范围和开支标准是否符合规定；

（三）会议费报销和支付是否符合规定；

（四）会议会期、规模是否符合规定，会议是否在规定的地点和场所召开；

（五）是否向下属机构、企事业单位或地方转嫁、摊派会议费；

（六）会议费管理和使用的其他情况。

第二十七条　严禁各单位借会议名义组织会餐或安排宴请；严禁套取会议费设立"小金库"；严禁在会议费中列支公务接待费。

各单位应严格执行会议用房标准，不得安排高档套房；会议用餐严格控制菜品种类、数量和份量，安排自助餐，严禁提供高档菜肴，不安排宴请，不上烟酒；会议会场一律不摆花草，不制作背景板，不提供水果。

不得使用会议费购置电脑、复印机、打印机、传真机等固定资产以及开支与本次会议无关的其他费用；不得组织会议代表旅游和与会议无关的参观；严禁组织高消费娱乐、健身活动；严禁以任何名义发放纪念品；不得额外配发洗漱用品。

第二十八条　违反本办法规定，有下列行为之一的，依法依规追究会议举办单位和相关人员的责任：

（一）计划外召开会议的；

（二）以虚报、冒领手段骗取会议费的；

（三）虚报会议人数、天数等进行报销的；

（四）违规扩大会议费开支范围，擅自提高会议费开支标准的；

（五）违规报销与会议无关费用的；

（六）其他违反本办法行为的。

有前款所列行为之一的，由财政部会同有关部门责令改正，追回资金，并经报批后予以通报。对直接负责的主管人员和相关负责人，报请其所在单位按规定给予行政处分。如行为涉嫌违法的，移交司法机关处理。

定点会议场所或单位内部宾馆、招待所、培训中心有关工作人员违反规定的，按照财政部定点会议场所管理的有关规定处理。

第七章　附　　则

第二十九条　各单位应当按照本办法规定，结合本单位业务特点和工作需要，制定会议费管理具体规定。

第三十条　党中央、国务院直属事业单位的会议费管理参照本办法执行。中央和国家机关各部门所属事业单位的会议费管理由各部门依据从严从紧原则参照本办法作出具体规定。

第三十一条 本办法由财政部负责解释，自2016年7月1日起施行。《中央和国家机关会议费管理办法》（财行〔2013〕286号）同时废止。

中央和国家机关培训费管理办法

财行〔2016〕540号

第一章 总 则

第一条 为进一步规范中央和国家机关培训工作，保证培训工作需要，加强培训经费管理，依据《中华人民共和国公务员法》《干部教育培训工作条例》和其他有关法律法规，制定本办法。

第二条 本办法所称培训，是指中央和国家机关及其所属机构使用财政资金在境内举办的三个月以内的各类培训。

第三条 本办法所称中央和国家机关，是指党中央各部门，国务院各部委、各直属机构，全国人大常委会办公厅，全国政协办公厅，最高人民法院，最高人民检察院，各人民团体，各民主党派中央和全国工商联（以下简称各单位）。

第四条 各单位举办培训应当坚持厉行节约、反对浪费的原则，实行单位内部统一管理，增强培训计划的科学性和严肃性，增强培训项目的针对性和实效性，保证培训质量，节约培训资源，提高培训经费使用效益。

第二章 计划和备案管理

第五条 建立培训计划编报和审批制度。各单位培训主管部门制订的本单位年度培训计划（包括培训名称、目的、对象、内容、时间、地点、参训人数、所需经费及列支渠道等），经单位财务部门审核后，报单位领导办公会议或党组（党委）会议批准后施行。

第六条 年度培训计划一经批准，原则上不得调整。因工作需要确需临时增加培训项目的,报单位主要负责同志审批。

第七条 各单位年度培训计划于每年3月31日前同时报中央组织部、财政部、国家公务员局备案。

第三章 开支范围和标准

第八条 本办法所称培训费,是指各单位开展培训直接发生的各项费用支出,包括师资费、住宿费、伙食费、培训场地费、培训资料费、交通费以及其他费用。

(一)师资费是指聘请师资授课发生的费用,包括授课老师讲课费、住宿费、伙食费、城市间交通费等。

(二)住宿费是指参训人员及工作人员培训期间发生的租住房间的费用。

(三)伙食费是指参训人员及工作人员培训期间发生的用餐费用。

(四)培训场地费是指用于培训的会议室或教室租金。

(五)培训资料费是指培训期间必要的资料及办公用品费。

(六)交通费是指用于培训所需的人员接送以及与培训有关的考察、调研等发生的交通支出。

(七)其他费用是指现场教学费、设备租赁费、文体活动费、医药费等与培训有关的其他支出。

参训人员参加培训往返及异地教学发生的城市间交通费,按照中央和国家机关差旅费有关规定回单位报销。

第九条 除师资费外,培训费实行分类综合定额标准,分项核定、总额控制,各项费用之间可以调剂使用。综合定额标准如下:

单位:元/人天

培训类别	住宿费	伙食费	场地、资料、交通费	其他费用	合计
一类培训	500	150	80	30	760
二类培训	400	150	70	30	650
三类培训	340	130	50	30	550

一类培训是指参训人员主要为省部级及相应人员的培训项目。

二类培训是指参训人员主要为司局级人员的培训项目。

三类培训是指参训人员主要为处级及以下人员的培训项目。

以其他人员为主的培训项目参照上述标准分类执行。

综合定额标准是相关费用开支的上限。各单位应在综合定额标准以内结算报销。

30天以内的培训按照综合定额标准控制；超过30天的培训，超过天数按照综合定额标准的70%控制。上述天数含报到撤离时间，报到和撤离时间分别不得超过1天。

第十条 师资费在综合定额标准外单独核算。

（一）讲课费（税后）执行以下标准：副高级技术职称专业人员每学时最高不超过500元，正高级技术职称专业人员每学时最高不超过1000元，院士、全国知名专家每学时一般不超过1500元。

讲课费按实际发生的学时计算，每半天最多按4学时计算。

其他人员讲课费参照上述标准执行。

同时为多班次一并授课的，不重复计算讲课费。

（二）授课老师的城市间交通费按照中央和国家机关差旅费有关规定和标准执行，住宿费、伙食费按照本办法标准执行，原则上由培训举办单位承担。

（三）培训工作确有需要从异地（含境外）邀请授课老师，路途时间较长的，经单位主要负责同志书面批准，讲课费可以适当增加。

第四章 培 训 组 织

第十一条 培训实行中央和地方分级管理，各单位举办培训，原则上不得下延至市、县及以下。

第十二条 各单位开展培训，应当在开支范围和标准内优先选择党校、行政学院、干部学院以及组织人事部门认可的其他培训机构承办。

第十三条 组织培训的工作人员控制在参训人员数量的10%以内，最多不超过10人。

第十四条 严禁借培训名义安排公款旅游；严禁借培训名义组织会

餐或安排宴请；严禁组织高消费娱乐健身活动；严禁使用培训费购置电脑、复印机、打印机、传真机等固定资产以及开支与培训无关的其他费用；严禁在培训费中列支公务接待费、会议费；严禁套取培训费设立"小金库"。

培训住宿不得安排高档套房，不得额外配发洗漱用品；培训用餐不得上高档菜肴，不得提供烟酒；除必要的现场教学外，7日以内的培训不得组织调研、考察、参观。

第十五条 邀请境外师资讲课，须严格按照有关外事管理规定，履行审批手续。境内师资能够满足培训需要的，不得邀请境外师资。

第十六条 培训举办单位应当注重教学设计和质量评估，通过需求调研、课程设计和开发、专家论证、评估反馈等环节，推进培训工作科学化、精准化；注重运用大数据、"互联网＋"等现代信息技术手段开展培训和管理。所需费用纳入部门预算予以保障。

第五章 报 销 结 算

第十七条 报销培训费，综合定额范围内的，应当提供培训计划审批文件、培训通知、实际参训人员签到表以及培训机构出具的收款票据、费用明细等凭证；师资费范围内的，应当提供讲课费签收单或合同，异地授课的城市间交通费、住宿费、伙食费按照差旅费报销办法提供相关凭据；执行中经单位主要负责同志批准临时增加的培训项目，还应提供单位主要负责同志审批材料。

各单位财务部门应当严格按照规定审核培训费开支，对未履行审批备案程序的培训，以及超范围、超标准开支的费用不予报销。

第十八条 培训费的资金支付应当执行国库集中支付和公务卡管理有关制度规定。

第十九条 培训费由培训举办单位承担，不得向参训人员收取任何费用。

第六章 监 督 检 查

第二十条 各单位应当将非涉密培训的项目、内容、人数、经费等情况，以适当方式公开。

第二十一条 各单位应当于每年 3 月 31 日前将上年度培训计划执行情况（包括培训名称、对象、内容、时间、地点、参训人数、工作人员数、经费开支及列支渠道、培训成效、问题建议等）报送中央组织部、财政部、国家公务员局。

第二十二条 中央组织部、财政部、国家公务员局等有关部门对各单位培训活动和培训费管理使用情况进行监督检查。主要内容包括：

（一）培训计划的编报是否符合规定；

（二）临时增加培训计划是否报单位主要负责同志审批；

（三）培训费开支范围和开支标准是否符合规定；

（四）培训费报销和支付是否符合规定；

（五）是否存在虚报培训费用的行为；

（六）是否存在转嫁、摊派培训费用的行为；

（七）是否存在向参训人员收费的行为；

（八）是否存在奢侈浪费现象；

（九）是否存在其他违反本办法的行为。

第二十三条 对于检查中发现的违反本办法的行为，由中央组织部、财政部、国家公务员局等有关部门责令改正，追回资金，并予以通报。对相关责任人员，按规定予以党纪政纪处分；涉嫌违法的，移交司法机关处理。

第七章 附 则

第二十四条 各单位可以按照本办法，结合本单位业务特点和工作实际，制定培训费管理具体规定。

第二十五条 中央组织部、国家公务员局组织的调训和统一培训，有关部门组织的援外培训，不适用本办法，按有关规定执行。

第二十六条 中央事业单位培训费管理参照本办法执行。

第二十七条 本办法由财政部会同中央组织部、国家公务员局负责解释。

第二十八条 本办法自 2017 年 1 月 1 日起施行。《中央和国家机关培训费管理办法》（财行〔2013〕523 号）同时废止。

因公临时出国经费管理办法

财行〔2013〕516号

2013年12月20日

第一章 总 则

第一条 为了进一步规范因公临时出国经费管理,加强预算监督,提高资金使用效益,保证外事工作的顺利开展,根据《中华人民共和国预算法》《党政机关厉行节约反对浪费条例》等法律法规,制定本办法。

第二条 本办法适用于各级党政军机关、人大政协机关、审判机关、检察机关、民主党派、人民团体和事业单位因公组派临时代表团组的省部级以下(含省部级)出国人员(以下简称出国人员)。

第三条 各地区各部门各单位因公组派临时出国团组应当坚持强化预算约束、优化经费结构、厉行勤俭节约、讲求务实高效的原则,严格控制因公临时出国规模,规范因公临时出国经费管理。

第二章 预算管理和计划管理

第四条 因公临时出国经费应当全部纳入预算管理,并按照下列规定执行:

(一)各级财政部门应当加强因公临时出国经费的预算管理,严格控制因公临时出国经费总额,科学合理地安排因公临时出国经费预算。

(二)各地区各部门各单位应当加强预算硬约束,认真贯彻落实厉行节约的要求,在核定的年度因公临时出国经费预算内,务实高效、精简节约地安排因公临时出国活动,不得超预算或无预算安排出访团组。确有特殊需要的,按规定程序报批。

第五条 出访团组实行计划审批管理,并按照下列规定执行:

(一)各地区各部门各单位应当认真贯彻中央有关外事管理规定,科学制订年度因公临时出国计划,认真履行因公临时出国计划报批制度,严格控制因公临时出国团组人数、国家数和在外停留天数,正确执行限量管理规定。组团单位和派出单位要明确责任，谁派出、谁负责。

（二）因公临时出国应当坚持因事定人的原则，不得因人找事，不得安排照顾性和无实质内容的一般性出访，不得安排考察性出访。

（三）各级外事部门应当加强因公临时出国计划的审核审批管理，严格把关，对违反规定、不适合成行的团组予以调整或者取消。驻外使馆答复国内因公临时出国征求意见时，应当严格履行把关职责。

第六条 各地区各部门各单位出国经费的支付，应当严格按照国库集中支付制度和公务卡管理制度的有关规定执行。

各地区各部门各单位应当严格执行各项经费开支标准，不得擅自突破，严禁接受或变相接受企事业单位资助，严禁向同级机关、下级机关、下属单位、企业、驻外机构等摊派或转嫁出访费用。

第七条 各地区各部门各单位应当建立因公临时出国计划与财务管理的内部控制制度。出访团组应当事先填报《因公临时出国任务和预算审批意见表》，由单位外事和财务部门分别出具审签意见，明确审核责任。出国任务、出国经费预算未通过审核的，不得安排出访团组。

第三章 经 费 管 理

第八条 因公临时出国经费包括：国际旅费、国外城市间交通费、住宿费、伙食费、公杂费和其他费用。

国际旅费，是指出境口岸至入境口岸旅费。

国外城市间交通费，是指为完成工作任务所必须发生的，在出访国家的城市与城市之间的交通费用。

住宿费是指出国人员在国外发生的住宿费用。

伙食费是指出国人员在国外期间的日常伙食费用。

公杂费是指出国人员在国外期间的市内交通、邮电、办公用品、必要的小费等费用。

其他费用主要是指出国签证费用、必需的保险费用、防疫费用、国际会议注册费用等。

第九条 国际旅费按照下列规定执行：

（一）选择经济合理的路线。出国人员应当优先选择由我国航空公司运营的国际航线,由于航班衔接等原因确需选择外国航空公司航线的,应当事先报经单位外事和财务部门审批同意。不得以任何理由绕道旅行,或以过境名义变相增加出访国家和时间。

(二)按照经济适用的原则,通过政府采购等方式,选择优惠票价,并尽可能购买往返机票。

(三)因公临时出国购买机票,须经本单位外事和财务部门审批同意。机票款由本单位通过公务卡、银行转账方式支付,不得以现金支付。单位财务部门应当根据《航空运输电子客票行程单》等有效票据注明的金额予以报销。

(四)出国人员应当严格按照规定安排交通工具,不得乘坐民航包机或私人、企业和外国航空公司包机。

(五)省部级人员可以乘坐飞机头等舱、轮船一等舱、火车高级软卧或全列软席列车的商务座;司局级人员可以乘坐飞机公务舱、轮船二等舱、火车软卧或全列软席列车的一等座;其他人员均乘坐飞机经济舱、轮船三等舱、火车硬卧或全列软席列车的二等座。所乘交通工具舱位等级划分与以上不一致的,可乘坐同等水平的舱位。所乘交通工具未设置上述规定中本级别人员可乘坐舱位等级的,应乘坐低一等级舱位。上述人员发生的国际旅费据实报销。

(六)出国人员乘坐国际列车,国内段按国内差旅费的有关规定执行;国外段超过6小时以上的按自然(日历)天数计算,每人每天补助12美元。

第十条 出国人员根据出访任务需要在一个国家城市间往来,应当事先在出国计划中列明,并报本单位外事和财务部门批准。未列入出国计划、未经本单位外事和财务部门批准的,不得在国外城市间往来。出国人员的旅程必须按照批准的计划执行,其城市间交通费凭有效原始票据据实报销。

第十一条 住宿费按照下列规定执行:

(一)出国人员应当严格按照规定安排住宿,省部级人员可安排普通套房,住宿费据实报销;厅局级及以下人员安排标准间,在规定的住宿费标准之内予以报销。

（二）参加国际会议等的出国人员，原则上应当按照住宿费标准执行。如对方组织单位指定或推荐酒店，应当严格把关，通过询价方式从紧安排，超出费用标准的，须事先报经本单位外事和财务部门批准。经批准，住宿费可据实报销。

第十二条 伙食费和公杂费按照下列规定执行：

（一）出国人员伙食费、公杂费可以按规定的标准发给个人包干使用。包干天数按离、抵我国国境之日计算。

（二）根据工作需要和特点，不宜个人包干的出访团组，其伙食费和公杂费由出访团组统一掌握，包干使用。

（三）外方以现金或实物形式提供伙食费和公杂费接待我代表团组的，出国人员不再领取伙食费和公杂费。

（四）出访用餐应当勤俭节约，不上高档菜肴和酒水，自助餐也要注意节俭。

第十三条 出访团组对外原则上不搞宴请，确需宴请的，应当连同出国计划一并报批，宴请标准按照所在国家一人一天的伙食费标准掌握。

出访团组与我国驻外使领馆等外交机构和其他中资机构、企业之间一律不得用公款相互宴请。

第十四条 出访团组在国外期间，收授礼品应当严格按有关规定执行。原则上不对外赠送礼品，确有必要赠送的，应当事先报经本单位外事和财务部门审批同意，按照厉行节俭的原则，选择具有民族特色的纪念品、传统手工艺品和实用物品，朴素大方，不求奢华。

出访团组与我国驻外使领馆等外交机构和其他中资机构、企业之间一律不得以任何名义、任何方式互赠礼品或纪念品。

第十五条 出国签证费用、防疫费用、国际会议注册费用等凭有效原始票据据实报销。根据到访国要求，出国人员必须购买保险的，应当事先报经本单位外事和财务部门批准后，按照到访国驻华使领馆要求购买，凭有效原始票据据实报销。

第十六条 出国人员回国报销费用时，须凭有效票据填报有团组负责人审核签字的国外费用报销单（具体表格由各单位制定）。各种报销凭证须用中文注明开支内容、日期、数量、金额等，并由经办人签字。

各单位财务部门应当根据本办法制定本单位财务报销审批的具体规定,加强对因公临时出国团组的经费核销管理。各单位财务部门应当对因公临时出国团组提交的出国任务批件、护照(包括签证和出入境记录)复印件及有效费用明细票据进行认真审核,严格按照批准的出国团组人员、天数、路线、经费预算及开支标准核销经费,不得核销与出访任务无关的开支。

第十七条 中央各部门根据出国经费预算,结合实际购汇需求,自主核定本部门及其所属单位购汇数额,通过财政部批准的人民币资金账户,向外汇指定银行购买外汇。

省级财政部门根据本级各部门和下级财政部门的申请,自主核定本地区购汇数额,并确定一家外汇指定银行具体办理购汇手续。

第四章 监 督 检 查

第十八条 除涉密内容和事项外,因公临时出国经费的预决算应当按照预决算信息公开的有关规定,及时公开,主动接受社会监督。

第十九条 各级外事、财政、审计等部门对因公临时出国情况进行定期或不定期联合检查。各级财政部门应当定期或不定期对各部门各单位因公临时出国经费管理使用情况进行监督检查。审计部门应当对各部门各单位因公临时出国经费管理使用情况进行审计。

财务部门应当建立健全因公临时出国团组内部监督检查机制,每半年向同级外事、财政部门报送本部门本单位因公临时出国经费使用情况。严格按照预算绩效管理的有关规定,加强因公临时出国经费预算绩效评价,切实提高预算资金的使用效益。

第二十条 组团单位应当采取集中形式,对团组全体人员进行行前财经纪律教育。对出国人员违反本办法规定,有下列行为之一的,除相关开支一律不予报销外,按照《财政违法行为处罚处分条例》等有关规定严肃处理,并追究有关人员责任:

(一)违规扩大出国经费开支范围的;

(二)擅自提高经费开支标准的;

(三)虚报团组级别、人数、国家数、天数等,套取出国经费的;

（四）使用虚假发票报销出国费用的；

（五）其他违反本办法的行为。

第五章 附 则

第二十一条 各地区各部门各单位因公临时赴香港、澳门、台湾地区的，适用本办法。

第二十二条 各地区各部门各单位可以根据本办法，结合实际制定具体规定，报财政部备案。边境地区有频繁出国任务的，其因公临时出国经费开支标准和管理办法由所在省（自治区）财政厅根据实际情况制定，并报财政部备案。

第二十三条 对与我新建交或未建交国家，相关经费开支标准暂按照经济水平相近的邻国标准执行。

第二十四条 财政部、外交部根据出访国家或地区经济发展、物价等变动情况，对相关经费开支标准适时调整。

第二十五条 国有企业和其他因公临时出国人员参照本办法执行。

第二十六条 本办法由财政部、外交部负责解释。

第二十七条 本办法自发布之日起 30 日后施行。财政部、外交部《关于印发〈临时出国人员费用开支标准和管理办法〉的通知》（财行〔2001〕73 号）和财政部、原中国民用航空总局《关于加强因公出国机票管理的通知》（财外字〔1998〕283 号）同时废止。

中央财政科研项目专家咨询费管理办法

财科教〔2017〕128 号

2017 年 9 月 4 日

第一条 为加强和规范专家咨询费的管理，根据《预算法》以及中央本级项目支出定额标准等国家有关预算管理制度规定，制定本办法。

第二条 专家咨询费是指科研项目（课题）承担单位（以下简称单位）在项目（课题）实施过程中支付给临时聘请的咨询专家的费用。

第三条 本办法适用于由中央财政科研项目资金列支的专家咨询费。

第四条 本办法的专家是指精通某一领域业务,或对相关科技业务的某一方面有独到见解,已取得高级专业技术职称的人员或被科研项目(课题)承担单位认可的其他专业人员。

第五条 单位应当结合实际制定统一、合理、规范的咨询专家遴选办法,并在单位内部公开。具备条件的单位应当建立多领域、多学科的咨询专家库。

第六条 高级专业技术职称人员的专家咨询费标准为1500~2400元/人天(税后);其他专业人员的专家咨询费标准为900~1500元/人天(税后)。

第七条 院士、全国知名专家,可按照高级专业技术职称人员的专家咨询费标准上浮50%执行。

第八条 本办法所指专家咨询活动的组织形式主要有会议、现场访谈或者勘察、通讯三种形式。

(1)以会议形式组织的咨询,是指通过召开专家参加的会议,征询专家的意见和建议。

(2)以现场访谈或者勘察形式组织的咨询,是指通过组织现场谈话,或者查看实地、实物、原始业务资料等方式征询专家的意见和建议。

(3)以通讯形式组织的咨询,是指通过信函、邮件等方式征询专家的意见和建议。

第九条 不同形式组织的专家咨询活动适用专家咨询费标准如下:

组织形式 \ 会期	半天	不超过两天(含两天)	超过两天
会议	按照本办法第六条所规定标准的60%执行。	按照本办法第六条所规定的标准执行。	第一天、第二天:按照本办法第六条所规定的标准执行; 第三天及以后:按照本办法第六条所规定标准的50%执行。
现场访谈或者勘察	按照上述以会议形式组织的专家咨询费相关标准执行。		
通讯	按次计算,每次按照本办法第六条所规定标准的20%~50%执行。		

第十条 不同领域、相同专业技术职称的专家咨询费标准应当保持一致。

第十一条 根据国家经济社会发展水平和物价变动等情况，财政部适时对专家咨询费标准进行调整。

第十二条 专家咨询费不得支付给参与项目（课题）研究及其管理的相关人员。

第十三条 专家咨询费的发放应当按照国家有关规定由单位代扣代缴个人所得税。

第十四条 单位发放专家咨询费原则上采用银行转账方式。

第十五条 单位应当建立专家咨询费的支付审核机制，负责核实专家咨询行为及专家咨询费发放的真实性、合规性，并及时向代理银行办理支付手续。对专家信息不真实、存在虚假咨询行为，以及其他违反本办法或单位有关规定的，单位应当拒绝办理支付手续。

第十六条 单位应当对专家咨询费的开支做好财务记录，并及时归档，定期对专家咨询费支付情况进行检查。

第十七条 地方财政科研项目开支的专家咨询费可参照本办法，结合本地实际予以执行。

第十八条 单位可根据本办法有关规定，结合单位实际制定实施细则。

第十九条 本办法自印发之日起施行。

财政部办公厅 国家机关事务管理局办公室 中共中央直属机关事务管理局办公室关于规范差旅伙食费和市内交通费收交管理有关事项的通知

财办行〔2019〕104号

各省、自治区、直辖市、计划单列市财政厅（局）、机关事务主管部门，新疆生产建设兵团财政局、机关事务管理局，党中央有关部门办公厅（室），国务院各部委、各直属机构办公厅（室），全国人大常委会办公厅秘书局，全国政协办公厅秘书局，高法院办公厅，高检院办公厅，各民主党派中央办公厅，有关人民团体办公厅（室）：

为进一步贯彻落实中央八项规定精神，严肃财经纪律，根据《党政机关厉行节约反对浪费条例》《党政机关国内公务接待管理规定》《中央和国家机关差旅费管理办法》等规章制度，现就规范差旅伙食费和市内交通费收交管理有关事项通知如下：

一、中央单位出差人员（以下称出差人员）出差期间按规定领取伙食补助费。除确因工作需要由接待单位按规定安排的一次工作餐外，用餐费用自行解决。出差人员需接待单位协助安排用餐的，应当提前告知控制标准，并向伙食提供方交纳伙食费。在单位内部食堂用餐，有对外收费标准的，出差人员按标准交纳；没有对外收费标准的，早餐按照日伙食补助费标准的20％交纳，午餐、晚餐按照日伙食补助费标准的40％交纳。在宾馆、饭店等餐饮服务单位用餐的，按照餐饮服务单位收费标准交纳相关费用。

二、出差人员出差期间按规定领取市内交通费。接待单位协助提供交通工具并有收费标准的，出差人员按标准交纳，最高不超过日市内交通费标准；没有收费标准的，每人每半天按照日市内交通费标准的50％交纳。

三、接待单位协助安排用餐、提供交通工具的，出差人员应当索取相应的行政事业单位资金往来结算票据或税务发票等凭证，个人保存备查，不作为报销依据。

四、接待单位应当按规定收取出差人员相关费用，及时出具行政事业单位资金往来结算票据或税务发票；确实无法出具上述凭证的，可出具其他收款凭证。加强收取费用的管理，做好业务台账登记，纳入统一核算，所收费用可作为代收款项用于相关支出或作收入处理。

五、各地区各部门要督促接待单位按照中央八项规定精神和党政机关公务接待管理有关规定，进一步完善内部管理制度，合理制定收费标准，协助安排用餐应当根据出差人员告知的控制标准合理安排。

六、各地要结合本地区实际，制定本地区出差人员差旅伙食费和市内交通费收交管理规定。中央单位可根据本通知要求，制定本单位差旅伙食费和市内交通费交纳、报销具体操作规定。

七、本通知自 2019 年 8 月 1 日起施行。

财政部办公厅
国家机关事务管理局办公室
中共中央直属机关事务管理局办公室
2019 年 7 月 3 日

关于加强公务机票购买管理有关事项的通知

财库〔2014〕33 号

党中央有关部门，国务院各部委、各直属机构，全国人大常委会办公厅，全国政协办公厅，高法院，高检院，各人民团体，各民主党派，各省、自治区、直辖市、计划单列市人民政府外事办公室、财政厅（局），新疆生产建设兵团财务局、外事局：

为贯彻落实《党政机关厉行节约反对浪费条例》要求，规范公务机票购买行为，根据《财政部外交部关于印发〈因公临时出国经费管理办法〉的通知》（财行〔2013〕516 号）及政府采购相关制度规定，现就加强公务机票购买管理的有关事项通知如下：

一、各级国家机关、事业单位和团体组织工作人员，以及使用财政性资金购买公务机票的其他人员（以下简称购票人），国内出差、因公临时出国购买机票，应当按照厉行节约和支持本国航空公司发展的原则，优先购买通过政府采购方式确定的我国航空公司（以下简称国内航空公司）航班优惠机票。

二、国内航空公司按政府采购合同约定给予公务机票优惠。对于市场折扣机票，各航空公司按国内、国际机票各航班舱位的折扣票价给予 9.5 折优惠；对于市场全价机票，则分别给予全价票价的 8.8 折、8.5 折优惠。政府采购机票优惠率的变动情况，将在政府采购机票管理网站（www.gpticket.org）上发布。

三、因公临时出国时，购票人应当选择直达目的地国家（地区）的国内航空公司航班出入境，没有直达航班的，应当选择国内航空公司航班到达的最邻近目的地国家（地区）进行中转。因中转1次以上（不含1次）等特殊原因确需选择非国内航空公司航班，以及因最临近目的地国家（地区）中转需办理过境签证而选择其他邻近中转地的，应当填写《乘坐非国内航空公司航班和改变中转地审批表》，事先报经单位外事部门和财务部门审批同意。

四、购票人应当做好公务出行计划安排，尽可能选择低价机票，原则上不得购买全价机票。对于各航空公司提供的低于政府采购优惠票价的团队价格或促销价格机票，购票人可选择购买，但不再享受政府采购优惠。购票人需要退改签机票的，按照各航空公司的退改签规定办理。

五、购票人可直接使用公务卡在政府采购机票管理网站购买机票，也可通过具备中国民航机票销售资质的各航空公司直销机构或机票销售代理机构，使用公务卡或银行转账方式购买机票。使用公务卡购票的，应当提前在政府采购机票管理网站进行公务卡注册或通过电话方式注册。使用银行转账方式购票的，需要在支票、汇款等票据上标注资金用途为"公务机票购票款"，填写的单位名称应与系统记录的单位名称一致。

六、各部门各单位要严格公务机票报销管理，购买国内航空公司航班机票的，应当以标注有政府采购机票查验号码的《航空运输电子客票行程单》作为报销凭证；购买非国内航空公司航班机票的，应当以相关有效票据作为报销凭证，并附经单位外事部门和财务部门出具审核意见的审批表。单位财务人员如需对购票单位、购票时间及购票价格等信息进行核实的，可登录政府采购机票管理网站按查验号码查询。

七、各级外事、财政、审计等部门应当将出国机票购买情况纳入因公临时出国情况联合检查的范围。各部门各单位在审计部门对因公临时出国经费管理使用情况进行审计时，应当提供乘坐非国内航空公司航班审批表等机票购买活动的资料以及经费管理使用的资料。

八、各级财政部门应当按预算级次整理本级预算单位名称全称、组织机构代码等信息，在本级预算单位实施公务机票购买管理改革前，按规定格式提供给中国民用航空局清算中心。中央预算单位信息由财政部提供，地方各级预算单位信息由省级财政部门审核汇总后提供。预算单位相关信息变更的，各级财政部门也按此要求办理。

九、中国民用航空局清算中心具体承担公务机票购买的相关执行工作，统一与各航空公司、机票销售机构签订服务合同，协调处理各中央预算单位和地方财政部门书面反映的航空公司执行优惠率、机票销售机构履行服务承诺等方面的问题，定期向各级财政部门报送公务机票购买执行情况。

十、中央预算单位从2014年6月1日起开始实施公务机票购买管理改革。各省级财政部门要统筹安排本地区改革工作，省级预算单位在2014年底前实施，地市级及以下级预算单位在2015年底前全部实施。

十一、各航空公司航班市场票价和政府采购优惠票价，预算单位基础信息表，公务卡注册流程，公务机票购买操作手册，以及国内航空公司和机票销售机构名录等内容，见政府采购机票管理网站。

十二、各地区各部门各单位可根据本通知规定，结合实际制定相应的实施细则。

十三、各中央部门和省级财政部门在实施工作中，有关政策制定、执行中的意见和建议，请与财政部国库司联系，联系电话：010-68552389。有关预算单位信息提供、购票中出现问题的处理等操作执行方面的问题，请与中国民用航空局清算中心联系，联系电话：010-84669065。

财政部　中国民用航空局
2014年4月14日

财政部　中国民用航空局关于加强公务机票购买管理有关事项的补充通知

财库〔2014〕180号

党中央有关部门，国务院各部委、各直属机构，全国人大常委会办公厅，全国政协办公厅，高法院，高检院，各人民团体，各民主党派，各省、自治区、直辖市、计划单列市财政厅（局），新疆生产建设兵团财政局：

　　为完善和推进公务机票购买管理改革工作，进一步落实《财政部中国民用航空局关于加强公务机票购买管理有关事项的通知》（财库

〔2014〕33号）要求，现就公务机票购买有关问题补充通知如下：

一、关于完善公务机票购买方式问题

购票人可使用公务卡在政府采购机票管理网站、各航空公司直销机构或具备机票销售资质的代理机构为本人或其他公务人员购票，但需要保证出行公务人员持有的公务卡必须开通且在有效期内。购票人在政府采购机票管理网站购票的，应当事先在网站进行用户注册。购票人为未办理公务卡、公务卡额度不足的人员以及需要购买公务机票的其他人员购票的，可使用银行转账方式在各航空公司直销机构或具备机票销售资质的代理机构购票。

二、关于购买市场低价机票问题

为进一步贯彻落实厉行节约和支持本国航空公司发展的要求，国内出差、因公临时出国购买机票，购票人可以购买市场上公务机票销售渠道外低于政府采购优惠票价的国内航空公司航班机票，购票时应当保留从各航空公司官方网站或者政府采购机票管理网站下载的出行日期机票市场价格截图等证明其低于购票时点政府采购优惠票价的材料。

三、关于公务机票报销问题

购票人报销政府采购机票销售渠道购买的机票退票手续费时，可以各航空公司或机票销售代理机构出具的退款单据作为报销凭证。报销购买市场低价机票的费用时，应当提供低于政府采购优惠票价的证明材料。

财政部　中国民用航空局
2014年11月3日

参 考 文 献

［1］ 中华人民共和国审计署. 公告：中央部门 2017—2019 年度预算执行情况等审计结果［R/OL］. http://www.audit.gov.cn/n5/n25/index.html.

［2］ 杨明亮. 建设工程项目全过程审计案例［M］. 修订版. 北京：中国时代经济出版社，2017.

［3］ 兰玲，王家祥，陈松涛. 建设工程审计与案例［M］. 成都：西南交通大学出版社，2020.

［4］ 许太谊. 行政事业单位审计常见问题 200 案例［M］. 北京：中国市场出版社，2019.

［5］ 中国纪检监察报社. 以案示警：75 个违纪违法典型案例剖析［M］. 北京：中国方正出版社，2018.

［6］ 中国纪检监察报社. 以案明纪：违反中央八项规定精神 100 个典型案例评析［M］. 北京：中国方正出版社，2018.

［7］ 付余. 公职人员违纪违法疑难案例辨析［M］. 北京：中国方正出版社，2020.

［8］ 王希鹏. 《中国共产党纪律处分条例》案例教程［M］. 2 版. 北京：中国方正出版社，2019.

［9］ 本书编写组. 以案说廉：90 个群众身边"微腐败"典型案例剖析［M］. 北京：中国方正出版社，2020.